# Ce qu'enfermer veut dire

## La République et la démesure de la peine

**Collection La Justice au quotidien**
fondée et dirigée par Jean-Paul Céré

*La collection **LA JUSTICE AU QUOTIDIEN** a pour objectif de rendre le droit accessible à tous, aux professionnels comme aux particuliers. Elle se destine à la publication d'ouvrages, rédigés par des spécialistes reconnus, permettant de présenter de manière fonctionnelle et complète le système de justice actuel et de proposer des solutions aux problèmes juridiques de la vie courante.*

1. **Le permis à points** (J.P. Céré)
2. **Le droit de l'affichage** (P. Zavoli)
3. **La médiation pénale** (P. Mbanzoulou)
4. **La responsabilité des constructeurs** (S. Bertolaso et E. Ménard)
5. **Le contrôle fiscal des particuliers** (E. Péchillon)
6. **Les référés d'urgence devant le juge administratif** (J. Gourdou et A. Bourrel)
7. **La responsabilité des services de police et de secours** (X. Latour)
8. **Le procureur de la République** (J.C. Dintilhac)
9. **Les surveillants de prison** (J.C. Froment)
10. **Le droit des peines** (G. Lorho et P. Pélissier)
11. **Les droits des mères. Vol. 1** (S. Gamelin-Lavois et M. Herzog-Evans)
12. **Les droits des mères. Vol. 2** (S. Gamelin-Lavois et M. Herzog-Evans)
13. **L'expropriation pour cause d'utilité publique** (G. Ganez-Lopez)
14. **Le droit de grève** (F. Chopin)
15. **Les PV de stationnement** (J.P. Céré)
16. **Les droits de l'acquéreur d'un bien immobilier** (F. Cohey-Cordey)
17. **Election et modes de scrutins** (B. Pauvert)
18. **Les locations en meublée** (J. Cayron)
19. **Le placement sous surveillance électronique** (Ch. Cardet)
20. **Le droit des associations** (K. Rodriguez)
21. **La réglementation du travail des chauffeurs routiers** (S. Carré)
22. **La concurrence déloyale** (A. Lecourt)
23. **Les procès devant le tribunal d'instance** (Ph. Flores)
24. **Les saisies immobilières** (Ph. Soustelle)
25. **Les pensions alimentaires** (M. Rebourg)
26. **Les sanctions en droit des assurances** (J.C. Ponge)
27. **Les prisons en Europe** (S. Snaken et F. Dünkel)
28. **Le secret professionnel** (B. Py)
29. **La garde à vue** (S. Bourretz)
30. **Paroles d'enfants, paroles de juges** (M. Redon)

Nadia TAÏBI

# Ce qu'enfermer veut dire

## La République et la démesure de la peine

L'Harmattan

**5-7, rue de l'École-Polytechnique, 75005 Paris**
http://www.editions-harmattan.fr
ISBN : 978-2-343-18613-9
EAN : 9782343186139

*« Demain, grâce à vous, la justice française ne sera plus une justice qui tue. Demain, grâce à vous, il n'y aura plus, pour notre honte commune, d'exécutions furtives, à l'aube, sous le dais noir, dans les prisons françaises. Demain, les pages sanglantes de notre justice seront tournées À cet instant plus qu'à aucun autre, j'ai le sentiment d'assumer mon ministère, au sens ancien, au sens noble, le plus noble qui soit, c'est-à-dire au sens de "service". »*

Robert Badinter (Garde des Sceaux), Extrait du discours prononcé le 17 septembre 1981 devant l'Assemblée Nationale.

# Introduction

La loi du 9 octobre 1981 entérine l'abolition de la peine de mort en France. Pour les abolitionnistes cette décision grâce à laquelle l'État renonce à l'exercice de la peine de mort fonde sa nature républicaine et démocratique. Elle confirme aussi l'intuition que pour être efficient le pouvoir doit nécessairement être limité. Aussi nulle faute et nul fauteur de troubles ne peuvent conduire l'institution à une telle impasse que pour se maintenir elle doive tuer. Au contraire, elle doit chercher à maintenir en son corps l'individu déviant. L'organisation démocratique est par nature résiliente, elle se remet des coups, des crimes et des petites frappes. Les individus sont autant de libertés et le défi d'une telle organisation est de les tenir ensemble. Cependant, cet ordre est-il parfaitement instauré ? Serait-il autre chose qu'une image totalitaire et morbide de lui-même ? Ne faut-il pas admettre qu'il tend infiniment à l'être ? Et dans cette perspective, l'institution carcérale n'est-elle pas une réponse à double tranchant ? À la fois celle qui remplace la peine capitale et celle qui pour bien prendre sa place justement l'accomplit en produisant l'effacement du corps des délinquants ?

En effet, les fondements idéologiques de la République occidentale contemporaine instaurent la liberté individuelle et en font un levier politique. En porte à faux, la prison est une institution problématique. Elle dit au contraire que dans certains cas on peut priver l'homme de liberté.

Les conditions de détention si aménageables soient-elles, ne sont que la face émergée du problème. Comme telles, elles le masquent. Nous nous interrogeons communément sur la surpopulation, les souffrances psychologiques et physiques endurées par les détenus comme si ces phénomènes étaient en eux-mêmes des troubles auxquels il était possible de remédier. On pourrait parer ainsi en général aux difficultés relatives au système carcéral comme il est possible de le faire dans le système éducatif ou hospitalier. Nous faisons donc *comme si* l'enfermement carcéral était *un fait social normal* que nous pourrions glisser au rang d'*objet naturel*. Or, la prison – institution fer de lance de l'administration pénitentiaire – n'est pas un *simple* rouage de l'État et de l'ordre légal. Elle figure l'extrémité violente des réponses possibles de l'État de droit : priver des hommes de liberté.

Or, qu'est-ce que priver un homme de liberté ? Faut-il rappeler la très grande gravité d'une telle décision ? Car n'est-ce point – comme le dit Socrate – risquer toujours de lui faire abdiquer son humanité ? Qu'est-ce qui en effet peut *encore distinguer* un homme sans liberté ? Serait-il donc possible d'être singulier, digne et responsable et tout en même temps non-libre ?

La tradition philosophique qui fait de la liberté la condition absolue de l'affirmation d'une humanité placée *au-dessus des autres êtres vivants par le rang et la dignité* se serait donc fourvoyée ? À moins que l'humanité se perde au délit commis (et non point à la faute qui au contraire est originelle) et se maintienne à la porte des prisons. Mais alors qui sont ces êtres qui circulent dans les coursives des maisons d'arrêts, centre de détentions et autres centrales de France ? Sont-ce des êtres *toujours déjà* « indignes » ? Que reste-t-il des hommes en détention ? Sont-ce les zombis de la République : pas tout à fait abolis ?

Nous articulerons notre préoccupation suivant trois moments :

– D'abord nous montrerons à travers l'exposé critique de ce qui fût nommé la science des crimes que la situation des détenus est celle de personnes mises au ban de la société. Cette séparation entre la vie carcérale et la vie « hors des murs » rend difficile, sinon impossible une transformation réelle de la condition carcérale.

- Cette mise au ban est le produit d'une confusion entre la nécessité de répondre aux délits et la tendance de l'institution à exercer un contrôle « en amont » sur des groupes de personnes susceptibles de nuire aux intérêts de la société. Nous aborderons l'idéologie suivant laquelle il existe *des irrécupérables* contre lesquels la seule politique viable serait une « politique du débarras ».
- Du fait de cette séparation, les conditions de détention n'apparaissent pas au citoyen français « moyen ». Le mythe d'une société juste parce qu'ayant renoncé à la peine de mort est d'ailleurs persistant. Or, l'abolition de la peine de mort n'a de valeur authentique et profonde que par la reconnaissance qu'elle implique de la valeur de l'existence humaine. Aussi elle devrait s'accomplir dans des transformations radicales concernant la vie des détenus où dignité et l'exercice de la responsabilité sont au centre.

À partir de cet état des lieux notre hypothèse est simple : l'amélioration des conditions carcérales est possible si et seulement si la détention fait partie de la vie sociale. Autrement dit si le détenu demeure un citoyen. La peine pour être Républicaine doit s'exercer au sein de la société et non pas à l'abri du regard derrière des murs et dans des zones inhabitées. La prison pour être républicaine ne saurait donc être privation de liberté.

# Première partie

# La science des crimes et les vies infâmes

## CHAPITRE I : *Le corps marqué et les peines infamantes*

### Les vies infâmes

L'idée de vie infâme, d'êtres sans honneur, s'enracine dans la tendance de l'autorité politique à qualifier et disqualifier les vies à mesure qu'elle organise leurs existences. Elle s'accomplit cependant dans l'usage de la flétrissure pénale. La législation du crime sous l'ancien régime implique le marquage des corps. Ainsi les Établissements de Saint-Louis [1] décrivent les différents châti-

1. Les Établissements de saint Louis sont une compilation juridique composée entre la Toussaint 1272 et le 19 juin 1273, donc faussement attribuée au roi Louis IX (mort en août 1270). Dus à un juriste d'Orléans (et d'ordre privé), ils sont organisés en deux livres et fondés sur trois sources :
• un règlement sur la procédure devant le prévôt de Paris et l'ordonnance de 1260 de saint Louis qui abolit les duels judiciaires (I, 1-7) ;
• une coutume d'Anjou et du Maine rédigée vers 1246 et dont le texte nous est parvenu par ailleurs (I, 8-168) ;
• une coutume d'Orléanais (l'Usage d'Orlenois) dont le texte n'a pas été conservé indépendamment (II).
Le compilateur a largement enrichi ces trois sources de références fréquentes au droit romain (enseigné dans les écoles de droit d'Orléans) et au droit canonique, et de réflexions de son cru. Il s'est visiblement préoccupé d'harmoniser les deux coutumes qu'il a copiées, et les a profondément altérées, voire remaniées. Ce texte a été publié par Du Cange, en 1668, en annexe de son édition de l'Histoire de saint Louis de Jean de Joinville ; par Eusèbe de Laurière, en 1723, dans la collection des Ordonnances ; par François Jérôme Riffard de Saint-Martin (1744-1814), en 1786, avec une version en langue moderne ; et au XIXe siècle par François-André Isambert dans le Recueil des anciennes lois françaises.

ments auxquels s'exposaient les contrevenants à l'ordre public. Par exemple : le vol est puni par mutilation les oreilles ou les pieds sont coupés, etc. Ce genre de châtiment persiste pendant une grande partie du Moyen Âge, notamment quand il s'agit de réparer (suivant le précepte biblique) les mutilations et les blessures faites à autrui, et jusque dans les temps modernes pour ajouter au supplice du parricide. Dans une série d'article publié dans la « *Revue des deux mondes* »[2] en 1877 Alfred Maury précise le sens de la peine et le motif qui « introduisit de très bonne heure dans notre ancienne législation pénale l'usage de la marque » : il ne s'agissait pas seulement de suivre la « loi du talion » infligeant au criminel la peine qu'il avait lui-même infligé, mais bien plus de rendre visible et spectaculaire le supplice auquel il s'était désormais exposé. Ceci fait, le malfaiteur était exclu désormais de « la société des gens honnêtes » :

> « On marquait le voleur, afin qu'il put être reconnu ; on marquait même le vagabond, le mendiant de profession ; en vertu de la déclaration de 1724, il dut être marqué au bras de la lettre *M*, une telle peine imprimait un éternel stigmate à celui qui avait failli, et l'excluait à tout jamais de la société des gens honnêtes ; il rendait son relèvement impossible, car, lors même qu'une vie de repentir l'eût réhabilité, la flétrissure qu'il portait le rejetait forcément aux yeux du public dans la classe des infâmes.[3] »

Ainsi, la législation criminelle de l'ancien régime, qui procédait plus de la loi romaine que de la loi canonique, maintint le caractère infamant de la flagellation ; elle était du moins réputée telle, quand, au lieu d'être appliquée dans la prison par les mains du geôlier ou du questionnaire, elle était administrée dans les places et les carrefours par le bourreau. De plus, la peine de la marque et du fouet entraînait d'ordinaire le bannissement temporaire. D'après un usage que relatent plusieurs anciennes coutumes, on infligeait le fouet aux vagabonds de profession, aux filles de mauvaise vie, au moins à celles qui avaient donné lieu à quelque scandale, et aux proxénètes. Alfred Maury ébauche une

---

2. La Législation criminelle sous l'ancien régime, « Revue des Deux Mondes », 3e période, tome XXIII, 1877 (p. 580-617).
3. Ordonnance sur la menduicité du 18 juillet 1724.

réflexion sur la signification profonde du châtiment. Il affirme que le marquage des corps n'avait pas pour but de corriger ceux qu'il nomme les « canailles » et déplore la débauche à laquelle se livrent sans risque les puissants. Il interroge le sens du marquage des corps quand une « malheureuse prostituée » pour des méfaits moins graves doit expier « ses désordres sous le fouet[4] ». La pureté quasi ontologique de certains les éloigne – par nature – des délits et des peines quand l'impureté des autres les y condamne. Et, il est notable qu'il faille marquer les uns pour les séparer des autres.

La trace laissée sur le corps signale l'infamie du criminel et fait aussi montre de la puissance du souverain. Elle signifie fortement qu'on ne peut échapper à son emprise. Celui ou celle qui est au ban, devra coûte que coûte être ramené au corps de l'État. Cette agrégation s'effectue par le marquage du corps du condamné. La marque accomplit le mouvement paradoxal de la justice pénale : elle détache du corps public en entachant le corps de l'individu. Le corps de l'État se purifie de la souillure symbolique du crime en déplaçant les effets de la dépravation. L'équilibre de la justice pénale consiste dans le transvasement de la marque du crime. Le corps souillé est désormais celui du criminel et non plus le corps de l'État. La flétrissure circonscrit le crime, le focalise, le met comme en « quarantaine » sur le corps du délinquant. Le reste de la société peut demeurer immaculé. Plus largement, le pouvoir du souverain s'accomplit dans l'exercice de la justice criminelle. Il est visible par la trace qu'il laisse et qu'il donne à voir. En effet, à partir du XIIIe siècle et jusqu'à la fin du XVIIIe la justice criminelle se réalise en affirmant la puissance d'un pouvoir central. Comme la monnaie, l'impôt et le jus bellum, elle devient progressivement le monopole du souverain. À la justice compensatrice et négociée entre les parties privées succède donc la justice de rétribution pénale.

---

4. « Tandis que, dans les plus hauts rangs de la société, hommes et femmes donnaient le spectacle quasi public de la débauche et allaient se faire traiter par le célèbre chirurgien La Peyronie, qui ne leur administrait certainement pas la discipline, une malheureuse prostituée ou un jeune homme qui avait cédé à un moment d'égarement dans les bras d'une Phryné de bas étage expiait sous le fouet ses désordres ».

Toujours aujourd'hui, tout comme la monnaie, les corps sont susceptibles de porter sur eux le sceau du pouvoir et celui-ci excède sa dimension pénale ; bien qu'il demeure une loi suivant laquelle les infâmes sont susceptibles d'être enfermés. La santé et les soins corporels sont évidemment les premiers éléments discriminants. La mauvaise santé, l'obésité et plus récemment la tabagie [5] sont du point de vue statistique les effets récurrents de la pauvreté. De même, il existe une manière de se tenir, de marcher, d'être dans son corps par laquelle se lit la classe à laquelle on appartient. D'où l'extraordinaire polémique provoquée par l'ex-première dame de l'ancien président François Hollande quand en 2014 elle révèle :

> « Il s'est présenté comme l'homme qui n'aime pas les riches. En réalité, le président n'aime pas les pauvres. Lui, l'homme de gauche, dit en privé : « les sans-dents », très fier de son trait d'humour [6] ».

Il se peut cependant que « les pauvres » fassent de la littérature. Toujours en 2014, comme une réponse cinglante, je préfère cet extrait :

> « J'ai senti leur haleine quand ils se sont approchés de moi, cette odeur de laitages pourris, d'animal mort. Les dents, comme les miennes, n'étaient probablement jamais lavées. Les mères du village ne tenaient pas beaucoup à l'hygiène dentaire de leurs enfants. Le dentiste coûtait trop cher et le manque d'argent finissait toujours par se transformer en choix. Les mères disaient *De toute façon y a plus important dans la vie.* Je paye encore actuellement d'atroces douleurs, de nuits sans sommeil, cette négligence de ma famille, de ma classe sociale, et j'entendrai des années plus tard, en arrivant à Paris, à l'École normale, des camarades me demander *Mais pourquoi tes parents ne t'ont pas emmené chez un orthodontiste.* Mes mensonges. Je leur répondrai que mes parents, des intellectuels un peu trop bohèmes, s'étaient tant souciés de ma formation littéraire qu'ils en avaient parfois négligé ma santé [7] ».

---

5. Près de 16 millions de personnes fument des cigarettes en France, selon le site Tabac-Info-Service. Mercredi 31 mai 2016, se tenait la journée mondiale sans tabac. À cette occasion, Santé publique France a publié son Baromètre santé 2016 sur le tabac. L'enquête révèle que les plus pauvres fument de plus en plus, les riches de moins en moins. Santé publique France révèle qu'entre 2010 et 2016, « le tabagisme au quotidien chez les personnes aux revenus de la tranche la plus basse a augmenté de 35,2 % à 37,5 % ». Dans le même temps « elle a diminué chez les personnes aux revenus de la tranche la plus haute » passant de 23,5 % à 20,9 %.
6. *Merci pour ce moment*, Valérie Trierweiler, 2014, Paris, Les Arènes.
7. *En finir avec Eddy Bellegueule*, Édouard Louis, 2014, Paris, Seuil.

Bien avant que ne soit commis le moindre délit *le corps du pauvre* porte le stigmate de sa condition. Et si le pauvre ne se pliait pas aux moyens normaux d'exercice de l'État (ou pis le mettait en péril) il devrait, par la force, s'y trouver contraint. Il est porteur d'une dangerosité intrinsèque et c'est souvent le même qui, comme pour donner raison au sort, comme si c'était un fait de sa condition, est fauteur de troubles.

Le délit est en effet un trouble. Il s'agit d'abord d'un outrage fait à la puissance du souverain. Sous l'ancien régime, le délinquant portera toute sa vie les marques de cet outrage passé et devient en lui-même l'incarnation en chair et en os de la puissance de l'État. Partout où il se rend, partout où il se montre, il rappelle cette puissance ; comme le font les pièces de monnaie bardées de son effigie. Preuve vivante de la permanence de l'État le supplicié doit être humilié en public. La stigmatisation, l'infamie et la flétrissure forgent « la pédagogie de l'effroi » que l'exécuteur de la haute justice (bourreau) déploie sur l'échafaud, elle vise à impressionner la foule et à décourager du crime [8]. Aussi le supplicié est-il encore ramené à la communauté. La publicité du supplice participe de son essence. L'individu est ramené au corps, il y possède une place : il est l'infâme. Au chapitre XXIII des *Délits et des peines* [9] Beccaria consacre sa réflexion aux effets de la peine lorsqu'elle se fonde sur la privation de réputation au sens propre à l'infamie. Il souligne qu'avant d'être une peine elle est un blâme moral. Elle consiste en « une réprobation publique, qui prive le coupable de la considération générale, de la confiance de sa patrie et de cette sorte de fraternité qui lie les membres de la société ». Celui qui est privé de réputation (fama) est privé d'existence sociale. Cependant il ne saurait être isolé sans risquer de mettre en péril l'ordre duquel il est exclu. Comment l'infamie peut-elle produire la honte en dehors des représentations collectives qui la fondent ? L'infamie légale (de jure) prend sa source historique dans

8. Michel Porret, « Effrayer le crime par la terreur des châtiments : la pédagogie de l'effroi chez quelques criminalistes du XVIIIe siècle », in *La peur au XVIIIe siècle : discours, représentations, pratiques*, Droz, Genève, 1994 p. 45-67.
9. Beccaria, *Des délits et des peines*, Flammarion, Paris, 1991 p. 114-116.

l'infamie de fait (de facto) sous l'Ancien régime [10]. Or, l'existence de « vies infâmes » persiste et les conditions d'enfermement carcérale rendent visible cette persistance.

Cette permanence, l'entrelacs des faits et du droit dans nos sociétés démocratiques contemporaines est à méditer. Aussi la porosité de la justice pénale est consubstantielle : la qualification d'une infraction ne peut être séparée des circonstances sociales et historiques qui éclairent le fait et décident du délit. Cette nécessaire relativité de la justice pour laquelle Pascal n'avait que mépris [11] n'est pas (loin s'en faut) ce qui ferait de son institution une imposture. Elle interdit cependant que le jugement du tribunal ne soit jamais compris de manière séparée et absolue comme s'il pouvait ne pas refléter les débats spécifiques qui forment par-devers lui la vie publique. Elle doit ainsi témoigner de l'humilité des affaires humaines en matière de justice. Toutefois, comme le montrent particulièrement bien les travaux récents de Didier Fassin [12] l'institution pénale tend à essentialiser des décisions de justice comme pour fonder en vérité les conclusions de la société. Il interroge la prévalence du recours à la prison dans notre société contemporaine en la fondant sur trois phénomènes [13] :
- La banalisation de l'enfermement carcéral comme modalité « ultime et ordinaire de punition » non seulement des crimes mais d'un nombre de plus en plus important de délits, surtout s'ils sont commis en état de récidive.
- L'application de la « solution carcérale » de préférence aux populations socialement défavorisées et ethniquement défavorisées.
- L'extension récente du domaine carcéral.

---

10. Franck Haid, « Le recours aux peines infamantes dans les sociétés traditionnelles et modernes » in « Droit et Culture n° 44 », Paris, 2002 p. 205-237.
11. On se souvient du fameux : « Plaisante justice qu'une rivière borne ! Vérité au-deçà des Pyrénées, erreur au-delà » *Pensées*, Fragment Misère n° 9 / 24 – Papiers originaux : RO 69-1 et 365-365 v° Copies manuscrites du XVII^e siècle : C1 : Misère n° 83 à 87 p. 15 v° à 19 / C2 : p. 35 à 37. Éditions de Port-Royal : Chap. XXV – Faiblesse de l'homme : 1669 et janv. 1670 p. 192-193 / 1678 n° 5 et 6 p. 188-189. Éditions savantes : Fougère II, 126, IV / Havet III.8 / Michaut 193 / Brunschvicg 294 / Tourneur p. 182-1 / Le Guern 56 / Maeda III p. 4 / Lafuma 60 / Sellier 94.
12. Didier Fassin, *L'ombre du monde, Une anthropologie de la condition carcérale*, Seuil, Paris, 2015.
13. *Ibid.*, p. 35.

Car la nature de l'infraction n'est pas l'unique critère de différenciation des peines. Celle-ci s'enracine dans les mouvements complexes qui forment les rapports sociaux et distribuent les statuts en même temps que les peines. Dans les années 1980 déjà le sociologue Bruno Aubusson de Cavarlay avait démontré les différences de traitements des citoyens par la justice en fonction de la catégorie sociale à laquelle ils appartenaient. Une formule éclatante résume son étude:

> l'amende est bourgeoise et petite-bourgeoise, l'emprisonnement ferme est sous-prolétarien, l'emprisonnement avec sursis est populaire [14].

La condamnation s'inscrit dans un cadre social et politique qui transcende les limites du tribunal. La décision de justice est même au cœur des dispositions diffuses de la société puisqu'elle est l'institution la mieux à même de les légitimer c'est-à-dire de les établir en droit [15].

Ainsi Didier Fassin ouvre son étude par le compte rendu d'audiences dans un tribunal de grande instance du Nord de la France. Les principales affaires jugées le sont en comparution immédiate. Devant l'absurdité de certaines décisions au regard de leur inefficience il faut en établir la raison en dehors du cadre de la justice. Il affirme alors:

> « La magistrate qui condamne un père de famille en situation précaire à passer six mois dans une maison d'arrêt au seul motif d'avoir, en récidive légale, conduit un véhicule alors qu'il avait perdu les points de son permis [...] participe d'une transformation profonde du rapport à la punition et à l'inégalité. [...] Dans cette affaire comme dans d'autres, la présidente prononce, au fond, le jugement qu'elle pense que la société attend d'elle. [16] ».

Nous percevons bien ici l'enchevêtrement entre les faits et le droit. Dans une très grande proportion les condamnés en droit le sont déjà en fait. Les mécanismes de cette répétition sont très complexes. Pour les éclairer, il faut revenir à l'idée d'infamie.

---

14. Aubusson de Cavarlay B, « Hommes, peines et infractions. La légalité de l'inégalité », L'Année Sociologique, n° 35, Paris, 1985, pp. 275-309.
15. On retrouve la vieille critique de Marx.
16. Didier Fassin, *op.cit.*, p. 34.

Comme le soulignait Beccaria, la justice ne saurait marquer d'infamie ceux qui ne sont pas désavoués par la morale publique. La société traditionnelle compte ainsi des occupations infâmes : des professions ou « métiers vils » (éboueur, boucher, tanneur, mendiant, exécuteur de la haute justice, prostituée, acteur de théâtre) qui ont pour fonction de purger le corps social (déchets, matière fécale, carcasses, cadavres, condamnés à mort, sexualité vénale, etc.). Leurs compagnons d'infamie forment les groupes ethniques méprisés (bohémiens, juifs, « savoyards ») et les vagabonds, les individus itinérants et parfois difformes (les boiteux, bossus, nains etc.). En assurant les tâches impures les infâmes assurent la propreté du corps social c'est-à-dire son homogénéité. Cette unité et cette pureté sont garanties par une double pratique : signalisation et hypervisibilité des individus infâmes porteurs de marques discriminantes (clochette, rouelle etc.) et exclusion à la fois symbolique (privation des activités civiles, Église, Cour de Justice) et physique (assignation à résidence hors de la cité). De cette infamie de fait se distingue celle née de l'application du droit. L'infamie légale est provoquée par la flétrissure pénale. Cependant cette distinction n'est pas une stricte opposition et il se peut même que le droit ne fasse bien souvent qu'abonder les faits. Comme le rappelle Didier Fassin : « Le fait que vous soyez puissant ou misérable, les jugements de la cour vous rendront blanc ou noir » n'est ni « une singularité occidentale ni une originalité contemporaine [17] ». On relate par exemple l'exécution de sentences à Fès ou à Marrakech au XVIe siècle : le cours de la punition mettait en scène une « hiérarchisation sociale », ainsi lorsqu'un meurtre était commis et qu'il n'y avait pas « de partie accusatrice » le sultan prononçait lui-même la sentence obligeant le coupable à proclamer son crime, nu et menotté dans les rues de la ville où il était ensuite crucifié puis exécuté ; sauf s'il s'agissait d'une « personne de haut rang » qui était égorgée en prison et de laquelle on ne livrait au public « que » la dépouille.

De même dans l'Occident chrétien, le noble est mis à l'abri de l'infamie : en cas d'exécution il est décapité à l'épée pour éviter

17. Didier Fassin, *Punir, une passion contemporaine*, Seuil, Paris, 2017,p. 123.

la souillure que provoque le contact physique avec la main du bourreau. Le procès de Gilles de Rais, qui s'acheva par sa condamnation à mort le 22 octobre 1440, est en cela emblématique. Alors qu'il avoua les crimes atroces dont il était le responsable, il fût cependant protégé de l'excommunication du fait de sa lignée. Il y eût d'ailleurs une curieuse procession qui n'est pas sans intérêt pour nous. « Partant du château de la Tour Neuve, où l'on avait jugé le condamné, la procession d'une foule immense, que rythmaient les prières et les chants, conduisit le misérable, qui avait porté au dernier point le mépris de ce menu peuple, qui le suivait, et qui maintenant, pour lui, suppliait Dieu. [18] » Aussi le plus souvent seuls les réputés infâmes (prostituées, vagabonds etc.) sont aussi susceptibles d'être marqués par la flétrissure pénale [19]. Jusqu'à la mort, la flétrissure instaure « la perpétuité de la peine dans la chair » :

> « Le coupable les épaules nues, l'exécuteur fait rougir un fer au bout duquel est la marque indiquée par l'arrêt ; il appuie un instant ce fer sur l'épaule du coupable : les traces de la marque ne s'effacent jamais » [20].

La flétrissure, comme processus pénal d'infamie doit frapper moralement le justiciable en affligeant le corps. Elle désignait le marquage corporel infligée par la justice criminelle traditionnelle [21]. Le « fer rouge » en marque l'atrocité sur la peau du condamné. La marque est ainsi l'« indice » du crime et le corps présente l'histoire criminelle du sujet. L'usage de la flétrissure corporelle est aboli en France par le Code pénal de 1791 puis rétabli en 1810 avec les marques sur l'épaule (*T* pour *travaux forcés à temps* ; T.P. *idem à perpétuité* ; F pour *faussaire*), avant que la loi de 1832 ne l'abolisse définitivement. La flétrissure s'accompagne de l'exposition publique du condamné et s'accomplit dans la relégation. Comme le stipule le Code pénal de 1810 :

> Article 22 : Quiconque aura été condamné à l'une des peines des travaux forcés à perpétuité, des travaux forcés à temps, ou de la réclusion, avant de subir sa peine, sera attaché au « carcan » sur la place publique ;

18. Georges Bataille, *Le procès de Gilles de Rais*, Pauvert, Paris, 2006 p. 78.
19. Michel Porret, « La cicatrice pénale. Doctrine, pratiques et critique de la marque d'infamie », in « Sens-Dessous » n° 10, La Roche-sur-Yon, 2012, p. 47-62.
20. B. de Saint-Edme, Dictionnaire de la pénalité de toutes les parties du monde connu, 4, Paris, Rousselon, 1828, p. 86-87.
21. Nous nous référons pour toutes ces analyses sur la flétrissure à l'article de Michel Porret *op.cit.*, in « Sens-Dessous », n° 10.

il y demeurera exposé aux regards du peuple durant une heure; au-dessus de sa tête sera placé un écriteau portant en caractères gros et lisibles, ses noms, sa profession, son domicile, sa peine et la cause de sa condamnation. – En cas de condamnation aux travaux forcés à temps ou à la réclusion, la cour d'assises pourra ordonner, par son arrêt, que le condamné, s'il n'est pas en état de récidive, ne subira pas l'exposition publique. Néanmoins, l'exposition ne sera jamais prononcée à l'égard des mineurs de dix-huit ans et des septuagénaires.

Ces trois phénomènes : marquage du corps, exposition au regard et relégation (sous la forme soit de la réclusion soit de la déportation) sont solidaires. Ils participent du même châtiment. L'enfermement n'est donc pas d'abord une mesure d'assouplissement de la peine mais une façon de la réaliser. Enfermer (dans une maison de force ou en prison) constitue en effet d'après l'article 7 du Code pénal de 1810 une peine « afflictive et infamante[22] ».

Plus généralement, autour de ces vies infâmes, se joue et se rejoue la question de l'unité du corps social. En effet, comment faire société sans exclure ou nier l'existence de ceux qui, à tort ou à raison, semblent mettre en péril notre organisation ? La flétrissure rend visible les délits, marque les corps pour mieux les tenir à distance. En un sens, l'individu disparaît sous la faute. La flétrissure marque les corps pour mieux dissoudre les êtres sous leurs peines. La marque indélébile efface le corps en le couvrant. Or n'est-il pas façon plus radicale d'exclure que de refuser à l'individu l'appartenance à la vie civile ? La peine de « mort civile » et les enjeux qu'elle revêt éclaire fondamentalement cette dimension de la politique pénale.

## La mort civile

Jusqu'en 1854 (date de son abolition) la peine de mort civile s'employait à effacer les êtres. Ainsi, jusqu'au milieu du XIX$^{e}$ siècle, une catégorie d'individus bien vivants furent considérés comme « morts pour le monde » et traités juridiquement comme tels. Il s'agissait d'une dégradation supplémentaire et radicale liée

22. Article 7 : Les peines afflictives et infamantes sont : 1° la mort; 2° les travaux forcés à perpétuité; 3° la déportation; 4° les travaux forcés à temps; 5° la réclusion.

aux peines infamantes : des condamnés à mort par contumace ou en instance d'exécution, des condamnés aux travaux forcés à perpétuité, des déportés. Celui qui est frappé par la mort civile est encore un être humain mais n'est plus une personne. Car nul n'est personne s'il n'est pas une personne. L'étymologie latine (persona) dit très bien l'imbrication entre le statut social, la construction institutionnelle et la formation d'une subjectivité singulière. Celui qui n'a pas de nom est « personne » et comme le montre Homère dans l'Odyssée [23], il est à la fois le plus vulnérable et le plus dangereux. Aussi celui qui n'a pas de nom est mis au ban de la société des hommes et le plus souvent il s'ensuit une exécution réelle.

François Richer dans son *Traité de la mort civile* en 1755 expose les fondements idéologiques de l'infamie à travers la distinction qu'il reprend au début de son ouvrage entre le « droit des gens » et le « droit civil » Le droit des gens dispose à la conception d'une humanité qui préexiste à la formation des sociétés. « Il y a donc un droit commun à toutes les nations de l'univers ; que l'on nomme le droit des gens [24]. » Ce droit est au fondement de toute organisation sociale. Il n'est pas antérieur aux règles contractées au sein des organisations humaines. Mais il leur est consubstantiel, quels que soient les enjeux spécifiques des ordres ainsi fondés. Ainsi « ce droit n'est ni François, ni Allemand ni Turc. En un mot, il n'est d'aucune nation en particulier : mais il est de toutes les nations, en général. C'est de ce droit que dérivent presque tous les contrats ; comme la vente, le louage, le dépôt, le prêt et une infinité d'autres. C'est lui qui a présidé à la séparation des peuples, à l'établissement des souverainetés, et à la division des biens, entre les particuliers. C'est lui qui fait encore le principal fondement de tout le commerce et de toutes les obligations. » Ce droit des gens diffère du « droit civil ». Ce dernier désigne

---

23. On se réfère bien sûr à la ruse d'Ulysse. Homère, l'Odyssée, Livre IX « Cyclope, puisque tu me demandes mon nom, je vais te le dire ; mais fais-moi le présent de l'hospitalité comme tu me l'as promis. Mon nom est Personne : c'est Personne que m'appellent et mon père et ma mère, et tous mes fidèles compagnons. »

24. François Richer, *Traité de la mort civile. Tant celle qui résulte des condamnations pour cause de crime, que celle qui résulte des vœux de religion,* Paris, Desaint et Saillant, 1755, p. 6-28.

« un autre droit, que chaque nation s'est formée en particulier, qui ne régit que les personnes et les biens qui appartiennent à cette nation [25] ».

Le droit des « gens » est la source absolue du droit. Non pas au sens où les principes qu'il énonce forment des obligations concrètes mais en ce qu'il définit les ressources formelles du droit. François Richer explique que le droit civil diffère du droit des gens, « en ce que tous les peuples qui reconnaissent quelques lois, sont fournis au droit des gens, et que chacun d'eux est fourni, en outre, à un droit qui lui en particulier, et qui est composé des lois qu'il a crû les plus propres pour sa sûreté, et pour la commodité et l'avantage de chacun de ses membres ». Le problème largement débattu demeure bien sûr celui de l'efficience du droit des gens ; non pas en ce qu'il ferait défaut à ceux qui jouissent de leurs droits civils mais en ce qu'il ne peut réellement rien pour ceux qui n'en n'ont pas.

En effet, le droit des gens n'a par lui-même aucune forme d'efficience directe sur les citoyens d'un État. Puisqu'à « proprement parler, le droit civil seul a force de loi dans chaque pays. C'est lui qui régit les dispositions du droit des gens, qui doivent être observées par les particuliers et celles qui ne doivent pas l'être. En sorte que rien n'a force de loi, qu'autant qu'il est autorisé par le droit civil. Ainsi, en qualité de citoyens, c'est-à-dire, en qualité de membres de tel ou tel État, nous ne sommes tenus à aucune des régies du droit des gens, comme provenant du droit des gens : mais seulement, comme étant adoptée par le droit civil [26] ». Le droit civil permet de distinguer la « vie civile » du « droit de cité ». La vie civile concerne l'ensemble des individus y compris étrangers sur un territoire, quand le droit de cité ne concerne que les citoyens. Aussi : « On ne peut jouir des droits de cité, sans avoir la vie civile : mais on peut jouir de la vie civile, sans avoir les droits de cité. » Il suffit, pour avoir la vie civile, d'être membre de quelque nation. Cette qualité donne la faculté de jouir, dans toutes les sociétés policées, de l'effet des dispositions qui sont ti-

25. *Ibid.*
26. *Ibid.*

rées du droit des gens. Ainsi, lorsque, par l'abdication de sa patrie, on se constitue étranger, on ne fait qu'abdiquer les droits de cité, dont les étrangers sont exclus : mais on conserve toujours la vie civile.

La mort civile au contraire est donc l'abolition de la vie civile. Elle n'est pas simplement négation du droit de cité. La mort civile était consécutive au prononcé d'une peine liée à la flétrissure pénale. Elle consistait en l'extinction légalement prononcée, pour une personne, de sa personnalité juridique, ce qui impliquait une *privation générale* de ses droits. Le mort civil est réputé ne pas avoir vécu ; ne plus être inscrit dans le corps social. Traduit dans une langue contemporaine, il réalise le fantasme génocidaire : il ne laisse plus aucune trace. Précisons cependant que le génocidé est effacé du seul fait de son appartenance à telle ou telle éthnie là où le mort civil a bien commis une infraction. Cependant, quelle infraction peut-elle légitimement aboutir à abolir l'existence même de la personne ? La succession du mort civil était immédiatement ouverte, ses biens lui étaient enlevés. De plus son éventuel testament antérieur, quoiqu'établi du temps de sa capacité juridique, était annulé, de sorte que c'était toujours une succession *ab intestat* qui s'ouvrait. Le condamné étant réputé mort, son mariage était dissous. Son conjoint, devenu libre pouvait se remarier avec une autre personne. Si le conjoint continuait à vivre avec le mort civil, il y avait concubinage et non plus mariage et les enfants qui pouvaient naître à l'avenir étaient illégitimes. Il ne pouvait plus être ni électeur, ni candidat, ni fonctionnaire, ni juré, ni expert, ni témoin.

Le mort civil perdait aussi certains droits civils : le droit de se marier, le droit d'agir en justice, le droit de reconnaître ses enfants naturels, la puissance paternelle, le droit d'être tuteur, le droit de faire ou de recevoir des libéralités, le droit de recueillir une succession. Le mort civil conservait cependant le droit de passer des contrats à titre onéreux, ce qui permettait de gagner de l'argent en travaillant, d'acheter, de vendre, de devenir créancier ou débiteur…

La mort civile est donc bien davantage que la mise à mort physique de l'individu. François Richer l'énonce clairement :

> lorsqu'un homme a commis quelque crime qui mérite que la société le retranche de son sein, la condamnation prononcée contre lui le prive non-seulement des droits de cité; mais même de la vie civile. En un mot, il est mort civilement; parce qu'il ne participe pas plus aux droits des François, que s'il était véritablement mort. La société regarde ceux qui se trouvent dans ce cas, comme n'étant pas des êtres vivants, auxquels elle ne doit aucuns secours, aucune commodité, et desquels elle n'en attend aucune [27].

La restriction des droits politiques aux simples transactions financières et économiques montre bien la nature de la déchéance dont il est question. Le mort civil est cantonné aux tâches de productions et d'échanges de bien, la considération dont il est l'objet est strictement fonction des choses dont il permet la circulation. Il est par lui-même indifférent, indistinct, ne jouissant plus des droits lui permettant de protéger sa singularité. Il n'est plus personne.

## Signification et prolongement actuel : qui sont les « morts civils » ?

> Livrée par sa mère à la marée montante sur la plage, la fillette a été retrouvée noyée au matin du 20 novembre 2013 par des pêcheurs de crevettes. Elle a été inhumée vendredi dans l'urgence avec les indigents du cimetière de l'Ouest à Boulogne-sur-Mer, sans pierre tombale ni plaque à son nom [28].

Comme tout crime cet infanticide révèle la teneur tragique de certaines vies. Cette mère avons-nous pu lire se trouvait comme dans une impasse [29] et sa personnalité (notamment la question de savoir si son cas était d'ordre psychiatrique ou psychanalytique) fût au centre du procès. Il aurait pu être le crime parfait et conduire à l'effacement de la fillette (de toute trace de sa présence). Ce fait

27. *Ibid.*
28.http://www.20minutes.fr/societe article publié le 10 décembre 2013 : « Berck : Adélaïde, enterrée sous X, aura une sépulture « digne ». Sans existence légale durant sa courte vie, la petite Adélaïde. »
29. « Pour tenter d'expliquer son geste, Fabienne Kabou, qui encourait la réclusion criminelle à perpétuité, a affirmé devant la cour avoir été *« guidée »* par une *« énergie malveillante ». « Quelque chose, ou quelqu'un, a agi en moi pour assassiner ma fille. Un peu comme si quelqu'un avait commandité sa mort, par mes mains »*, a-t-elle expliqué le premier jour. La sorcellerie ? Des explications *« de pure opportunité »*, a balayé l'avocate générale, Pascale Girardon ». http://www.lemonde.fr/societe/article/2017/09/15/infanticide-de-berck-fabienne-kabou-condamnee-a-quinze-ans-de-reclusion-criminelle-en-appel_5186237_3224.html.

« divers » rappelle que l'on peut disparaître sans être né. À la manière d'Ivan Jablonka dans *Laetitia ou la fin des hommes* [30] c'est à cette fille sans nom que nous prêtons attention.

En effet, l'exclusion de cette petite fille du monde des vivants accomplit son mode d'être au monde. Là où pour toute existence humaine elle est scandaleuse la mort accomplit ici la vie. Cette enfant figure l'être dont le sort est au sens le plus strict « indifférent ». Celui dont la présence ne fait pas de différence. D'ailleurs, elle n'est pas activement noyée mais laissée jusqu'à ce que la mer monte, comme un élément du décor. Les journalistes présents au procès parleront de « ce dépôt sans violence d'une enfant à la mer [31] » Il s'agit bien d'un effacement. Cette enfant n'a jamais eu d'histoire n'a jamais porté de nom, n'avait de place nulle part et n'était reconnue dans aucune communauté humaine. Sa mort – singulière et propre – lui permet d'accéder à son existence : le crime (en ce sens) a échoué.

La reconnaissance de l'infanticide a permis de donner naissance à Adélaïde (enfin désignée par ses pairs humains). En effet, Madame le procureur de la République a tenu à ce qu'il soit admis qu'Adélaïde *avait bien* une vie propre puisqu'elle en est morte. Nathalie Bany a donc lancé une procédure civile et a expliqué :

> Elle n'aura jamais d'acte de naissance. Pour lui créer un état civil, il faudra un jugement déclaratif de naissance [32].

Adélaïde a donc vu le jour parmi les hommes le jour de son inhumation. Le droit rattrape ici l'être qu'on voulait tenir dans l'ombre.

---

30. Seuil, 2016. « Cela faisait longtemps que je voulais travailler sur un fait divers, parce que le fait divers révèle les failles de notre société, et même de la démocratie. Parce que la violence bouleverse le quotidien. En revanche, je voulais prendre une perspective contraire à ce qui se fait d'habitude. D'habitude, on se focalise sur le crime et le criminel, et c'est dans la structure même du fait divers que de ne parler que du crime. La seule héroïne du fait divers, c'est la mort. Je voulais prendre le contre-pied de cette perspective et ne m'intéresser non pas tant à la victime – c'est encore ramener la personne au crime et à la mort – qu'à la disparue, l'absente, celle qui n'est plus là ». C'est en ces termes qu'Yvon Jablonka se confiait à la journaliste Laurence Houot le 2 novembre 2016 peu de temps après avoir reçu le prix Médicis. https://culturebox.francetvinfo.fr/livres/la-rentree-litteraire/le-prix-medicis-a-laetitia-ou-la-fin-des-hommes-d-ivan-jablonka-247721.

31.http://www.lemonde.fr/societe/article/2017/09/15/infanticide-de-berck-fabienne-kabou-condamnee-a-quinze-ans-de-reclusion-criminelle-en-appel_5186237_3224.html.

32. *Ibid.*

Aussi le procureur prend là *une décision pure* qui incarne si cela se peut l'essence du droit. Car la loi borne et institue les cadres de l'humanité et décide d'inclure ou d'exclure à l'intérieur de ces cadres. Une manière d'inclure et d'assurer la reconnaissance aux uns est d'exclure et de chasser les autres. Elle dit toujours en substance quelle vie peut (doit) être vécue.

La peine de mort civile est sans doute dans le champ pénal la manifestation la plus claire de la vulnérabilité de l'individu humain. Elle montre la nécessité vitale pour chacun d'apparaître à soi-même comme partie d'une organisation sociale, de préserver son honneur. La chute hors du monde policé condamne au néant, et signifie qu'il ne demeure de soi que le vivant, la bête ou le « sauvage ». Il s'agit là d'une dégradation extrêmement puissante par laquelle sans être mort, il est signifié au criminel qu'il n'est « même plus né », et ne compte plus – ici – parmi les Français. Le paria est naturellement rabattu aux tâches économiques ou plus généralement aux travaux qui n'impliquent pas de reconnaissance de la subjectivité. Le mort civil, l'intouchable, l'infâme en général n'a plus d'honneur, d'habit, de talent par lesquels il puisse se distinguer. Il est confondu avec « ses semblables », il forme une espèce voire une race. Le mort civil n'est pas né en tant qu'être singulier et distinct. Il est confus et se confond. Il ne s'est pas inscrit dans une communauté, il disparaît et on ne pourra donc plus rien raconter de lui. À l'extrême, les violences génocidaires accomplissent ce mouvement.

La mort civile est une manifestation paradoxale de l'infamie puisqu'elle conduit non plus à exhiber le criminel par le marquage de son corps mais à effacer l'individu. L'individu n'est plus que « *zoon* » il est strictement corps. Celui qui pourrait « tout aussi bien être mort » est effectivement mort sur le plan civil. Il n'est plus que fonction des droits naturels (ce que Richer nomme « le droit des gens »). Davantage encore que l'exercice effectif de la peine de mort, la décision de « mort civile » manifeste la puissance de l'autorité souveraine.

Car la puissance du souverain ne s'exerce pas essentiellement dans la décision de faire mourir mais dans celle de « laisser pour vivant celui qui est déjà mort ». Elle réduit la vie elle-même à néant, les êtres n'accèdent à leurs singularités propres et ne sont différenciés que par la volonté du souverain. Le fait d'être en vie ne comporte en effet aucune réalité signifiante en dehors de la reconnaissance de la puissance souveraine : au-delà elle est superflue. Il est alors nécessaire de rappeler que la vie du sujet, sa réalité biologique n'a de consistance existentielle, ne peut apparaître comme une limite (à son tour) que dans le cadre fixé par l'autorité quels que soit la source et le mode d'exercice de son pouvoir (tradition, force, droit principalement[33]). Dans *L'Iliade ou le poème de la force*[34], Simone Weil décrit précisément ce phénomène. Dans l'exercice de la souveraineté, il faut distinguer « la force qui tue » de celle « qui ne tue pas encore ». Cette force est bien plus « prodigieuse » que la première car elle consiste à « faire une chose d'un homme qui reste vivant. Il est vivant, il a une âme ; il est pourtant une chose ». La toute-puissance définit donc la capacité à faire disparaître sans tuer. La mort n'est effective que pour celui qui est bien vivant : une chose ne meurt pas.

Comme dans le très classique *Blade Runner* de Ridley Scott il existe bel et bien des êtres « à la manière » des réplicants[35]. Dans le film les *réplicant*s sont considérés comme des esclaves mo-

33. *Le savant et la politique,* Max Weber.

34. *Écrits historiques et politiques*, volume III, Paris, NRF Gallimard, 1989 pp. 228-229.

35. *Blade Runner* est un film américain de science-fiction réalisé par Ridley Scott et sorti en 1982. Son scénario s'inspire assez librement du roman *Les androïdes rêvent-ils de moutons électriques ?* écrit par Philip K. Dick, à qui le film est dédié. Il se situe à Los Angeles en 2019 et met en scène Rick Deckard, un ancien policier qui reprend du service pour traquer un groupe de *réplicants*, androïdes créés à l'image de l'Homme, menés par l'énigmatique Roy Batty. L'histoire se déroule en novembre 2019, à Los Angeles, au climat pluvieux et où la quasi-totalité de la faune a disparu. La population est encouragée à émigrer vers les colonies situées sur d'autres planètes. Les animaux sont artificiels et il existe également des androïdes, des robots à l'apparence humaine aussi appelés « *réplicants* ». Ceux-ci sont plus ou moins considérés comme des esclaves modernes, qui sont utilisés pour les travaux pénibles ou dangereux, dans les forces armées ou comme objets de plaisir. Les *réplicants* sont fabriqués par la seule Tyrell Corporation, dirigée par Eldon Tyrell, dont le siège est installé dans une haute et massive tour pyramidale qui domine la ville. Ils sont créés à partir de l'ADN humain mais ne sont ni des clones, ni des robots. Après une révolte sanglante et inexpliquée des *réplicants* dans une colonie martienne, ils sont interdits sur Terre. Des unités policières spéciales, les *Blade Runners*, interviennent pour faire respecter la loi pour les contrevenants androïdes. Ils ont donc l'autorisation de tuer n'importe quel *réplicant* en situation irrégulière. On appelle cela un « retrait ». Toutefois, les androïdes les plus modernes sont difficiles à distinguer des humains. Les *Blade Runners* doivent alors enquêter longuement afin d'avoir la certitude qu'il s'agit bien d'un androïde avant de le mettre hors circuit.

dernes, appartenant à une classe inférieure, suivant l'inspiration du *Metropolis* (1927) de Fritz Lang. Après une révolte sanglante de *réplicant*s dans une colonie martienne, ces derniers sont bannis de la Terre. Toutefois, certains réussissent à la regagner. Des unités spécialisées, appelées *Blade Runner*, sont là pour faire respecter la loi aux contrevenants androïdes. Ils ont l'autorisation d'effacer n'importe quel *réplicant* en situation irrégulière. Les gouvernements n'appellent pas cela un meurtre mais un « retrait ». En effet, le « retrait » des Réplicants est une mise hors service, symbole de leur nature intrinsèquement instrumentale : leur force et leur intelligence sont totalement relatives à l'usage défini par leur concepteur. Elle hisse ainsi des hommes au rang de dieux capable de fabriquer des êtres en tout point ressemblants à eux mais qui leur sont absolument dépendants. La mort des réplicants n'en est pas une, le retrait symbolise la nature artificielle de la vie de ces êtres.

La peine de mort civile ne produit certes pas des Réplicants mais elle rappelle la nature artificielle de la vie humaine. Elle dit comment la loi fabrique des hommes. Et, son abolition n'a pas transformé la nature intrinsèque de la loi qui prescrit et définit les actes comme les êtres pour les faire sortir du néant. Il s'agit de : contenir les hommes, tracer des haies, séparer les bons et les mauvais. Dans cette perspective, sur le plan pénal la tentation demeure vive d'effacer, de retirer « sans violence » (comme la marée à Berk) les êtres les moins désirables. On peut – pour preuves – questionner la signification des très longues peines et 150 ans après l'abolition de la peine de mort civile se demander pourquoi le droit français réinstaure en 1994 la perpétuité incompressible[36].

---

36. La perpétuité incompressible désigne en France une peine de réclusion criminelle à perpétuité assortie d'une période de sûreté illimitée empêchant tout aménagement de peine. La loi prévoit toutefois qu'après 30 ans d'incarcération, un tribunal de l'application des peines peut mettre fin à cette période de sûreté perpétuelle. Un aménagement est donc possible *in fine*, mais en deux étapes.
Cette peine n'est applicable qu'aux crimes suivants : meurtre avec viol, tortures ou acte de barbarie d'un mineur de moins de quinze ans ; meurtre en bande organisée d'une personne dépositaire de l'autorité publique (policier, magistrat, *etc.*) et ce, à l'occasion ou en raison de ses fonctions ; assassinat d'une personne dépositaire de l'autorité publique (policier, magistrat, *etc.*) et ce, à l'occasion ou en raison de ses fonctions ; crime terroriste.
Pour tous les autres crimes, le maximum de la période de sûreté est de 22 ans.
Elle a été instaurée par la loi 94-89 du 1er février 1994 à l'initiative du ministre de la justice de l'époque Pierre Méhaignerie, membre du gouvernement Balladur.

Toute vie est humaine par l'institution qui la qualifie et la valorise. Comme nous l'avons montré le fait d'être en vie n'est pas un fait mais un droit ou pour le dire à la manière de Simone Weil, une question de valeur[37]. Être privé d'honneur ou tenu séparé des autres est être destitué. Se dévoile alors la primauté de la *« precarity »* sur la *« precariousness »* au sens où l'entend la philosophe américaine Judith Butler. La *precariousness* désigne la précarité de la vie dans son ensemble du point de vue ontologique. La *« precarity »* renvoie à des conditions sociales et politiques de maintien de la vie construite par les circonstances sociales et politiques. L'État est cette force symbolique susceptible de pallier aux hasards des naissances et aux tragédies de la vie, il offre une « couverture ». Celle-ci voile la nudité, la précarité de la vie en lui donnant la décence et la signification de la précarité sociale.

Parce qu'« être » comme dit Betty : « *c'est déjà pas mal* ! ». Betty est l'une des prisonnières du centre de détention qui sert de décor à l'excellent film documentaire *Détenues*[38]. Elle a 29 ans au moment du tournage en 2015 et a déjà « fait » 12 ans d'incarcération. Elle raconte au journaliste ce qui s'est produit en elle au moment où la sentence a été prononcée :

> Quand j'ai entendu le verdict j'ai eu l'impression que la terre s'était arrêtée de tourner, je pleurais beaucoup, tout s'est effondré sur moi. En fait, c'était comme si j'étais enterrée vivante. Je n'y ai pas cru : j'arrivais à me mettre dans la tête que j'avais pris 25 ans. [...] Je ne le supporte pas.

On suit Betty à un rendez-vous chez le greffier pour que lui soit notifiée la décision du tribunal d'application des peines. Elle conclut un débat contradictoire qui fait le point sur sa conduite en détention et le cas échéant décide d'une réduction de peine. Betty reçoit une bonne nouvelle : il lui est accordé 9 mois de réduction de peine de sûreté. Elle voit alors la psychologue du centre de détention et revient sur la signification de cette décision. Elle est

---

37. « En un sens, la loi de la vie humaine est : d'abord philosopher, puis vivre ; car le choix entre la vie et la mort, dans une situation déterminée, implique lui-même une comparaison de valeurs. » *Œuvres Complètes*, Quarto Gallimard, 1999 p. 121.

38. Écrit et réalisé par Marie Drucker et produit par Mathieu Delghili ce documentaire a été diffusé sur France 2 le 9 février 2015 à 23 heures.

motivée par la bonne conduite de Betty, et il est notamment souligné que « son comportement s'est désormais stabilisé » et que Betty « affronte avec plus de maturité les difficultés rencontrées en détention ».

— La psychologue : « Comme si cette incarcération vous avait permis de mûrir ».

— Betty : « Ah mais de toute façon j'ai grandi en prison [...] ».

— La psychologue : « Vous me parliez de rage, de réussite. Et moi, le mot « rage » me fait penser au mot « combat ». Je voulais savoir si pour vous cela ressemblait à un combat ce que vous êtes en train de vivre ».

— Betty : « Oui, j'ai quand même tout perdu. Ma famille. Pour moi, ça, c'est un combat : leur montrer que j'existe, je suis là, je suis présente ».

— La psychologue : « C'est juste exister » ?

— Betty : « Oui, on peut dire ça comme ça. Je ne suis pas un fantôme, je suis là ».

— La psychologue : « Mais juste exister, ce n'est pas beaucoup ».

— Betty : « C'est déjà pas mal ».

Betty veut exister c'est-à-dire être distinguée de la masse des détenues à laquelle elle appartient. Elle voulait apparaître. La volonté de Betty rend manifeste le sens ultime de l'emprisonnement carcéral : suspendre sinon effacer l'existence singulière des délinquants.

## **Chapitre II :** *Vers une criminologie critique*

On le perçoit bien : le traitement de la délinquance requiert une très grande précaution puisqu'il s'agit de détacher à l'intérieur même de nos processus de compréhension les idéologies qui les fondent. En ce sens, il faut en appeler, suivant le modèle kantien, à la formation d'une criminologie critique au moyen de laquelle pourraient être questionnés les fondements idéologiques de l'idée même de délinquance.

La criminologie définit au sens large la science du crime et du criminel. Elle entend comprendre les conditions objectives des phénomènes de déviances sociales, et propose un ensemble de méthode pour en déduire les comportements criminels. Une telle approche de la délinquance est d'emblée problématique. En effet deux problèmes se posent :

- La criminologie n'encourt-elle pas le risque d'essentialiser le crime en en faisant un objet social séparé des autres facteurs conditionnant la conduite de l'individu ? N'a-t-elle pas naturellement tendance à pencher du côté d'un déterminisme sinon grossièrement biologique au moins sociologique ?
- L'asservissement d'une telle « science » aux cadres politiques et idéologiques qui forment son contexte [39] ne la conduit-elle pas inévitablement à légitimer l'ordre établi ?

Or, cet ancrage nécessaire implique que si la criminologie a un sens il est critique.

---

39. Voir notamment cet article : Mucchielli Laurent, « Vers une criminologie d'État en France ? Institutions, acteurs et doctrines d'une nouvelle science policière », Politix 1/2010 (n° 89), p. 195-214 URL : www. cairn. info/revue-politix-2010-1-page-195.htm. DOI : 10.3917/pox.089.0195.

## La chasse aux enfants

*Bandit !*
*Voyou !*
*Voleur !*
*Chenapan !*
*[...] C'est la meute des honnêtes gens*
*Qui fait la chasse à l'enfant*
*Il avait dit*
*J'en ai assez de la maison de redressement*
*Et les gardiens à coups de clefs lui avaient brisé les dents*
*Et puis ils l'avaient laissé étendu sur*
*le ciment [...].*

Jacques Prévert,
*Paroles,* 1946

Ainsi se lamentait le vieil Hésiode :

*Je n'ai plus aucun espoir pour l'avenir de notre pays si la jeunesse d'aujourd'hui prend le commandement demain, parce que cette jeunesse est insupportable, sans retenue, simplement terrible. Notre monde atteint un stade critique. Les enfants n'écoutent plus leurs parents* [40] ».

Les éternels sauvageons heurtent génération après génération l'ordre établi (ou consenti) par leurs parents. La criminologie puissante au XIXe siècle se charge du fardeau. Elle propose (suivant la perspective positiviste de son siècle) de donner une nouvelle dimension à ce problème, en l'interrogeant non seulement comme un élément structurel de la vie politique mais comme un fait social objectif. La délinquance juvénile rend même nécessaire la science du crime. En effet, le jeune délinquant – ou qualifié comme tel – franchit rarement de manière « accidentelle » les limites de la légalité. Il arrive cependant qu'un « rappel à loi » suffise et éclaire l'adolescent sur la mauvaise pente qu'il prenait où sur la nature de ses fréquentations. Le plus souvent toutefois la délinquance est le symptôme d'une situation psychoaffective et/ou sociale qu'il faut faire apparaître.

---

40. *Les Travaux et les Jours*, Éditions Mille et Une Nuits (1re éd. 2006).

La criminologie propose justement de faire du crime un « fait social » au sens d'Émile Durkheim et de son précepte souvent répété :

> Considérer des faits sociaux comme des choses [41].

Rappelons qu'il s'agissait pour Durkheim d'établir la sociologie dans sa valeur scientifique sans pourtant nier la difficulté qui lui est propre et qui consiste en la nature singulière de son objet c'est-à-dire précisément l'influence du milieu.

Faire basculer le fait social au rang des choses n'est pas le faire déchoir mais l'élever au rang de phénomène scientifique. Cette possibilité existe par l'usage critique de la raison hérité des préceptes de Kant. Nous parvenons à nous détacher du cadre sociologique avec lequel on est habituellement confondu en le percevant comme une « chose ignorée [42] ». En somme il faut se mettre dans l'état d'esprit « où sont les physiciens, chimistes, physiologistes, quand ils s'engagent dans une région encore inexplorée de leur domaine scientifique ». Durkheim invite donc à considérer le fait social comme un phénomène qu'il faut définir en dehors des comportements individuels. Il s'arrêtera sur cette définition :

> Est fait social toute manière de faire, fixée ou non, susceptible d'exercer sur l'individu une contrainte extérieure. » [43]

En 1897, il publie *Le Suicide* [44], et montre que la signification du suicide ne s'épuise pas dans les explications des affres des histoires intimes. En effet, il varie en fonction de l'intégration de l'individu dans la vie sociale, de la religion et même des saisons. La statistique pointe en effet que le suicide définit un phénomène social *normal* : un phénomène régulier que l'on retrouve dans la plupart des sociétés et, au sein de chaque société, les taux de suicide évoluent relativement peu. Ainsi l'une des causes déterminantes du suicide est l'intégration, facteur qui protège des tendances *suicidogènes* :

---

41. *Les Règles de la méthode sociologique*, chapitre II, Règles relatives à l'observation des faits sociaux, Paris, Flammarion, 1988 p. 108.
42. *Op.cit.* p. 78.
43. *Op.cit.* p. 107.
44. Paris, Flammarion, 2014.

Le suicide varie en fonction inverse du degré d'intégration des groupes sociaux dont fait partie l'individu [...] Quand la société est fortement intégrée, elle tient les individus sous sa dépendance, considère qu'ils sont à son service et, par conséquent, ne leur permet pas de disposer d'eux-mêmes à leur fantaisie ».

Outre la question de l'intégration, la régulation est la seconde cause qui permet de rendre compte des taux de suicide. Si les sociétés intègrent, elles ont également un pouvoir de régulation : elles fournissent des règles que les individus doivent suivre, qui dictent leur conduite et leur fournissent des repères. À partir de ces deux grandes causes que sont l'intégration et la régulation, Durkheim dégagera quatre grands types de suicide.

Suivant ce modèle positiviste et dans cette même perspective la criminologie nourrit la même aspiration à construire des « types » : classer les crimes et les criminels. Elle s'attache à en définir la genèse et à faire apparaître les contraintes collectives qui pèsent sur les individus. Dans le prolongement méthodologique de la sociologie, la criminologie vise à améliorer les comportements individuels et la société. Car si Durkheim prétend fonder la sociologie, ce n'est pas (seulement) par amour de la science :

Nous estimerions que nos recherches ne méritent pas une heure de peine si elles ne devaient avoir qu'un intérêt spéculatif, écrit-il. Si nous séparons avec soin les problèmes théoriques des problèmes pratiques, ce n'est pas pour négliger ces derniers : c'est, au contraire, pour mieux les résoudre.

Or, c'est bien là évidemment le nœud épistémologique : comment faire en sorte que les préoccupations pratiques orientent sans les limiter les analyses théoriques ? Ce que l'on peut traduire sur le plan éthique par le problème suivant : comment s'assurer que la définition des structures ne devienne un *instrument à exclure* ?

La criminologie fonde l'idée d'une origine de la criminalité, d'une genèse de la délinquance et requiert un éclairage rationnel. En tant que science, elle donne sur le plan pratique les outils intellectuels pour bannir et exclure aussi bien qu'elle permet – en théorie – de comprendre la nature spécifique du problème de l'enfance et de l'adolescence et donc d'adapter les peines.

À ce titre, l'ordonnance du 2 février 1945 [45] demeure en France un texte de référence. L'exposé des motifs de la loi ne distingue plus parmi les enfants ceux qu'il faut protéger de ceux dont il faudrait se protéger. Elle affirme comme une donnée principielle que le mineur délinquant est d'abord un être vulnérable auquel est due une protection et pointe d'emblée la responsabilité des institutions face à la faiblesse des enfants :

> La question de l'enfance coupable est une des plus urgentes de l'époque présente. Le projet d'ordonnance ci-joint atteste que le Gouvernement provisoire de la République française entend protéger efficacement les mineurs, et plus particulièrement les mineurs délinquants.

## Qu'est-ce qu'un mineur délinquant ?

Au moment de sa rédaction, l'ordonnance prétend largement s'appuyer sur les acquis récents de la psychologie de l'enfant ainsi que sur les « progrès de la science pénitentiaire ». Elle prolonge la loi du 22 juillet 1912 et reprend ses principes directeurs à savoir : « l'institution d'une législation pénale pour les mineurs », la substitution des « mesures répressives » par « des mesures d'éducation et de redressement » enfin, fait historique, « la création d'une juridiction spéciale pour juger les enfants ». En effet, du droit romain jusqu'à l'ancien régime, l'enfant fût considéré comme un adulte en miniature ayant un régime marqué par l'atténuation du droit strict et non l'application d'une règle de droit particulière. En réalité, seul l'infans, mineur de sept ans, bénéficie d'une irresponsabilité pénale absolue. Il faut attendre la fin du XVIII^e^ siècle pour voir apparaître la notion « d'excuse de minorité » dans les codes pénaux révolutionnaire de 1791 et napoléonien de 1810 fixant à seize ans l'âge de la majorité pénale à partir duquel l'individu est totalement assimilé à un adulte. La responsabilité pénale devient subordonnée à la question du discernement qui induit à côté des peines, le prononcé de mesures de rééducation.

---

45. Ordonnance n° 45-174 du 2 février 1945 relative à l'enfance délinquante.

Concernant les mineurs, le problème se pose en termes de responsabilité collective. Elle concerne la critique des maisons de « correction ». Ainsi, un enfant de moins de 16 ans, acquitté par un jury pour avoir agi sans discernement, peut être « selon le pouvoir discrétionnaire des magistrats, renfermé jusqu'à sa majorité dans une maison de correction or, cette maison de correction, où la loi l'envoie dans le but de combattre ses mauvais penchants par une bonne éducation, ne sert, au contraire, qu'à développer ses vices [46] », les efforts consentis par quelques « agents zélés » pour améliorer cette condition, bien qu'ils soient réels et précieux comme ne manque pas de le souligner Tocqueville, ne peuvent pas cependant suffire à réformer un « mauvais système » ni à troubler une administration aveugle. Le 3 décembre 1832, une circulaire du comte d'Agout [47], porte sur la nécessité de séparer les mineurs et de placer en apprentissage les enfants repris de justice. Notamment elle se fonde sur le constat que : « entre les prisonniers qu'il est désirable d'isoler, ceux qui inspirent le plus d'intérêt, parce qu'ils laissent le plus d'espoir d'un retour au bien, sont les enfants jugés pour les infractions qu'ils ont commises avant l'âge de seize ans ». De plus, le principe étant de distinguer les détenus, la circulaire prévoit de différencier « deux classes [...] celle des acquittés et celles des condamnés, ou les enfants non coupables, que l'administration est chargée de faire élever, avec ceux qui, ayant sciemment commis un délit, sont soumis à une punition ». Mais cette séparation n'est pas totalement satisfaisante puisqu'il faut admettre premièrement qu'« une prison ne sera jamais une maison d'éducation » et deuxièmement que « les enfants traduits en justice [sont issus] presque tous de parents pauvres ». Aussi cette circulaire marque le début d'une réflexion sur les obligations de la société vis-à-vis des enfants. Elle place notamment au centre la question des mesures éducatives et la nécessité de préparer les enfants à l'exercice d'une profession « afin de leur assurer des moyens d'existence [48] ».

---

46. *Ibid.*p. 41

-47. Circulaire du 3 décembre 1832, Musée Criminocorpus, https://criminocorpus.org/fr/ref/25/17016/.

48. *Ibid.*

Cette perspective implique une double visée éthique : la reconnaissance de la responsabilité générale de la collectivité vis-à-vis des mineurs et leur nécessaire séparation des adultes incarcérés d'une part. Et d'autre part, la reconnaissance du travail comme fondement d'une vie sociale stable et « honnête ». Suivant cette tendance, l'inspecteur général des prisons du Royaume Charles Lucas [49] se déclare favorable à la séparation des enfants et des adultes incarcérés. Il envisage d'abord la création de quartiers distincts au sein des mêmes établissements puis il finit par prôner la création d'institutions (sous la forme de colonies agricoles) destinées suivant la formule consacrée à : « sauver le colon par la terre et la terre par le colon ». La destinée de la réforme des prisons telle que l'envisage Charles Lucas rencontre ici une visée morale plus conventionnelle pour laquelle l'oisiveté est vice. Le travail « fortifiant du cultivateur » doit « calmer les dérèglements

49. Voir notamment l'article de Jean-Claude Vimont https://criminocorpus.hypotheses.org/76 : « Saint-Brieuc et Charles Lucas (1803-1889) ». « Charles Lucas, jeune avocat libéral de la Restauration se fait connaître par des écrits sur l'abolition de la peine de mort. Ils sont couronnés de succès et salués dans les milieux libéraux de l'opposition à Charles X. En 1827, il publie *Du système pénal et du système répressif en général et de la peine de mort en particulier*, en réponse à un concours lancé par la Société de la morale chrétienne. Les ouvrages de Victor Hugo, *Claude Gueux* et *Le dernier jour d'un condamné*, publiés à l'aube de la monarchie de Juillet ont quelque peu éclipsé les réflexions de Charles Lucas ou de Destutt de Tracy sur cette question de l'abolition de la peine de mort. À cette époque, la peine de mort en matière politique agitait les sociétés de jurisprudence, les cercles d'avocats qui prenaient la défense des carbonari. Guizot avait montré tous les dangers pour un gouvernement du recours à la peine de mort lorsque des factions s'opposaient au pouvoir. La loi sur le sacrilège comportait une aggravation considérable de la pénalité et suscitait la colère des opposants. Après la chute de Charles X, il fut question du sort de quatre de ses ministres dont la tête était réclamée par le peuple parisien. L'abolition de la peine de mort en matière politique faisait partie du credo libéral et les motivations premières de Charles Lucas étaient liées à ces raisons conjoncturelles. Son originalité fut de ne pas s'en tenir là et de renouer avec les propositions des Constituants qui avaient envisagé la suppression de la peine de mort et envisagé des peines de privation de liberté non perpétuelles susceptibles de corriger et d'amender les coupables. Charles Lucas s'inspirait de Le Pelletier de Saint-Fargeau, de sa croyance dans le caractère perfectible de l'homme au moyen de l'enfermement et du travail forcé. Ses écrits contre la peine de mort sont indissociables de ses premières réflexions sur les systèmes pénitentiaires européens et américains. Lorsqu'en 1832, la Chambre réforma le Code pénal napoléonien en introduisant les circonstances atténuantes, en supprimant les derniers supplices corporels qui subsistaient, elle ne suivit pas les recommandations de l'avocat devenu inspecteur général des prisons à l'automne 1830. Elle diminua les cas de peine de mort mais ne l'abolit pas. La monarchie de Juillet connut bien des secousses révolutionnaires mais évita de recourir au châtiment suprême en matière politique, à l'exception du châtiment des régicides. Après la tentative insurrectionnelle de 1839, Armand Barbès fut épargné, malgré l'exaspération des milieux conservateurs gouvernementaux ».

de l'esprit ». Cette vertu rédemptrice de la vie agricole rurale est le reflet d'une société où la paysannerie représente alors les deux tiers de la population française, soit 26 millions de ruraux pour 8 millions de citadins en 1846. Selon Frédéric-Auguste Demetz, admirateur de Tocqueville : il est nécessaire que ce genre d'établissement se trouve à la campagne, « pour arriver à réformer cette jeune population, il faut avant tout la déplacer et l'enlever à ses habitudes locales. Le fatal penchant qui la porte à s'agglomérer dans les villes est pour elle une source perpétuelle de dépravation[50] ». En avril 1839, il démissionne de la magistrature et fonde la première colonie agricole et pénitentiaire à Mettray, dans les environs de Tours. Il est soutenu par un très riche philanthrope en la personne du vicomte de Bretignières. Président de la commission qui étudie la réforme des prisons départementales il met une propriété de sept cents hectares à la disposition du projet.

L'école ouvre ses portes en juillet 1839, accueillant une première promotion d'une vingtaine de moniteurs, choisis pour leur moralité. On leur prodigue à la fois un enseignement général et un enseignement professionnel. À l'origine, les contremaîtres ont un rôle prépondérant : présents vingt-quatre heures sur vingt-quatre, ils sont chargés de la formation professionnelle, de l'enseignement et du quotidien. Les premiers colons, au nombre de huit et issus de la centrale pénitentiaire de Fontevraud, arrivent à Mettray le 22 janvier 1840. Au fronton du portail d'entrée, ils découvrent cette maxime : « Mieux vaut prévenir que réprimer ». La colonie rencontre très vite un vif succès. En 1842, Demetz crée « l'Agence de la Paternelle », destinée à recueillir des fonds, à placer et à suivre les colons après leur libération. Louis Hermann Vicomte de Courteilles décède en 1852 et Demetz prend seul la direction de la colonie. En 1855, il ouvre une section (La Maison Paternelle) réservée aux fils de famille placés par mesure de correction. Le séjour, court et coûteux, accueille les rejetons de la noblesse et fait vivre la colonie jusqu'en 1910. En général, les « maisons de correction » ou de « redressement » s'inscrivent dans la perspective d'une régénérescence des « innocents coupables » par l'éloigne-

50. Frédéric-Auguste Demetz, *Fondation d'une colonie agricole de jeunes détenus*, Mettray, Duprat, Paris, 1839, p. 5.

ment de leurs milieux viciés et les travaux des champs[51]. Assez vite cependant les premiers élans philanthropiques se tarissent et les colonies prennent des distances sensibles avec les principes éducatifs qui les fondèrent. On devient notamment moins regardant sur le profil du personnel encadrant. La loi permet aussi de déléguer le service public et ainsi de confier à des institutions privées la mise en place de colonies pénitentiaires. Les filles quant à elles sont confiées majoritairement à des congrégations religieuses. Notamment en 1835 Euphrasie Pelletier fonde la congrégation des bons pasteurs à Angers. Les « bons pasteurs » essaiment partout en France et en Europe et avec eux la mission de relever les filles de mauvaises vies. Elles sont soumises à une surveillance de tous les instants et notamment par le travail et la vigilance des bonnes sœurs leurs corps sont disciplinés. Toute forme de féminité est systématiquement combattue : cheveux courts, port de tenues informes, interdiction des miroirs. Aussi, si la justice pour mineurs naît en se spécialisant elle n'adoucit pas (loin s'en faut) les peines et les colonies ou bagnes pour enfants fleurissent et les « Apaches » dont la dangerosité s'étale à longueur de journaux[52] font frémir les honnêtes gens. Cependant l'hécatombe de la première guerre mondiale, le creux démographique qui s'ensuit transforme progressivement le regard sur la jeunesse. Notamment, en 1924 le journaliste Louis Roubaud fait paraître *Les Enfants de Caïn*[53] : censé réhabiliter les colonies pénitentiaires (comme l'avait espéré l'administration qui lui avait donné l'autorisation d'enquêter) son ouvrage dénonce au contraire les mauvais traitements dont sont victimes les colons. Ainsi par exemple citant le témoignage d'une petite fille placée en école de préservation, il évoque la mise en camisole :

> Vous avez deux manches fermées par une coulisse où l'on fixe le bout des doigts en les serrant très fort. On vous plie le bras derrière le dos en croix de Saint-André de telle sorte que vous avez la main gauche

---

51. Notices « Colonies agricoles de jeunes détenus » et « Val d'Yèvre » rédigées respectivement par Charles Lucas et Pierre Bujon pour le Dictionnaire de pédagogie et d'instruction primaire, coordonné par P. Buisson Paris, Hachette, 1887.
52. Voir notamment les titres récurrents du Petit Journal ainsi celui du dimanche 17 novembre 1907 : « Trop de jeunes paresseux… Trop de jeunes criminels ! La criminalité juvénile a presque triplé en cinquante ans. »
53. Paris, Grasset.

sur l'épaule droite et la main droite sur l'épaule gauche [...] Il suffit de serrer la taille ; on serre tout. Un gaffe tire d'un côté, une surveillante de l'autre ; plus on tire, plus le buste est comprimé et l'on se tient courbé comme de petites vieilles[54].

Ainsi débute une campagne de presse qui très vite alerte le ministère de la justice et conduit en 1927 le juge Henri Rollet à fonder un comité national pour la protection de l'enfance. De plus, les colonies pénitentiaires sont désormais changées en maisons d'éducation surveillée et les gardiens sont des moniteurs qui ne portent plus de képi mais une casquette[55]. Toutefois il faudra attendre l'été 1934[56] et la révolte des jeunes colons de Belle-Île-en-Mer pour qu'une prise de conscience durable aboutisse à des transformations législatives visant à transformer la prise en charge des mineurs délinquants. Notamment le 30 octobre 1935, le vagabondage des mineurs est dépénalisé et la fugue n'est plus une infraction, de plus la correction paternelle[57] est

54. *Ibid.* p. 192-193.
55. Décret du 31 décembre 1927 fixant le statut du personnel de surveillance des services extérieurs de l'administration pénitentiaire, art.3.
56. La colonie pénitentiaire de Belle-Île est restée célèbre par la révolte, en 1934, d'une centaine de colons. Un soir d'août 1934, un des enfants ayant été roué de coups pour avoir mordu dans un morceau de fromage avant de manger sa soupe, une émeute éclate, suivie de l'évasion de 55 pensionnaires. Ce fait divers est suivi d'une campagne de presse très virulente, et va inspirer à Jacques Prévert son célèbre poème La Chasse à l'enfant. Il y dénonce la « battue » organisée pour rattraper les fugitifs, avec prime de 20 francs offerte aux touristes et aux habitants de Belle-île, pour chaque garçon capturé.
57. Nous nous référons au Code Civil de 1804 :
Article 373
Le père seul exerce cette autorité [parentale] durant le mariage.
Article 374
L'enfant ne peut quitter la maison paternelle sans la permission de son père, si ce n'est pour enrôlement volontaire, après l'âge de dix-huit ans révolus.
Article 375
Le père qui aura des sujets de mécontentement très graves sur la conduite d'un enfant, aura les moyens de correction suivans.
Article 376
Si l'enfant est âgé de moins de seize ans commencés, le père pourra le faire détenir pendant un temps qui ne pourra excéder un mois ; et, à cet effet, le président du tribunal d'arrondissement devra, sur sa demande, délivrer l'ordre d'arrestation.
Article 377
Depuis l'âge de seize ans commencés jusqu'à la majorité ou l'émancipation, le père pourra seulement requérir la détention de son enfant pendant six mois au plus ; il s'adressera au président dudit tribunal, qui, après en avoir conféré avec le commissaire du Gouvernement, délivrera l'ordre d'arrestation ou le refusera, et pourra, dans le premier cas, abréger le temps de la détention requis par le père.

abolie. Rappelons que de 1804 à 1935, le droit de correction paternelle permettait au père d'obtenir du juge sur sa simple revendication, sans qu'il en ait à justifier les raisons, la détention de ses enfants. Ce droit signait l'autorité entière du père qui s'appuyait sur l'État. Pratiquée dans un premier temps par la bourgeoisie moyennant finance, cette mesure fut de plus en plus sollicitée par les ouvriers qui étaient exonérés de toute redevance. Ce recours ainsi généralisé fut critiqué : le mélange « à la lie » qui rendait les conditions de détention plus dures et l'idée que les classes populaires abusaient de ce droit firent émerger l'idée d'un enfant non plus coupable mais victime. Les mauvais pères comme les mauvaises mères ne pouvaient appartenir à la classe bourgeoise. Les fils d'ouvriers sauvent ici la mise des jeunes bourgeois et que dire des petits bagnards… S'ensuivront alors des lois de police sociale punissant le père (surtout s'il est de basse condition) qui aura exercé un pouvoir abusif : ce sera en 1874 la loi qui punira l'incitation à la mendicité exercée par les parents, en 1884 une loi sur la mortalité infantile stipulant qu'un père peut être rendu responsable de la mort de son enfant et une autre qui prévoit que l'autorité publique peut se substituer au père abusif en organisant un placement en nourrice. La loi de 1889 instituera la déchéance paternelle en cas d'incitation à la débauche, au crime et au vagabondage, et en 1898, une loi prévoira la déchéance paternelle en cas de mauvais traitements avec placement à l'Assistance publique. En 1935 donc, la correction paternelle sera abolie tandis qu'un tribunal pour enfants décidera des mesures éducatives à prendre. L'ordonnance du 2 février 1945 qui vient prolonger celles de 1912 et de 1942 s'inscrit dans ce contexte où la maltraitance institutionnelle est nommée comme telle et ne trouve plus à se justifier. L'accent sera donc mis de manière plus effective non plus seulement sur la nécessité d'une justice spécifique pour les mineurs mais sur la nécessité d'adapter les réponses pénales aux profils des adolescents en prenant soin de considérer chacun dans sa stricte singularité. À cet effet :

> Le tribunal pour enfants disposera désormais d'une véritable échelle de mesures de protection, d'éducation et de réforme susceptibles de s'adapter au caractère, à la situation du mineur, ainsi qu'à ses possibi-

lités d'amendement. Le concours apporté par l'initiative et par la charité privée à l'action de l'administration est maintenu et renforcé. L'ordonnance ménage également la possibilité d'une importante réforme dans les institutions publiques d'éducation du ministère de la justice et prévoit l'organisation d'un système progressif par la spécialisation des internats d'éducation professionnelle, d'éducation surveillée et d'éducation corrective.

Cependant et malgré l'effectivité et l'importance de l'ordonnance de 1945, l'évolution du droit en matière de perception de l'enfance dangereuse témoigne du désir plus ou moins assumé d'essentialiser le crime. En effet, il traîne de manière persistante et encore contemporaine (nous y reviendrons) le fantasme de l'existence d'êtres irrémédiablement criminels. En même temps, elle atteste aussi de la porosité du droit et démontre que le crime est bien un fait social.

Les réformes législatives se fondent donc sur les enquêtes et les expériences des sociologues. La société serait le corps mou et fluctuant du droit. Il reflète l'état de la cité et bien qu'il évite de les traduire il révèle cependant les principes qui fondent « l'opinion ». À cet effet, le crime est le miroir parfait des conventions et des tabous du temps. C'est pourquoi la criminologie traite le crime comme un fait social « normal ». Chaque société implique l'existence d'un type de criminel et nourrit des catégories de délinquance. Le criminel est bien – avant tout – le modèle repoussoir de l'homme moyen. Comme l'avait initié Émile Durkheim avec le suicide, le criminologue est invité à décrire des typologies de criminels. Cependant la signification du désordre dont le crime est porteur n'est pas réductible à celle contenue dans le suicide. Le traitement du crime requiert une attention distincte aux faits qualifiés comme tels. Le suicide ne laisse pas de doute quant à son effectivité et peut en ce sens être aisément quantifié. Les délits et les crimes doivent être définis en eux-mêmes.

## Le criminel-né : la science « en transe »

La naissance de la criminologie coïncide avec le fantasme d'une science sociale directement opératoire. La critique de Martin Heidegger[58] qui décrit l'avènement d'une science conquérante, instrumentale par laquelle les causes finales ne sont jamais questionnées est pertinente dans ce contexte aussi. Une science qui ne pense pas est une science prométhéenne strictement efficace. C'est là le problème consubstantiel à la criminologie : une science totalement tournée vers la résolution de difficultés pratiques ne peut pas résister aux pressions de « l'actualité ». La criminologie ne peut que très difficilement penser c'est-à-dire réfléchir en dehors des jalons idéologiques qui ont formé son acte de naissance. À partir de 1860, à l'image de l'enfant pauvre et vagabond des villes, à celle de « l'innocent coupable », se substitue progressivement celle, beaucoup plus inquiétante, de l'enfant criminel, de l'inamendable. Plus que la délinquance des jeunes, c'est le regard que porte la justice sur l'enfant qui change.

Cesare Lombroso développe la théorie du criminel né. Dans son ouvrage *L'homme criminel*, publié en 1876, il privilégie l'idée que le délinquant porte sa criminalité dans son hérédité biologique. Les médecins aliénistes parlent de dégénérescence, de tares héréditaires, qui prédisposent à la délinquance. Le vagabondage des mineurs est considéré comme une forme atavique du fait criminel. Le mineur délinquant est enfermé dans un déterminisme impitoyable, l'heure n'est plus aux projets d'éducation, il n'y a plus pour le mineur délinquant que le châtiment, l'enfermement et la discipline. La criminologie française prend naissance à Lyon avec notamment les travaux du docteur Alexandre Lacassagne (1843-1924) qui reprend et critique les travaux de l'école de Turin fondée par Cesare Lombroso (1835-1909). Contre celui-ci, il affirme la prévalence des déterminismes sociologiques sur les facteurs biologiques[59]. La criminologie de Lacassagne se fonde sur trois intuitions fondamentales : d'abord « le milieu social est le bouillon de culture de la criminalité ; le microbe, c'est le criminel, un élément qui n'a d'importance que le jour où il trouve le

58. « La science ne pense pas » précise-t-il dans *La question de la technique, Essais et Conférence*, Tel, Gallimard, Paris 1958, p. 9.
59. Renneville Marc, « La criminologie perdue d'Alexandre Lacassagne (1843-1924), Criminocorpus, Histoire de la criminologie, I. La revue et ses hommes », URL : http://criminocorpus.revue.org/112.2005.

bouillon qui le fait fermenter » ; il faut privilégier « l'initiative sociale » à « la théorie anthropologique » enfin « la justice flétrit, la prison corrompt et la société a des criminels qu'elle mérite. »

L'accent mis sur « le milieu social » n'implique pas le refus de toute hérédité. Le socle idéologique sur lequel se fonde Lacassagne est solide. Lorsque Lacassagne dressa, en 1905, un bilan de l'anthropologie criminelle, il tint pour acquise la démonstration de « l'hérédité du crime », l'existence de malformations anatomiques et d'anomalies physiologiques « très fréquentes » mais sans constance suffisante pour qu'on en induise un type criminel, la présence chez les criminels de troubles de la sensibilité morale (impulsivité, cruauté, absence de remords, l'imprévoyance et la vanité) et enfin, un état intellectuel « variable ». Le crime n'est pas l'expression d'une simple faculté innée, mais la conséquence d'une interaction entre l'individu et son milieu de vie. La capacité à distinguer le bien et le mal, le « sens moral », est le double produit de l'adaptation de l'individu à la société et d'un bon équilibre physiologique. Il s'appuie notamment sur les travaux récents de la phrénologie. Cette doctrine fait de la forme du crâne et des bosses qui le composent le reflet de la personnalité de l'individu. Elle invite à une herméneutique singulière par laquelle on peut lire un caractère en étudiant son crâne : des signes somatiques extérieurs permanents renvoient à une personnalité définie par ses penchants de manière tout aussi permanente. Ainsi en est-il des personnes prostituées d'après l'étude menée par Pauline Tarnowsky en 1892 [60]. Décimètre à la main Pauline Tarnowsky affirme :

> « Les prostituées de tous les pays et de toutes les époques présentent beaucoup de similitudes entre elles, grâce à des traits typiques qui leur sont communs et qui leur prêtent certain aspect moral qui les distingue de toutes les femmes qui ne font pas métier de la débauche. » Et plus loin : « Toutes, en général, peuvent se diviser en deux grandes catégories principales qui, à leur tour, donnent lieu à des groupements secondaires. Les traits les plus saillants qui caractérisent nos deux catégories principales sont 1° L'affaiblissement de l'intelligence ; 2° L'anomalie psychique liée à une constitution névropathique. » On devine avec quelle

60. *Etudes anthropométriques sur les prostitués et les voleuses*, Bulletins et Mémoires de la Société d'Anthropologie de Paris Année 1892.

subtilité ses caractères sont travaillés sans compter qu'il est cruel compte tenu du destin social de ses personnes, de leurs conditions de vie le plus souvent indigentes et de leurs expositions constantes à toute sorte de maladie ainsi qu'à la violence des hommes de ne pas considérer le poids du déterminisme sociologique[61].

La phrénologie est la théorie du neurologue autrichien François-Joseph Gall (1757-1828) concernant la localisation différenciée des fonctions cérébrales dans le cerveau. Il l'énonça dans son ouvrage, publié à partir de 1810 à Paris :

> Anatomie et physiologie du système nerveux en général, et du cerveau en particulier, avec des observations sur la possibilité de reconnaître plusieurs dispositions intellectuelles et morales de l'homme et des animaux par la configuration de leur tête[62].

Cette théorie localise les fonctions cérébrales dans des régions précises du cerveau. Or le développement du cerveau influe sur la forme du crâne. Une capacité particulièrement développée (gaieté, causalité, bienveillance, etc.) inscrirait donc sa trace sur la « carte » qui apparaît sur le crâne phrénologique de Gall. Il s'attacha à valider scientifiquement son hypothèse, en constituant notamment une collection de centaines de bustes en plâtre, moulés directement sur des sujets particuliers : microcéphales, « idiots », etc. Ses élèves et lui-même proposèrent des séries statistiques pour corréler les traits de caractère à la forme de la voûte crânienne, fondant une discipline baptisée « cranioscopie ». Les « sujets » des études de Gall sont les individualités déviantes elles peuvent l'être de deux façons : intellectuelles ou morales. Et ce sont bien les difformités qui interrogent, le difforme éclaire le « moyen ». En ce sens, fille de son siècle, la phrénologie embrasse les intuitions de la tératologie. La discipline a longtemps été assimilée à l'étude des « monstres » humains et animaux, c'est-à-dire des anomalies les plus spectaculaires, mais elle concerne tout écart anatomique significatif présenté par un individu par rapport au type spécifique, au-delà des variations individuelles qui diffé-

61. Bertrand Bonello dans son film *L'Apollonide : Souvenirs de la maison close* sorti en 2011 fait particulièrement montre de cette cruauté (banale et presque inconsciente) alors qu'il met en scène un client offrant au premier degré le livre de Pauline Tarnowsky à la jeune « belle cuisse » dont il apprécie singulièrement les services.

62. Paris, F. Schoell, rue des fossés Saint-Germain-L'Auxerrois, n° 29, 1810.

rencient normalement un sujet d'un autre dans la même espèce. Source d'intérêt et d'études dès l'Antiquité, la tératologie se constitue en tant que discipline scientifique au milieu du XVIIIe siècle et c'est Étienne Geoffroy Saint-Hilaire et son fils Isidore qui lui confèrent, au siècle suivant, une méthode et une nomenclature. Associant les observations et les recherches des médecins et des vétérinaires la tératologie participe alors aux progrès de l'embryologie jusqu'à devenir progressivement un chapitre de la pathologie de l'embryon. Cependant il est notable que Geoffroy Saint-Hilaire en mars 1815 alors qu'il est administrateur du Museum d'histoire naturelle et professeur à la chaire de zoologie demande l'autorisation officielle d'étudier les traits distinctifs de la fameuse « vénus hottentote [63] » présente à Paris. Il affirme vouloir « profiter de la circonstance [...] pour donner avec plus de précision qu'on ne l'a fait à ce jour les caractères distinctifs de cette race curieuse ».

Baartman Saartje en tant que « bête curieuse » se trouve ainsi exposée à son regard. Le 1er avril 1815 Geoffroy Saint Hilaire présente un rapport et ses conclusions sur le cas de la Vénus Hottentote. Il compare son visage à celui d'un orang-outang et ses fesses à celles des femelles des singes mandrills. Étienne Wolff parlera de « transe » pour qualifier cet aveuglement moral et cet abaissement intellectuel des hommes de raison face au « monstre ». Geoffroy Saint-Hilaire comme plus tard Georges Cuvier se trouvent incapables de garder la tête froide face à Saartjie. En général le monstre rend aveugle et « il semble que l'humanité toute entière perde son sang-froid et entre en transe, quand elle se trouve en présence d'un être qui sort de la moyenne ou de la norme [64] ».

Cuvier [65], estime que Saartjie est la preuve patente de l'infériorité de certaines races. Il procède à une autopsie à la mort de la

63. Saartje Baartman, de son vrai nom Sawtche, surnommée la « Vénus hottentote », serait née aux abords de la Gamtoos River (Cap-Oriental) aux alentours de 1789 dans l'actuelle Afrique du Sud au sein du peuple Khoïkhoï (Khoïsan), le plus ancien de la région sud de l'Afrique. Elle meurt à Paris le 29 décembre 1815.

64. Étienne Wolff, *La science des monstres*, Gallimard, Paris, 1965 p. 15.

65. Né à Montbéliard (alors rattaché au duché de Wurtemberg) dans une famille de la petite bourgeoisie protestante, Cuvier fait ses études à Stuttgart. En 1788, il devient précepteur dans une famille normande et rencontre Tessier, médecin-chef de l'hôpital militaire de Fécamp. Celui-ci, étonné par ses connaissances, le met en contact avec Geoffroy Saint-Hilaire, au Muséum

Vénus en 1815. Le Compte rendu de son travail devant l'Académie de médecine en 1817 conforte chacun dans son préjugé : cet être difforme n'est pas tout à fait humain. Il n'appartient pas à la même « humanité ». Ainsi Georges Cuvier en arrive à une réflexion de phrénologue et admet à partir de l'observation du crâne de la défunte que : « les races à crâne déprimé et comprimé sont condamnées à une éternelle infériorité ». Infériorité intellectuelle et bassesse morale se trouvent entremêlées. Elles sont une manifestation de données biologiques à partir desquelles nous pouvons définir et prévoir les comportements des individus. C'est ainsi que celui qui a la « protubérance du vol » mais qui ne vole pas est un voleur, et celui qui vole mais n'a pas la protubérance n'est pas un voleur. François-Joseph Gall et son équipe multiplient les examens dans les hospices, les hôpitaux, les asiles, les orphelinats, les prisons, partout où les individus se trouvent non seulement en marge mais surtout dans l'incapacité d'opposer la moindre résistance aux ambitions du scientifique. Dans la *Philosophie de l'esprit*, Hegel s'insurge de manière ironique contre la phrénologie. La forme du crâne n'est pas un signe. Il propose de fendre la tête des phrénologues pour leur montrer « qu'un os n'est rien d'en-soi pour l'homme[66] ». Dès 1831, la Société phrénologique de Paris est créée.

François Broussais[67] fait de la phrénologie le thème de son cours de pathologie générale à la faculté de médecine en 1836.

---

d'Histoire Naturelle. En 1795, Cuvier est nommé suppléant de Mertrud, chargé de l'enseignement de l'anatomie comparée. Professeur au Collège de France, succédant à Daubenton à la chaire d'Histoire naturelle en 1799, puis professeur d'anatomie comparée à la mort de Mertrud en 1802, il devient directeur du Muséum en 1808. Il reste dans l'histoire des sciences comme l'un des pères de l'anatomie comparée, dont les bases ont été mises en place par Daubenton, et comme le fondateur de la paléontologie. Cuvier pose la loi de subordination des organes (les organes agissent et réagissent les uns sur les autres, et coopèrent à une action commune) et compare les êtres vivants en prenant comme critère leur organisation interne. À partir de là, il élabore une classification « naturelle ». Le principe de corrélation des organes (chaque partie d'un animal peut être déterminée par chaque autre et toutes par une seule) lui permet de reconstituer un animal à partir d'un fragment d'os. Ses travaux sur les ossements fossiles lui font émettre l'hypothèse d'une création d'animaux qui aurait été entièrement détruite et perdue.

66. Hegel, *Phénoménologie de l'esprit*, Librairie Philosophique J. Vrin, 2006 p. 152.

67. François Joseph Victor Broussais, né à Saint-Malo le 14 décembre 1772 et mort à Vitry-sur-Seine le 17 novembre 1838, est un médecin et chirurgien français de la Révolution et de l'Empire, connu un moment comme « l'empereur de la médecine » sous la Restauration. Il est l'auteur d'une nouvelle doctrine médicale, triomphale de son vivant, abandonnée après sa mort, le « système de Broussais ».

Un Institut orthophrénique est créé ! Il faut moraliser le peuple et éduquer les enfants, les femmes et les criminels. Un casque appelé *corset céphalique* est imaginé. On propose des kinésithérapies pour réformer les mauvaises dispositions des âmes induites par des formes de crâne non avantageuses mais sur lesquelles on peut encore agir. Fréquemment mis en démonstration pour illustrer les 27 penchants et instincts décrits par Gall : Napoléon Ier et l'impératrice Joséphine, Napoléon III, Liszt, le régicide Fieschi, le philosophe Auguste Comte et Eugène Vidocq subirent ainsi, parmi bien d'autres, un examen minutieux. Pendant près de 50 ans, les « arpenteurs du crâne » ont parcouru la France pour mesurer les vices et les vertus de leurs compatriotes. La séance d'inauguration du Musée fut l'occasion notable d'une analyse phrénologique du crâne du poète assassin Lacenaire [68] tout juste exécuté.

À la fin de l'année 1837, soit un an après sa création, le musée de la Société phrénologique de Paris avait augmenté son nombre de moulages de 200 exemplaires, le portant ainsi à 600 bustes « moulés sur nature », selon l'expression de l'époque, 300 crânes, 200 cerveaux moulés, des têtes de momies, des crânes de races et des têtes d'animaux appartenant aux quatre classes de vertébrés (4). Ses collections ethniques furent encore notablement enrichies par la seconde circumnavigation de Jules Dumont d'Urville (1837-1840) auquel Dumoutier participa officiellement en tant que phrénologiste. Le musée phrénologique de Paris fut ouvert au public de 1836 à 1853. Durant la période d'ouverture du musée de Dumoutier, deux autres lieux parisiens possédaient des collections phrénologiques. Il s'agissait d'abord du cabinet d' anatomie comparée du Muséum d'Histoire naturelle, qui exposait la collection originale de François-Joseph Gall. Ce cabinet comprenait douze salles en 1836. Les pièces attractives ne manquaient pas : on pouvait observer dans la seconde et dernière salle du rez-de-chaussée le squelette de Soliman el Kaleby, assassin du général Kléber, celui du nain « Bébé » qui était au service du roi Stanislas

68. Pierre François Lacenaire, né le 20 décembre 1803 à Lyon (Rhône), guillotiné le 9 janvier 1836 à Paris, est un escroc et criminel français, qui défraya la chronique. Mis en vedette par la presse avec la complicité des autorités dans un contexte politique dangereux, il se fait connaître comme poète-assassin, à la suite de la publication de ses mémoires et de ses chansons., exécuté moins d'une semaine auparavant.

de Pologne, celui de la Vénus Hottentote, une collection de fœtus, le modèle en cire de plusieurs cas de déformations osseuses. Mais c'est en montant au premier étage que l'on pouvait admirer, après la dixième salle consacrée aux monstres et aux fœtus, la collection phrénologique de Gall. L'agencement des collections, supervisé par Blainville, suivait la classification phrénologique des organes.

Du positivisme, de la phrénologie et de l'hygiénisme, Lacassagne retient deux principes fondamentaux : l'organicisme et les localisations cérébrales. L'organicisme l'incite à ne jamais isoler les individus de leur milieu social. La notion de localisation cérébrale, héritée de la phrénologie, permet de distinguer trois régions principales dans le cerveau : l'aire occipitale est le siège des instincts animaux, les zones pariétales régissent l'activité tandis que la partie frontale est siège des facultés supérieures. Pour Lacassagne, la société est en somme une agrégation d'individus dont les systèmes nerveux n'ont pas évolué de la même manière. De même qu'il existe trois grandes couches en chaque cerveau, de même, il existerait trois grandes « couches sociales » : frontale, pariétale et occipitale. Pour Lacassagne, ces trois couches socio-phrénologiques produisent trois grandes catégories de criminels : les criminels aliénés, les criminels d'occasion sur lesquels les peines peuvent avoir un effet, et les « véritables criminels ». Lacassagne ami de Gambetta, alors président du conseil, et de Waldeck-Rousseau ministre de l'intérieur, appuiera ainsi la loi pénale visant à la relégation des récidivistes [69]. La loi votée le 27 mai 1885 permet d'envoyer aux colonies les criminels récidivistes jugés, du fait même de la récidive, comme incorrigibles. Mendiants et vagabonds, qui forment le plus gros contingent de récidivistes, se trouvent ainsi partager le sort des criminels déjà condamnés au bagne. Telles étaient les conclusions de Lacassagne :

> Il faut mettre tous ces retardataires en commun, les obliger à vivre entre eux et attendre des relations et des difficultés de ce milieu social une amélioration qui, parmi nous, est impossible. Tant que cette sélection ne sera pas faite, nous couverons et élèverons le crime en serre chaude. [70]

---

69. Robert Badinter, *La Prison Républicaine*, Fayard, Paris, 1992 p. 145.
70. *Lombrosà bianco e l'uomo di colore. Letture sull'origine e le varietà delle razze umane*, Padova, Sacchetto, 1871, p. 166 et 171.2.

Pour les autres, le crime étant un fait social, le criminel un objet de connaissance : il faut étudier et discriminer au cas par cas les réponses sociales adaptées.

## *The superpredators* : Chicago Année zéro

Suivant ce même cadre idéologique un siècle plus tard à la fin des années 1980 et au début des années 1990 la justice pour mineurs a pris un tournant décisif aux USA. Dans le cadre de la politique dite de « Tolérance Zéro » visant à sécuriser les grandes métropoles américaines elle durcit considérablement son action à l'égard des mineurs délinquants. De fait, le début des années 1990 a vu une augmentation des infractions reprochées aux jeunes et des arrestations de mineurs. Les criminologues conservateurs parmi lesquels John Dilulo (Université de Princeton), William J. Bennet (directeur du bureau national de police en charge des luttes contre le trafic de drogues sous le président Bush) et John Walters (directeur exécutif du conseil sur le crime aux USA) ont inventé le terme de « *superprédateurs* » pour qualifier une nouvelle catégorie de mineurs délinquants dont ils anticipaient le développement au XXIe siècle. Ils envisageaient une prochaine catastrophe sous la forme d'une sorte de pandémie du crime. Caractérisés par leur amoralité et leur goût pour la violence, ces « *superprédateurs* » ont fait l'objet de nombreux débats législatifs et d'un grand intérêt de la part des médias.

Bryan Stevenson[71], avocat pénaliste spécialisé dans le droit des mineurs délinquants aux USA résume ainsi ce qui est défini par *superpredateur* : « une espèce qui ressemblait à des enfants, qui faisait les mêmes bruits que les enfants mais qui n'était pas des enfants ». Les fondements biologiques de cette théorie dont la scientificité est notablement nulle noue profondément avec une tradition de la criminologie : une essentialisation des délinquants et une visée directement pragmatique. Toutefois, il est devenu évident dès la fin des années 1990 que la délinquance des mineurs déclinait, mettant ainsi fin au mythe du « *superprédateur* ». Encouragées par des lois fé-

71. Entretien réalisé dans le documentaire « Perpétuité pour les enfants d'Amérique » en 2014 par Cyril Denvers et Anthony Headley.

dérales portant sur le financement des initiatives de justice des mineurs, les législateurs des États ont commencé à étudier d'autres modes de traitement et de sanction des jeunes délinquants

Les *superpredateurs* (majoritairement noirs et hispaniques) sont les descendants des « criminels-nés » de Cesare Lombroso (1835-1909). Sa théorie du « criminel-né » exposée dans les différentes éditions de *L'homme criminel* (1876) dépeint un individu amoral dont les travers sont les effets logiques d'une disposition biologique. Il présente certains traits anatomiques (forte mâchoire, arcades sourcilières proéminentes…), psychologiques (insensibilité à la douleur…) et sociaux (tatouages, argot…) qui le rapprochent du sauvage.

> L'homme primitif devait ressembler au nègre ; et s'il est vrai que les espèces zoologiques supérieures se forment à la suite du perfectionnement des races inférieures, du nègre ont dû dériver le jaune et le blanc. Une preuve indirecte de ces origines-là et des transformations successives pourrait nous être donnée en remarquant que le type nègre et mongolien se reproduisent spontanément chez certains individus de race blanche. Dans les prisons il est fréquent de trouver le type mongolien aux yeux obliques, les pommettes saillantes, peu de barbe, le front fuyant, d'énormes sinus frontaux, le coloris jaune ou terreux des mongoliens… nombreux aliénés, lorsque surgit ou s'aggrave leur triste infirmité, deviennent plus foncés et leur peau plus bronzée ; d'ailleurs j'ai vu dans nos vallées des idiots qui, d'après la longueur de leur crâne, la saillie de leur museau, la grosseur de leurs lèvres et même le bronzage de leur peau, semblaient des nègres blanchis de façon maladroite [72].

Les préjugés racistes recouvrent toute forme d'analyse proprement sociologique et là où la criminologie aurait pu permettre de comprendre les liens tenus entre l'enfance malheureuse et la délinquance juvénile, là où elle aurait donné les moyens de penser la responsabilité collective des adultes et l'obligation de protection à l'égard des plus démunis ; elle exclut, discrimine, écarte et contribue à former le mythe d'une République immaculée. Tout comme à Léon Gambetta succedera Alexandre Lacassagne, Georges Bush produira John Dilulo, les politiques pénales aujourd'hui encore s'accomplissent autour d'une certaine compréhension de la signification de la délinquance juvénile.

72. *Op.cit.*, p. 170.

Lorsque Pierre Joxe en 2012 déplore la férocité de l'État à l'encontre des mineurs « isolés » s'employant à démontrer le rapport constant entre « la misère sociale, la faim, l'absence de soutien familial et la délinquance juvénile [73] » François Fillon fustige l'excuse de minorité. Il sous-entend que celle-ci est une « bonne excuse » pour épargner les jeunes gens censément imperméables aux mesures éducatives. Le fond politique sinon politicien de la question est assuré. Cela apparaît plus clairement dans la foulée d'un fait divers impliquant « justement » un jeune. Par exemple en 2011 pendant l'affaire de Florensac. [74] L'ordonnance de 1945 ne permettrait pas, selon François Fillon « d'apporter une réponse proportionnée aux actes de délinquance commis par des individus de 16 ou 17 ans ».

Mais que signifie plus de sévérité ? Si la majorité pénale était, comme le souhaitait François Fillon, abaissée à 16 ans, les justiciables de 16 ou 17 ans comparaîtraient donc devant un tribunal correctionnel ou une cour d'assises ordinaire. « Un mineur serait jugé comme un majeur, sans aucune prise en compte de l'aspect éducatif », explique à *Libération* [75] Ludivine Leroi, avocate, coprésidente du *groupe de défense des mineurs au barreau de Rennes* [76]. Si les mineurs peuvent être condamnés à une peine de prison dès 13 ans, ils ne peuvent être, sauf rares exceptions, sanctionnés aussi durement qu'un majeur pour les mêmes faits. De 13 à 15 ans, la peine ne peut en effet excéder la moitié de la peine maximum prévue pour un majeur coupable des mêmes faits. Cette atténuation de la peine, prévue par l'ordonnance de 1945, est

---

73. Pierre Joxe, *Pas de quartier ? Délinquance juvénile et justice des mineurs,* Fayard, Paris, 2012.

74. Le 20 mai 2011, Clara, une élève du collège Voltaire, avait été mortellement frappée par le frère d'une camarade de classe avec laquelle existait une brouille depuis quelque temps. L'auteur de ces coups mortels, mineur au moment des faits, avait été condamné en février 2013 à cinq ans d'emprisonnement, dont deux assortis d'un sursis et d'une mise à l'épreuve. Pour plus de précision lire le dossier consacré à cette affaire dans : wwwmidilibre.fr.

75. Juliette Deborde « Majorité pénale à 16 ans : ce qui existe, ce que propose Fillon », le 16 février 2017, Libération.fr.

76. En 1993, le Barreau de Rennes fut l'un des premiers à mettre en œuvre un Groupe d'avocats volontaires consacré à l'accès au droit et à la défense des mineurs devant toutes les juridictions. Aujourd'hui, quarante-huit avocats rennais y consacrent une partie significative de leur activité.

nommée « excuse de minorité ». À partir de 16 ans en revanche, le tribunal pour enfants ou la cour d'assises des mineurs peut décider de lever ce principe de la diminution de peine de moitié, par exemple dans les cas de délinquants multirécidivistes. Le mineur peut être, dès lors, condamné comme un majeur. L'objectif de François Fillon serait donc de faire de cette exception une règle générale : le bénéfice de la réduction de moitié de la peine encourue n'existerait plus à partir de 16 ans.

La mise en place de l'abaissement de la majorité pénale à 16 ans se heurterait aussi à plusieurs obstacles juridiques : la France a en effet ratifié la Convention internationale relative aux droits de l'enfant du 20 novembre 1989, qui prévoit la nécessité d'une justice spécifique pour les mineurs. En 2002, le Conseil constitutionnel a aussi jugé que la majorité pénale fixée à 18 ans, fixée par la loi du 12 avril 1906, était un principe constitutionnel. D'autant que la justice des mineurs française est déjà l'une des plus répressives en Europe, souligne Dominique Attias, ex-responsable de l'antenne des mineurs du barreau de Paris.

> Un enfant peut avoir un casier judiciaire à l'âge de 10 ans. On prend les empreintes génétiques des jeunes à partir de 13 ans, même s'ils sont relâchés ou s'ils sont reconnus innocents », rappelle-t-elle à Libération [77].

Apparaît encore le soubassement idéologique du débat. La vraie question est celle de la pertinence de la notion de « dangerosité » à laquelle est attachée celle d'hérédité du crime. En effet, les faits ne sont guère probants. Les mineurs pris en charge par la justice sont majoritairement des adultes « sans histoire ». Toutefois les faits scientifiques ne forment pas la question. Son véritable contenu est social et politique, la délinquance des mineurs, réelle ou fantasmée, est toujours opérante dans ce champ-là. L'enjeu est donc bien de comprendre le malaise qui entoure la criminologie et d'admettre la saine distance qu'il est nécessaire de prendre vis-à-vis des phrénologues contemporains et des autres *profilers* comportementalistes. En effet, la criminologie n'est finalement rationnelle que par l'attention qu'elle porte à son enracinement idéologique et les outils critiques qu'elle produit pour s'en défaire.

---

77. Juliette Deborde, *op.cit.*, le 16 février 2017, Libération.fr.

## Chapitre III : *L'idée de dangerosité et la tolérance zéro*

*« Black bodies swinging in the southern breeze.*
*Strange fruit hanging from poplar trees »*
*Strange Fruit* (1946)

### La dangerosité : criminalité réelle et criminalité ressentie

La question de la délinquance achoppe en France sur le débat ancien qui oppose les tenants d'une action sécuritaire rigoureuse à l'égard des populations dangereuses et les partisans d'une amélioration de leurs situations sociales. Il est, notamment depuis les années 1990, largement alimenté par la politique pénale importée des États-Unis. L'oxymore « Tolérance zéro » utilisée comme le slogan de cette politique renvoie à une conception de l'identité républicaine fondée sur la nécessité d'être entre-soi. La « Tolérance Zéro » prend sa source dans la théorie de la « fenêtre brisée » (*Broken window theory*). L'expression apparaît la première fois dans un article de James Q. Wilson et Georges L. Kelling paru en 1982 dans la revue *Atlantic Magazine*[78]. La théorie sera développée en 1996 dans un ouvrage coécrit par Georges Kelling.[79] L'article évoque une expérience à Newark ayant consisté à remplacer les patrouilles de police motorisées par des patrouilles de police à pied (il est d'ailleurs essentiellement consacré au travail de la police). Si la pratique n'eut aucun effet sur le taux de criminalité, elle inspira pourtant aux habitants le *sentiment* que le voisinage était devenu plus sûr et la présence régulière d'officiers de police expérimentés parvint à restaurer une sorte d'ordre public

78. J. Q. Wilson and G. L. Kelling, *Broken windows. The police and neighborhood safety* in « Atlantic Magazine », mars 1982, p. 29.
79. G. L. Kelling et Catherine Coles, Fixing Broken Windows, Restoring Order and Reducing Crime in Our Communities, 1996.

(par ex., les mendiants pouvaient s'asseoir mais pas s'allonger, les alcooliques pouvaient boire en public mais dans des sacs en papier et pas aux croisements... sous peine d'une réaction sociale ou d'un appel aux îlotiers). Ces patrouilles avaient pour fonction de maintenir le bon comportement et l'ordre public. Elles s'attachaient à corriger le laisser-aller et les débordements potentiels de certains individus, noirs le plus souvent, assez peu contrôlable (*umpredictable*)[80].

Philip Zimbardo[81] avait rapporté aux criminologues une expérience : une voiture est abandonnée dans les mêmes conditions dans deux quartiers distincts. Dans l'un (dans une rue du Bronx) elle est aussitôt vandalisée dans l'autre (dans une rue de Paolo Alto) elle demeure intacte plus d'une semaine. Il tire la conclusion que le vandalisme n'est pas un acte individuel mais le produit d'une « tendance » collective, d'une norme que l'individu intériorise et qu'il exprime dans sa conduite. De cette expérience naît la théorie de la fenêtre brisée : si dans un quartier on laisse se briser une vitre sans agir ni réparer alors très vite les dégradations vont s'accentuer. Il en résulte que le facteur lourd de la délinquance de prédation et d'agression réside dans les désordres urbains, de voisinage et de proximité (les incivilités), qui envoient le signal selon lequel « *no one cares* ». Ce sont notamment : les dégradations de biens (mobilier urbain ou dans les parties communes des immeubles), les graffitis, le jet d'ordures et la saleté,

80. « Not violent people, nor, necessarely criminals, but disreputable or obstreperous or umpredictable people : panhandlers, drunks, addicts [...]. » Broken windows. The police and neighborhood safety. *Op.cit.*, p. 2.

81. Philip George Zimbardo, né le 23 mars 1933 à New York, est un psychologue américain connu pour avoir mené l'expérience de Stanford qui mena à des théories toujours controversées aujourd'hui sur l'importance de la position sociale en psychologie individuelle. L'expérience de Stanford (effet Lucifer) est une étude de psychologie expérimentale menée par Philip Zimbardo en 1971 sur les effets de la situation carcérale. Elle fut réalisée avec des étudiants qui jouaient des rôles de gardiens et de prisonniers. Elle visait à étudier le comportement de personnes ordinaires dans un tel contexte et eut pour effet de montrer que c'était la situation plutôt que la personnalité autoritaire des participants qui était à l'origine de comportements parfois à l'opposé des valeurs professées par les participants avant le début de l'étude. Les 18 sujets avaient été sélectionnés pour leur stabilité et leur maturité, et leurs rôles respectifs de gardiens ou de prisonniers leur avaient été assignés de manière aléatoire. En d'autres termes, chaque participant savait que l'attribution des rôles n'était que le simple fruit du hasard et non pas de prédispositions psychologiques ou physiques quelconques. Un gardien aurait très bien pu être prisonnier, et vice-versa.

l'occupation du domaine public ou des entrées d'immeubles par des bandes de jeunes impolis ou agressifs, la consommation ou la vente publique d'alcool ou de drogue, la présence de mendiants et de prostituées, les nuisances sonores. À partir de cette théorie la criminologie construit la notion d'incivilité comme un fait scientifique. En 2000, Sebastian Roché [82] publie un article dans la Revue française de science politique où il invite à questionner le concept d'incivilité [83]. Il propose la définition suivante : les incivilités sont « des ruptures de l'ordre dans la vie de tous les jours », « l'ordre *en* public [84] dans une société donnée à un moment donné [85] ». Les incivilités « bousculent les apparences normales [86] » et produisent un climat propice au sentiment d'insécurité. L'ordre civil implique l'intériorisation de codes qui garantissent la tranquillité des citoyens c'est-à-dire la possibilité d'aller et venir sans encombre, d'être traité avec courtoisie dans l'espace public, de n'être exposés *ni aux bruits ni aux odeurs* de voisins indiscrets.

Le 19 juin 1991, au cours d'un dîner-débat du RPR, Jacques Chirac prononce le discours qui contient l'expression le « bruit et l'odeur ». En voici un extrait :

> Notre problème, ce n'est pas les étrangers, c'est qu'il y a overdose. C'est peut-être vrai qu'il n'y a pas plus d'étrangers qu'avant la guerre, mais ce n'est pas les mêmes et ça fait une différence. Il est certain que d'avoir des Espagnols, des Polonais et des Portugais travaillant chez nous, ça pose moins de problèmes que d'avoir des musulmans et des Noirs [...] Comment voulez-vous que le travailleur français qui habite à la Goutte-d'or où je me promenais avec Alain Juppé il y a trois ou quatre jours, qui travaille avec sa femme et qui, ensemble, gagnent environ 15 000 francs, et qui voit sur le palier à côté de son HLM, entassée, une famille avec un père de famille, trois ou quatre épouses, et une

---

82. Sebastian Roché, né le 8 juin 1961 à Gassin (Var), est un politologue français spécialisé en criminologie, docteur en sciences politiques, directeur de recherche au CNRS. Ses travaux portent essentiellement sur les questions de délinquance et d'insécurité, puis sur les politiques judiciaires et policières comparées ainsi que sur la gouvernance de la police et les réformes du secteur de la sécurité (RSS – SSR).
83. « La théorie de la « vitre cassée » en France, Incivilités et désordres en public » in Revue française de science politique, volume 50, n° 3, juin 2000, p. 24-33.
84. La société incivile, Paris, Le Seuil, 1996.
85. « La théorie de la « vitre cassée » en France, Incivilités et désordres en public », *op.cit.*, p. 26.
86. Éric Goffman, La mise en scène de la vie quotidienne, Paris, Minuit 1973 p. 13.

> vingtaine de gosses, et qui gagne 50 000 francs de prestations sociales, sans naturellement travailler ! *[Applaudissements nourris]* Si vous ajoutez à cela le bruit et l'odeur *[rires nourris]*, eh bien le travailleur français sur le palier devient fou. Et il faut le comprendre, si vous y étiez, vous auriez la même réaction [...] *[Au sujet des épiciers de proximité]* La plupart de ces gens-là sont des gens qui travaillent, des braves gens ; on est bien content de les avoir. Si on n'avait pas l'épicier kabyle au coin de la rue, ouvert de 7 heures du matin à minuit, combien de fois on n'aurait rien à bouffer le soir ? [87]

Si on se souvient de ce discours ce n'est ni pour sa pertinence anthropologique ni pour sa profondeur philosophique mais bien pour son caractère opératoire dans le cadre d'une société dont on ne tardera pas à dire qu'elle souffre d'une crise identitaire. La dimension raciste (notamment l'opposition arabe/kabyle) l'évocation lourde du « travailleur français », l'incurie du propos sur « les prestations familiales » servent à l'évidence une ambition politique où il s'agit d'évincer l'extrême droite – du moins des urnes. Celle-ci sera poursuivie et avec le succès que nous savons aboutira par exemple à la création d'un ministère de l'identité nationale [88], et au retour sur le devant de la scène médiatique à des débats sur les « Français de souche ». Cependant si les partisans de l'extrême droite scandent « On est chez nous ! » il faut bien entendre de quel « on » ils parlent et cela Jacques Chirac l'avait compris. Ce qui dérange est bien « le bruit et l'odeur », des manières de se vêtir, de marcher, de parler fort qui dévoilent une autre façon d'habiter le monde. Le corps de l'autre est dérangeant : il sent, il fait du bruit. Il n'est pas blanc, transparent ou limpide.

La blancheur dont il est question ici est la même que définit Ta Nahesi Coates en 2016 [89], il s'agit d'un « rêve », d'une percep-

---

87. Extrait du discours de Jacques Chirac du 19 juin 1991, sur le site de l'Institut national de l'audiovisuel.

88. Le ministère de l'Immigration, de l'Intégration, de l'Identité nationale et du Développement solidaire, initialement appelé Ministère de l'Immigration, de l'Intégration, de l'Identité nationale et du Codéveloppement, était un des quinze ministères du gouvernement François Fillon, instauré sous la présidence de Sarkozy. Le ministère a été créé par le décret du 18 mai 2007 (gouvernement Fillon). Son siège est situé à l'hôtel de Rothelin-Charolais, au n° 101 de la rue de Grenelle dans le 7e arrondissement, occupé du 18 mai 2007 au 15 janvier 2009 par Brice Hortefeux puis par Éric Besson jusqu'au 13 novembre 2010. Il est ensuite supprimé.

89. *Une colère noire. Lettre à mon fils*, Autrement, 2016.

tion déformée du réel. Lui, « l'Afro-Américain » a conscience que la blancheur des blancs est la couleur de la domination, l'étalon de mesure du pouvoir. Les Irlandais, les Anglais et les Italiens sont des « blancs » peuvent aspirer au rêve des êtres supérieurs. Ce rêve de « cabanes dans les arbres » et de « gentils scouts » qui reposent « sur le lit » des corps noirs [90]. Ce rêve est un prestige qui transforme la perception et confond des fantômes avec des êtres réellement existants. La blancheur est le signe de l'innocence, de la pureté et de l'odeur de menthe dans les villas de banlieue. Ta Nehisi Coates a grandi à Baltimore dans un quartier *difficile.* Un élément distinctif en miroir au sentiment de « dangerosité » est celui de la peur des hommes noirs. Ainsi « la peur était visible parmi les grandes gueules de mon quartier, ces gamins avec leurs grosses bagues et leurs grosses médailles, leurs énormes blousons et leurs longues vestes en cuir à col de fourrure, qui leur servaient d'armure face au monde » comme si se rejouait éternellement le combat contre les « fantômes » du passé tragique où leurs grands-parents encerclés par des marionnettes encagoulées et grotesques devaient lutter pour ne pas finir pendus comme les fruits étranges de la chanson (de Billie Hollidays) [91]. L'efficacité des lignes de séparation est de maintenir chacune des parties à l'abri les uns des autres. Les mondes (ici blanc et noir) demeurent opaques l'un pour l'autre et cette séparation n'est pas une question de « couleur ».

Noir est la couleur du misérable. Aussi Ta-Nehisi Coates propose qu'être noir c'est avoir perdu son corps.

> Peut-être qu'être appelé « noir » n'avait rien à voir avec tout ça; peut-être qu'appeler quelqu'un « noir » c'était juste une façon de donner un nom à celui qui était en bas de l'échelle, à un être humain devenu objet, à un objet devenu paria. [92]

L'Amérique prend forme et est modelée par un pouvoir qui décide de la blancheur des uns et de la noirceur des autres. Être blanc

---

90. *Ibid.*, p. 28.
91. Chanson composée en 1946 par Abel Meeropol afin de dénoncer les *Necktie Party* (pendaison) qui avaient lieu dans le Sud des États-Unis et auxquelles les blancs assistaient habillés sur leur 31.
92. *Ibid.*, p. 81.

c'est pouvoir dominer et exclure. Sans ce pouvoir « les Blancs cesseraient d'exister, faute de raison d'exister. » Manifester ce pouvoir est tenir séparés les non-blancs, les maintenir contenus dans leurs corps, les saisir entièrement de l'extérieur. Être noir implique d'être contenu dans son corps ; être un objet sur lequel se déterminent les fonctions et les statuts des blancs susceptibles de produire ordre et discours. Au fondement existe donc cette discrimination dont la signification profonde est de séparer réalité et fantasme, sujet et objet, liberté et esclavage. Les noirs apparaissent parce qu'ils sont nommés par les blancs. Être blanc est donc rendre visible, ordonner et exercer le monopole de la violence légitime. Au titre de démonstration, Ta-Nehisi Coates rappelle de nombreux cas de meurtres de Noirs par des Blancs, dont les meurtriers n'ont pas été condamnés, ajoutant qu'il est fréquent que ces meurtriers soient des policiers. Aussi confie-t-il :

> À chaque fois qu'un policier nous interpelle, la mort, la blessure, la mutilation sont possibles [93].

Aussi le système carcéral américain fait de « l'entreposage des corps noirs une source d'emploi et un investissement lucratif » pour ceux qui rêvent d'être blanc. Bien vu, Jacques Chirac : le corps noir en France est souvent celui de *l'arabe.*

Le corps de l'arabe est un corps opaque. En même temps Jacques Chirac s'adresse à son voisin ne sachant peut-être pas jusqu'où la haine qu'il attise peut devenir radicale. Car son discours stigmatise *aussi* « le travailleur français sur le palier » lequel en effet peut ne rien avoir « à bouffer le soir ». L'obsession de ne pas être confondu, de devoir être distingué habite davantage ceux qui se ressemblent, qui vivent à côté. Les anciens mineurs de Forbach ou de Hénin-Beaumont ne parviennent pas à transformer leurs luttes et leurs souffrances et les gueules noires excluent volontiers les Français d'origine immigrée. Le parti d'extrême droite de Marine Le Pen, lui, s'ancre lentement dans toute la région des Hauts de France. [94] A ce sujet, le film de Lucas Belvaux, *Chez*

---

93. *Ibid.*, p. 171.

94. La poussée du FN se manifeste sur tout le territoire. D'abord dans ses bastions du bassin minier comme Hénin-Beaumont (Pas-de-Calais), ville conquise en 2014 (46,50 %, contre 35,48 % au premier tour de 2012) ou dans l'Aisne à Villers-Cotterêts, seconde municipalité

*Nous* sorti en salle en février 2017 questionne l'ancrage du Front National et du Rassemblement Bleu Marine dans les départements du Nord et du Pas-de-Calais.

Il montre avec beaucoup d'intelligence les différents ressorts réels et imaginaires sur lesquels se fonde le sentiment d'appartenance à la communauté. La cheffe du parti d'extrême droite ainsi présentée tient ce propos : « C'est le sang versé qui nous enracine [95] ». La dimension charnelle du rapport à la patrie, l'enracinement physique forment l'arsenal rhétorique des partis populistes. En France, Marine Le Pen en février 2017 peignait le tableau suivant :

> les Français ont été dépossédés de leur patriotisme, souffrant en silence de ne pas avoir le droit d'aimer leur pays » devant une foule hurlant des : « On est chez nous ! [96].

De même, le vote des anciens harkis et pieds noirs est traditionnellement favorable à l'extrême droite (même s'il n'est pas majoritaire) disputant ici la même légitimité d'être « chez soi » et déplorant le même amour perdu. Le problème est celui du partage de l'espace publique. Cet espace est dans une République sans partage mais les vies de quartiers (beaux et ghettos...) excluent et discriminent.

## Tolérance zéro

La *Tolérance zéro* exprime une contradiction. Pour faire corps, les citoyens doivent se montrer vigilants vis-à-vis de tout ce qui pourrait être nuisible à l'organisation qu'ils ont établie et qui garantit leur tranquillité. Un organisme social fondé sur la tolérance

---

frontiste de la région (34,26 %). C'est dans ce dernier département que Marine Le Pen atteint son plus haut régional avec 35,67 % des voix. Elle progresse aussi dans le Nord, terreau historique de la gauche et département le plus peuplé de France, où elle était encore nettement distancée au premier tour de 2012 (21,91 %), derrière François Hollande (27,97 %) et Nicolas Sarkozy (24,70 %). La bascule est cette fois impressionnante : elle y totalise 28,22 %, loin devant Jean-Luc Mélenchon (21,28 %) et Emmanuel Macron (19,85 %). http://france3-regions.francetvinfo.fr/hauts-de-france/presidentielle-pen-tete-hauts-france-1239899.html. Publié par l'AFP, le 24 avril 2017.

95. « Chez Nous » Lucas Belvaux, Le Pacte, France-Belgique, sortie en France en février 2017.

96. Meeting de Marine le Pen pour le Rassemblement Pour la France, Lyon 5 février 2017.

zéro suppose donc que les individus qui le constituent suffisent à éprouver sa résistance. Sa force de cohésion ne tient pas à l'opposition dont il fait montre à l'égard des individus nuisibles à son intégrité et qui vivent en son sein. Pour que la tolérance zéro soit édifiée en acte officiel elle doit donc s'appuyer sur les tendances des individus, supposées acquises dans les sociétés occidentales contemporaines, à aller dans le sens du bien-être commun. C'est comme si les citoyens étaient suffisamment éduqués pour savoir par eux-mêmes définir les limites naturellement établies par l'appareil législatif. Ils doivent être en mesure de discriminer de manière objective le nuisible du bénéfique. Le cadre pénal ne sert plus à définir, pour chacun, ce qui est tolérable de ce qui ne l'est pas. Il ne requiert plus la mesure des peines et l'appréciation des citoyens. D'emblée il absorbe cette mesure et pose comme principe la tolérance qu'il avait justement pour fonction d'établir. La tolérance zéro suppose donc des citoyens qui forment par eux-mêmes une institution. À la pureté du corps social correspond la simplicité de l'organisation : aucune infraction à l'ordre, aucun trouble à la paix ne peut être toléré. Le corps social fait alors penser si l'on peut oser la comparaison à celui du défunt Michael Jackson sous son abri de verre. L'ironie du sort – souvent méchant – fût sans doute de mourir empoisonné par des médicaments-détergents. Le principe de tolérance zéro est donc morbide toutefois il suppose la mobilisation d'énergies et dans son application prend la forme d'une très grande vitalité. Puisqu'il s'agit bien sûr de prévenir des maux dont – devenus un corps sans antigènes – nous ne pourrions guérir.

Cette nature de l'injonction est lisible par le fait que les mesures prises dans le cadre de cette politique pénale ne s'appliquent pas simplement aux délinquants mais prioritairement à ceux susceptibles de commettre des délits. Elle suppose des prérequis admis par tous et vise les individus qui depuis l'enfance sont *naturellement* problématiques. Elle pointe d'ailleurs principalement les petits délits et n'a guère à faire avec le grand banditisme moins encore avec les voyous en « col blanc ». Entre 1994 et 2002, le maire républicain Rudolph Giuliani, applique cette politique. Rudolph Giuliani applique des mesures de sécurité draconiennes, mène un combat acharné contre la délinquance et le crime et ainsi métamorphose la ville. En deux mandats, New York passe de la réputation de « capitale du crime » à celle d'exemple en matière de lutte contre l'insécurité : de 1993 à 2000, la criminalité diminue de 57 % dans l'ensemble, les meurtres de 60 %, les vols de 48 %, les cambriolages de 46 %, etc.

Cette politique réaffirme l'importance des pouvoirs publics en appliquant la loi au pied de la lettre, avec une intransigeance sans faille et en réprimant toutes les infractions, même mineures, causées sur la voie publique, afin de restaurer l'ordre et le sentiment de sécurité. Or, appliquer la loi au pied de la lettre c'est précisément la vider de sa vocation qui est d'être une ressource pour l'interprétation qui seule fait de la société un espace vivant. Par la lutte systématique et sans relâche contre tout comportement déviant, la tolérance est ainsi réduite à zéro : les circonstances atténuantes ainsi que les excuses ne sont plus à l'ordre du jour et il s'agit d'être « dur avec le crime », pour reprendre l'un des slogans de la campagne républicaine. Il existe en réalité deux termes pour désigner la politique de Rudolph Giuliani : tolérance zéro, donc, mais aussi *Quality of life policing*. Ce terme est le nom technique et institutionnel donné aux réformes du maire républicain. Même si, comme la tolérance zéro, cette expression rejette les politiques urbaines libérales et sociales des décennies 1970 et 1980, elle insiste surtout sur les aspects positifs de la politique de Rudolph Giuliani. Cette formule souligne la volonté du maire d'améliorer la qualité de vie des citoyens par l'intervention de la police et sous-tend l'idée que la sévérité des forces de l'ordre est utile à l'amélioration des conditions de vie des citadins. Si New York n'est pas la ville qui a vu son taux de criminalité diminuer le plus dans les années 1990, c'est celle qui donne pourtant l'impression d'avoir le mieux réussi. En effet, fiers de leurs résultats, Rudolph Giuliani, William Bratton et Howard Safir ont souvent commenté et défendu leurs méthodes, présenté leur bilan aux États-Unis, mais aussi au monde entier, en faisant de New York la « Lourdes des policiers ». En acceptant de nombreuses interviews, en invitant des délégations étrangères afin qu'elles s'inspirent de leurs propres méthodes, les acteurs de cette politique ont contribué à faire de leur ville un lieu privilégié pour le « tourisme sécuritaire » où les dirigeants étrangers se pressent, du président du Mexique au maire de Naples. La tolérance zéro devient la vitrine républicaine en matière de sécurité et marque une nette rupture avec les méthodes appliquées dans les autres métropoles du pays mais aussi avec les dirigeants démocrates des années 1970 et 1980. La tolérance zéro se présente comme l'application concrète de la théorie de la « vitre brisée ». Il s'agit d'une doctrine sécuritaire présentée pour la première fois en mars 1982 dans la revue *Atlantic Monthly*. C'est une formule que l'on doit à deux criminologues d'Harvard, James Wilson et George Kelling. Leur travail prend place dans un contexte de réflexion en matière de stratégie policière. Leur article connut une exposition impressionnante et marqua de son empreinte les innovations et les recherches policières de la fin du XX^e siècle. Ce qui apparaît comme original dans cet article est la manière dont les deux criminologues réfléchissent sur le lien entre l'insécurité et le sentiment d'insécurité. La façon de penser habituelle était la suivante : la criminalité commise dans un lieu donné provoque la peur ressentie par les habitants ou les passants. James Wilson et George Kelling raisonnent à rebours de ce schéma, en inversant la relation entre ces deux maux. Les deux chercheurs démontrent l'influence du manque de lien social et de l'absence de réaction des autorités face à un désordre sur la naissance de la délinquance. Souvent résumé par l'adage « qui vole un œuf, vole un bœuf », ce concept criminologique tend à démontrer que les petits désordres instaurent un contexte propice à la perpétration de plus grands crimes. Rudolph Giuliani et William Bratton s'inspirent ouvertement de cette théorie.

La tolérance zéro est au croisement de nombreuses autres théories utilisées ailleurs à la même période. C'est le cas du *community policing*[97] qui étend la définition du travail de policier et qui est expérimenté à la même période à Chicago. Avec cette tactique, les forces de l'ordre n'ont plus pour objectif premier de résoudre les crimes

97. L'ensemble de cette réflexion sur la « tolérance zéro » s'inspire du travail de recherche de Convard Quentin, notamment son article : « La politique de la tolérance zéro à New York », Bulletin de l'Institut Pierre Renouvin 1/2012 (N° 35), p. 19-30.

ou de répondre à un acte criminel, mais de le prévenir en tissant des liens avec les habitants d'un quartier. Ces derniers sont alors invités à devenir des participants actifs de leur sécurité, en agissant face à la délinquance et en aidant les forces de police à trouver des solutions sociales et non juridiques. Cette coproduction de la sécurité passe par l'implantation de commissariats au cœur des quartiers difficiles, la mise en place de patrouilles pédestres, de réunions hebdomadaires avec les acteurs économiques, sociaux et religieux d'une communauté. Le *problem oriented policing* vient lui aussi compléter la doctrine de la tolérance zéro. Il s'agit d'une manœuvre policière qui cherche à dégager des tendances permettant de prévenir des délits futurs plutôt que d'intervenir toujours au même endroit pour le même désordre, et ainsi d'éviter de répéter inlassablement la même opération. Cette manière de procéder se distingue des méthodes antérieures où la police étiquette les incidents qui réclament son intervention et utilise ensuite une catégorie juridique que lui fournit le Code pénal pour sévir. Pour entrer dans ce type de réflexion, la police doit prendre connaissance des problématiques précises qui favorisent le crime et diviser ensuite les catégories pénales et réfléchir au cas par cas à chaque incident rencontré. William Bratton est très influencé par ces deux stratégies policières et les adapte pour mieux les appliquer de manière cohérente à New York.

D'une certaine façon, la tolérance zéro étend la conception de « police intensive ». En faisant à la fois appel à des tactiques traditionnelles – comme la patrouille pédestre –, et en utilisant des outils technologiques modernes, la police multiplie les moyens d'action pour accomplir sa mission. Les objectifs sont eux aussi diversifiés. Le NYPD ne procède plus à une hiérarchisation des problèmes et des désordres, mais intervient pour tout comportement ou action contraire au Code pénal. Les dealers, les assassins, les prostituées, les mendiants ou les *squeegees* [98], tous deviennent des ennemis de New York et doivent être punis.

---

98. Les *squeegees* sont des sans-abri qui attendent aux feux de circulation et qui, avec de vieux journaux froissés, tentent de laver les pare-brise des automobilistes sans y avoir été invités. Ils quémandent ensuite de manière plus ou moins agressive une rétribution pour leurs efforts, contribuant à créer un sentiment de harcèlement et de délabrement du paysage urbain. Rudolph Giuliani avait fait des *squeegees* le symbole du déclin de la ville et avait promis de traiter en priorité ce problème.

Un autre aspect de la tolérance zéro donne au NYPD une place à part dans l'historiographie policière. William Bratton s'inspire ouvertement des manières de faire du monde de l'entreprise pour élaborer ses méthodes. En calquant sa gestion sur celles des grandes firmes qui réalisent des bénéfices, William Bratton renverse les dogmes de la police moderne. Ce bouleversement est rendu possible grâce à l'outil CompStat[99] qui dessine pour les policiers une nouvelle représentation dans leur manière d'interagir avec leur direction mais aussi dans la façon d'évaluer leur propre travail. Le CompStat désigne le programme informatique mis au point par les dirigeants du NYPD ainsi que les réunions qui en découlent, où chaque chef de *precinct* vient présenter à ses supérieurs l'avancée de son travail. Cet outil sert principalement à fournir des chiffres fiables en temps réel de la délinquance et à cartographier la criminalité. Il est élaboré dans un souci de modernisation du service mais aussi dans la perspective de responsabiliser et de surveiller les policiers dans leurs missions. Il a également pour vocation de faire entrer le NYPD dans une politique de *problem oriented policing*. Répondant à la volonté de William Bratton de décentraliser l'action policière et de donner plus de liberté aux commissaires tout en centralisant le commandement (réduit à un rôle de surveillance), le CompStat révolutionne le fonctionnement et l'organisation du NYPD. Ce système est l'aspect de la tolérance zéro le plus mis en évidence. Il en est la vitrine qui inspira par la suite de nombreuses villes américaines. C'est aussi l'aboutissement des inspirations managériales de William Bratton, la forme pratique de ses conceptions, l'outil qui fit de lui « le P.-D.G. du NYPD ».

Le droit pénal se forme donc par les effets contradictoires de son temps. Il subit – force est de l'admettre – les contingences des histoires sur lesquelles il s'applique. Aussi les principes d'émancipation chers aux penseurs des lumières s'abîment nécessairement. Cette nécessité tient à celle d'apparaître effectivement dans le champ politique. Or, dans notre perspective, l'incarnation de la rationalité dans le CompStat l'accomplit en même temps

99. Unité CompStat (Computer Statistics ou Comparative Statistics) du NYPD, New York.

qu'il lui retire sa portée. La raison est alors réduite à la mesure, au service d'une « conception du monde » pour reprendre le mot de Martin Heidegger. Être déviant c'est suivre une pente : celle du crime. L'homme ainsi mesuré ne peut advenir au monde. Il tend à apparaître comme un « donné pur » au sens où Hannah Arendt distingue le « donné » et le « natal ». Le donné définit le fait d'être né dans telle ou telle communauté. Naître est donc apparaître dans un monde, un réseau de relations qui nous préexiste. Le « qui » désigne le fait de la natalité, la capacité d'initiative à partir de ce donné. Dans cette perspective, les hommes ne sont pas des mortels mais des naissants des êtres libres et capables de novation. La naissance produit une dissociation du temps puisque le temps d'après la mort ne se superpose pas avec celui d'avant la naissance. Cette dissociation des temps repose sur la nouveauté de l'existence. Celle-ci n'est perçue que dans la pluralité. C'est pourquoi naître c'est apparaître au public l'élément « propre à une personne singulière [ne peut] apparaître seulement là où existe un espace public [100] ». La révélation du « qui » est intimement articulée à la « réception par les autres de son expression [101] » La pluralité n'est pas multiplicité numérique ce par la capacité de chacun à commencer quelque chose de nouveau à s'affirmer dans sa singularité. Être c'est donc recommencer le récit commun de sa propre voix. Le monde est une dimension de l'être humain, il est composé d'objets durables et stables capables de supporter l'échange entre les hommes. Le monde est cet échange entre les hommes par les objets. Comme l'écrit Hannah Arendt :

> Vivre ensemble dans le monde c'est dire essentiellement qu'un monde d'objets se tient entre ceux qui l'ont en commun, comme une table est située entre ceux qui s'assoient autour d'elle ; le monde, comme tout entre-deux, relie et sépare en même temps les hommes [102].

Le monde est commun mais il ne forme pas une unité, il est une pluralité conflictuelle faite de divergences et de convergences. Il est à la fois espace, « ce que nous avons en commun avec nos

---

100. Hannah Arendt, « *Karl Jaspers, Éloge* », Vies Politiques, p. 85.
101. Martine Leibovici, *Hannah Arendt une Juive, Expérience, politique et histoire,* Desclée de Brouwer, Paris, 1998 p. 77.
102. Hannah Arendt, *La vie de l'esprit*, vol. I : La pensée, PUF, 1981, p. 37.

contemporains », et temps, ce que nous avons en commun « avec ceux qui nous ont précédé et ceux qui viendront après nous. [103] » Le monde ne m'est donc pas strictement contemporain et ma perspective n'épuise pas sa signification. Le fait de naître produit un sentiment originaire d'être étranger au monde. Ce décalage permet l'exercice de pensée.

> Des êtres qui ont le commencement comme essence portent en eux une « part d'origine », pour comprendre sans appliquer des catégories préconçues et juger, sans disposer de l'ensemble des règles traditionnelles qui constituent la moralité. [104]

Le présent est l'activité de l'esprit entre ce qui n'est plus et ce qui n'est pas encore. Le présent de la pensée s'exerce dans un non-temps, neutre, sans qualité mais qui doit être orienté par l'expérience dans une perspective propre.

La communauté dessinée par l'application du principe de « Tolérance Zéro » prive au contraire l'homme de son expression. Il ne s'agit pas simplement d'une oppression sociale mais d'une négation même de l'essence du monde. L'homme déviant est privé de naissance. Le monde sans perspective où il se tient l'enjoint à la répétition. En termes de droit pénal cette répétition se caractérise par la propension à la récidive ou l'impossibilité de l'amendement. Impossibilité dont on aura déjà saisi qu'elle ne peut tenir que d'un sujet dont l'essence est d'être privé d'initiative. Le fondement des peines n'est pas strictement le droit ou plutôt si le droit s'applique il ne le fait que par et sur les individus du monde. Ceux qui sont mis au ban doivent déjà s'efforcer de regagner l'espace commun. Mais ce que dit la « Tolérance zéro » c'est que cela leur est impossible. Ils sont hors du monde par essence. Et ainsi ils tiennent l'ordre Républicain qui ne peut se maintenir sans les tenir en dehors. Ils sont irrécupérables.

---

103. Hannah Arendt, *Condition de l'homme moderne*, Calmann-Lévy, Paris, 1998, p. 92.
104. Hannah Arendt, La nature du totalitarisme, Payot, Paris, 1990, p. 58.

# Deuxième partie

# Les irrécupérables

## CHAPITRE I : *La politique du débarras*

### Le droit et les loups

Le jeudi 3 novembre 2017 la cour d'assises de Paris a condamné Abdelkader Mérah à 20 ans de réclusion pour association de malfaiteurs terroristes. En mars 2012, son frère cadet Mohammed avait assassiné sept personnes : trois militaires et quatre civils dont trois enfants dans une école juive. Retranché dans son appartement, il fût finalement tué le 22 mars lors de l'assaut donné par les policiers du RAID. La nature singulière du procès d'Abdelkader sur lequel nous avons choisi de faire retour, tient à son motif : au décalage entre les faits (Abdelkader n'est pas Mohammed, Abdelkader n'est pas complice d'assassinat) et les raisons du procès (Mohammed était fanatisé, il a – notamment – assassiné froidement des enfants juifs, Mohammed est littéralement *immonde*). Le fait est que ni Abdelkader, ni Mohammed ne sont des « innocents ». Et le procès d'Abdelkader a bien des raisons juridiques. Toutefois Mohammed seul fût l'auteur d'assassinats.

Le procès de son frère (condamné en deuxième instance le 18 avril 2019 à 30 ans de prison pour complicité d'assassinat et d'actes terroristes) pose la question de la nature du procès pénal et de la limite de l'exercice du droit. Cette affaire révèle ce que nous pourrions nommer un malentendu ontologique où une ruse du droit et qui serait au fondement du processus pénal. Pour que le droit s'exerce il faut paradoxalement que les parties lésées puissent conserver l'espoir d'une vengeance, il demeure en même temps nécessaire que cet espoir (pour qu'il se renouvelle) soit déçu. Or ce motif intrinsèque se couvre en temps « normal » des habits de la justice. Entendons-nous bien : nous ne disons pas que les décisions de justice ne cherchent pas réellement à établir le droit ; ce que nous voulons rappeler est que pour la justice passe il faut bien que nous (les justiciables et/ou victimes) y consentions. Or, la plupart du temps si nous « faisons confiance en la justice de notre pays » c'est parce que nous nous plaçons du point de vue des victimes y compris nous prenons un peu de leur « haine ». C'est pourquoi à la manière de la falsification de Karl Popper qui permet d'évaluer la résistance des théories scientifiques, l'affaire Merah est de celles auxquelles le droit doit se frotter.

Le juriste belge Michel Van de Kerchove propose une réflexion sur la nature de la « vérité » judiciaire qui permet de comprendre cette notion de « résistance » par laquelle se dévoile la tension des faits face au droit. Ainsi il rappelle que : « le caractère le plus important de la vérité judiciaire est l'irrévocabilité du jugement qu'elle produit [...]. [105] » Cependant se pose la question de la nature du procès pénal. Michel Van de Kerchove expose les transformations historiques principales rencontrées dans la fin du procès pénal. Il montre que l'on ne peut ni exclure ni admettre comme unique motif la recherche de la vérité. « Il s'agit effectivement de pouvoir établir des faits et dans la mesure où les propositions formulées répondent à cette dimension je crois que l'idée que l'on recherche la vérité est partiellement fondée. En revanche, il s'agit là d'un objectif du procès mais il n'est pas le seul. Il doit être compatible avec d'autres fins telle que la sécurité juridique (l'autorité de la chose jugée) – il s'agit de ne pas pouvoir remettre en cause une décision une fois celle-ci rendue –, le respect du principe du contradictoire, l'égalité des armes entre les parties, le respect des droits essentiels (comme le droit à la préservation de la vie privée), ce qui conduit à ne pas admettre n'importe quel type de mode de preuve pour parvenir au constat d'un

105. « La vérité judiciaire. Les décisions de justice sont-elles falsifiables ? » Entretien réalisé par Nadia Taïbi, Revue *Sens-Dessous* n° 14 « Mentir » p. 51-56.

fait[106] ». Cependant le fantasme que le procès doit aboutir à la révélation d'une vérité objective « semble tout à fait réel ». Soutenir une telle espérance aurait « un caractère mystificateur ou populiste ». Ainsi ce n'est pas parce que le juge retient une lecture de la règle de droit dont il va faire application, « que cette règle ne pourrait pas faire l'objet d'une autre interprétation ». Certes le juge doit nécessairement aboutir à une décision judiciaire.

> Mais cette décision unique n'implique pas qu'aucun problème n'existait auparavant et que l'argumentation qui a amené à cette vérité n'a pas eu une place considérable. Popper lui-même établit des comparaisons très explicites entre la façon dont une proposition scientifique peut se formuler et la façon dont un juge doit rendre une décision dans le cadre d'un procès[107].

Le procès pénal est donc un champ ouvert par les débats qu'il contient. Il doit aboutir à l'apaisement des parties. Le droit tend originairement à mettre un terme au conflit. Mohammed Merah a voulu la guerre. À son frère on doit imposer la paix. Le droit parviendra-t-il à résister à la tentation si finement décrite par La Fontaine ? Ou alors nous serions comme des loups – avides de violence – et nous brandirions comme un principe : « si ce n'est toi, c'est donc ton frère ! »

En résumé, nous pouvons distinguer trois éléments qui forment les attributs fondamentaux du procès :

- La mise en scène d'une procédure qui garantit le bon déroulement du droit
- La qualification d'évènements contingents (de faits relevant de comportements « sociaux » ou révélant des phénomènes anthropologiques) par des données juridiques
- La publicité des débats, la formulation sociale des enjeux juridiques et la construction de concepts « plastiques » comme celui de *terrorisme* par exemple.

On perçoit alors la porosité du droit et les difficultés à comprendre ce que désigne une « vérité juridique ». L'interprétation

106. *Ibid.*, p. 53.
107. *Ibid.*, p. 56.

des décisions juridiques contient l'essence même de leur rapport à la vérité comme le résultat d'un débat démocratique et contradictoire. L'enjeu est de maintenir l'équilibre entre l'ancrage sociétal sans lequel les décisions de justices perdent leur sens et la formalité des règles du droit sans laquelle les concepts juridiques perdent toute leur rigueur. Aussi comment juger Abdelkader Merah sans faire le procès du terrorisme et pouvons-nous éviter que la justice soit en peine de « faire son travail » comme on l'y enjoint si souvent ? Maître Dupont-Moretti avocat de l'accusé se trompe-t-il vraiment lorsqu'il demande si le public est [encore] capable de comprendre que la mère de Mohammed et d'Abdelkader soit une mère « comme toutes » les mères [108] ? N'avons-nous pas traditionnellement tendance à vouloir jeter aux oubliettes les criminels avec leurs crimes (et tous ceux qui de trop près nous rappellent à eux) ? Plus largement, il semble nécessaire de questionner l'expression de Robert Badinter : la *politique du débarras*.

Pour Robert Badinter le scandale du bagne peut s'énoncer ainsi : « faire passer pour de la justice d'insertion ce qui était de la justice d'élimination [109] ». Il fait référence à la loi de 1885 sur la relégation des multirécidivistes et l'inscrit dans « une longue tradition » où la tendance pour la République est de chercher à débarrasser « la métropole de ses éléments jugés irrécupérables [110] ».

Au moment du débat, les Républicains « opportunistes » autour notamment de Léon Gambetta et de Jules Ferry ont compris le gain politique que représentaient l'ordre et la sécurité pour enraciner la République dans la nation française. Du point de vue de R. Badinter il s'agit de prolonger le mythe d'un corps social immaculé débarrassé des délinquants, des erratiques et déviants. En dépit du talent de Georges Clemenceau et l'importance de ses discours [111], la loi sur la transportation des récidivistes fût bien votée en avril 1885 et emporta même l'assentiment d'une large majorité. Quant à Georges

108. Nous reprenons notamment l'interview d'Éric Dupont-Moretti et Nicolas Demorand sur France Inter dans la matinale du vendredi 3 novembre 2017. « Une mère, même si elle met au monde un enfant qui est le dernier des derniers, peut avoir de la peine. [...] Ce n'est pas une vache qui a vêlé. »

109. « Les collections de l'histoire », Le temps du bagne, juillet 2014 n° 64 p. 5.

110. *Ibid.*

111. Débats Parlementaires, 1883 p. 799-805.

Clemenceau, il pointait surtout l'inefficience d'une telle loi dont non seulement on pouvait prévoir l'échec mais qui rendait manifeste la politique du gouvernement en termes de prévention de la récidive. Le gouvernement semblait avoir fait le choix d'éliminer les récidivistes plutôt que de prévenir la récidive. Clemenceau conteste le parti pris idéologique qui fonde l'idée de transportation chère à Pierre Waldeck-Rousseau. Ainsi déplore-t-il :

> M. Waldeck-Rousseau ayant décidé, en vertu d'un droit qui ne peut lui appartenir, non pas même que tel homme est incorrigible, mais que telle ou telle catégorie d'individus n'est pas susceptible d'amendement, il ne leur offre plus de recours et leur inflige une éternelle désespérance… [112]

De plus il est faux de penser que ces députés qui votèrent cette loi le firent pour permettre aux individus de se « régénérer » et de recouvrer leur dignité notamment par le travail de la terre. Comme le rappelle Jean-Lucien Sanchez [113] ils ne pouvaient pas ignorer le désastre auquel avait abouti la décision de Napoléon III de faire exécuter les travaux forcés en Guyane. L'âpreté climatique de la Guyane, les conditions intolérables de vie et de travail entraînèrent une effroyable mortalité parmi les forçats. Sur les 21 620 forçats envoyés en Guyane à partir de 1852 il n'en resta plus que 7466 en 1866. En réalité « qu'importait le climat puisqu'il s'agissait, en définitive, de ceux que l'on considérait comme des *déchets humains*. Et la « guillotine verte » a fonctionné à plein régime jusqu'en 1938. [114] »

## De l'abolition, le sens de la peine

De la guillotine verte à la guillotine « blanche » se joue le soupçon de vouloir abandonner les criminels à leurs crimes, les « *laisser entre eux* », tenus à l'écart de la République. Aussi le 16 janvier 2006 fût rédigé l'appel de Clairvaux signé par dix détenus condamnés à de très longues peines. Il prit la forme d'une pétition à l'adresse du ministre de la justice monsieur Pascal Clément, pour le rétablissement de la peine de mort.

---

112. *Ibid.*, p. 803.
113. *À perpétuité. Relégués au bagne de Guyane*, préface de Marc Renneville, Paris, Vendémiaire, 2013.
114. « Les collections de l'histoire », Le temps du bagne, juillet 2014 n° 64 p. 5.

« Nous les emmurés vivants à perpétuité du Centre pénitentiaire le plus sécuritaire de France [...], nous en appelons au rétablissement effectif de la peine de mort pour nous. Assez d'hypocrisie ! Dès lors qu'on nous voue en réalité à une perpétuité réelle, sans aucune perspective effective de libération à l'issue de notre peine de sûreté, nous préférons encore en finir une bonne fois pour toutes que de nous voir crever à petit feu, sans espoir d'aucun lendemain après bien plus de vingt années de misères absolues. [...] Après de telles durées de prison tout rescapé ne peut que sortir au mieux sénile et totalement brisé. En pareil cas, qui peut vraiment se réinsérer socialement ? [...] Aussi, parce qu'une société dite « démocratique » ne devrait pas se permettre de jouer ainsi avec la politique pénale visant à l'allongement indéfini des peines, selon la conjoncture, l'individu ou les besoins particuliers : à choisir, à notre mort lente programmée, nous demandons à l'État français chantre des droits de l'homme et des libertés, de rétablir instamment pour nous tous la peine de mort ».

Jean Bérard et Gilles Chantraine reprennent cet appel dans le numéro 48 de la revue *Vacarme* [115] ils rappellent notamment que les détenus révèlent alors « trois tendances contemporaines des politiques pénales françaises » : une tendance à l'allongement de la peine, une analyse de la libération en termes de risques pour la société davantage qu'en termes de droit des détenus, le surpassement des revendications collectives par les expertises de dangerosité individuelle. Le mouvement de l'époque telle que l'exposent les auteurs est donc d'organiser une disparition des individus. Ils deviennent invisibles d'abord parce qu'ils n'appartiennent plus à aucun corps commun et sont désagrégés. Le fait de penser d'abord le risque et de se concentrer sur la dangerosité des individus conduit à les priver de la protection symbolique d'un ordre collectif, objectif. Chacun se trouve ainsi renvoyé à son caractère inessentiel voire superflu. Aussi l'appel des détenus de Clairvaux est-il performatif: il dit la révolte et fonde un « nous », un « nous tous » même et fabrique (en le déclarant) un destin commun. C'est un appel qui dit tuez-nous et vous serez contraints de nous voir, tuez-nous « au moins ».

Cet appel a donné lieu à une réflexion qui portait à la fois sur le sens des très longues peines et sur la signification effective de

115. www.vacarme.org, vacarme 38 /Lignes.

l'abolition de la peine de mort. En somme, si la peine de mort a été abolie en 1981, l'esprit de la peine ne semble pas avoir disparu... C'est pourquoi Jean-Claude Bouvier vice-président du tribunal d'application des peines de Créteil, ancien secrétaire général du syndicat de la magistrature et membre du conseil d'administration de l'OIP plaide pour un aménagement des longues peines. D'après lui le problème est le suivant :

> On se préoccupe moins de la manière dont les auteurs d'infractions les plus graves seront libérés, en fin de peine ou de façon anticipée avec un suivi, puisque de toute façon des mesures de sûreté pourront prendre le relais après l'incarcération [116].

De fait, entre 2003 et 2013 les détenus condamnés à de très longues peines ont presque doublé. On comptait environ 1 200 détenus purgeant une peine supérieure à vingt ans de prison en janvier 2000, contre 2 400 en janvier 2013 [117]. L'instauration des peines de sûreté, la sûreté incompressible ou encore la gestion automatique des circonstances atténuantes sont en cause. Et, récurrente, la perméabilité de la justice aux assauts du pouvoir et de l'opinion nuit à l'exercice du fameux « silence des passions » cher à Rousseau. On parle de populisme pénal pour rendre compte de la difficulté mutuelle rencontrée par le pouvoir politique et par les magistrats : persister à donner du sens aux décisions de justice en demeurant deux forces indépendantes. Or, la tentation est grande pour les magistrats de céder aux avances de l'opinion et pour le politique de souffler à l'oreille des juges. Marie Crétenot, de l'Observatoire international des prisons (OIP), dénonce les pressions extrêmes sur les magistrats, notamment depuis de l'affaire Laëtitia, en 2011. Nicolas Sarkozy avait déployé une communication démagogique et agressive contre les magistrats qui avaient placé en libération conditionnelle Tony Meilhon [118], le meurtrier de la

---

116. Oip.org, 21 janvier 2013.
117. « Les longues peines, oubliées de la réforme pénale prison », Mehdi Fikri, L'humanité, 8 juin 2014.
118. « Quand on laisse sortir de prison un individu comme le présumé coupable sans s'assurer qu'il sera suivi par un conseiller d'insertion, c'est une faute. Ceux qui ont couvert ou laissé faire cette faute seront sanctionnés, c'est la règle ». Nicolas Sarkozy le 2 février 2011 au cours d'un déplacement à Orléans, pointant du doigt les responsables de l'absence de suivi judiciaire de Tony Meilhon, principal suspect du meurtre de la jeune Laëtitia, retrouvée découpée dans un étang près de Saint-Nazaire.

jeune fille. « Aujourd'hui, les magistrats ont peur d'être montrés du doigt, ils préfèrent souvent prononcer des peines de plus en plus lourdes et refuser la libération conditionnelle de certains détenus, par prudence », souligne Marie Crétenot [119]. De plus, les très longues peines de ne sont pas – loin s'en faut – l'apanage des criminels sadiques ou de tueurs d'enfants. Ainsi en 2005, la cinéaste Stéphane Mercurio donne la parole aux proches des détenus, à leurs familles et montre comment ils se trouvent eux aussi enfermés. L'épouse de Georges Courtois l'auteur en 1985 d'une prise d'otage spectaculaire au tribunal de Nantes est une protagoniste du film. Chantal raconte ce qu'est une vie « *À Côté* ». À l'occasion des débats organisés à la sortie du film elle précise :

> J'ai aujourd'hui 58 ans. Et en presque 40 ans de vie commune, Georges n'a jamais passé plus de deux ans et demi dehors. Il y a eu des moments où j'ai eu envie de tout lâcher. J'étais aide-soignante. Il fallait envoyer les mandats, élever les enfants. On devait se priver. Il fallait tout assumer. [...] Mais aujourd'hui, je ne me sens plus la force de lutter (*en 2006, Georges Courtois a été condamné à 12 ans de prison*). J'aime mon mari, mais je ne vivrai plus avec lui. Je n'en ai plus la force [120].

Elle pointe avec amertume les difficultés abyssales auxquelles se confrontent les détenus à leur libération. Après une très longue peine de nombreuses habitudes s'avèrent incompatibles avec une vie sociale « normale ». Georges, raconte Chantal, attendait toujours « qu'on lui ouvre les portes [121] ».

Elle s'appuie sur les nombreuses situations de la vie quotidienne qui montrent que Georges Courtois était perdu. Il n'avait aucune idée des transformations qui avaient touché la société « en son absence ». Son malaise pouvait le rendre désagréable. Finalement Chantal avait « l'impression de récupérer quelqu'un qui avait vécu au siècle dernier ». Pour preuve, elle fait part de cette anecdote :

---

119. « Les longues peines, oubliées de la réforme pénale prison », *op.cit.*
120. À côté de la prison des hommes à Rennes, la maison de l'association Ti-Tommon accueille les proches de détenus qui attendent l'heure du parloir. Ces familles arrivent toujours en avance, car quelques secondes de retard leur fermeraient les portes de la prison. Ces familles viennent souvent plusieurs fois par semaine, pendant des mois voire des années. Les visiteurs sont majoritairement des femmes. « *À côté* » (2007) Stéphane Mercurio.
121. Propos recueillis par Anne-Hélène Dorison, Presse-Océan, 29 octobre 2008.

Je me souviens qu'à 51 ans, après 14 ans de détention, il était allé seul au Leclerc. Il a voulu prendre un chariot. Mais ça ne venait pas. Il fallait mettre 10 francs. Il ne le savait pas. Des humiliations comme celles-là, il en a vécu souvent.

Ainsi la mise au ban se poursuit à l'extérieur et le miracle tant espéré d'un retour heureux parmi les siens n'a pas lieu. Et, pour cause comment le pourrait-il ? Chantal l'admet : « on a presque plus souffert quand il était dehors ! [122] ». La violence de l'enfermement cède la place à une libération tranchée toute aussi ferme et impitoyable que l'incarcération. Georges Courtois aura passé 34 ans en détention.

C'est à propos de si longues peines que Barbara Liaras (OIP) [123] parle (reprenant ici l'argument de Robert Badinter) de justice « d'élimination ». « Il est prouvé, affirme-t-elle, qu'au-delà de dix ou quinze ans, les détenus cessent de travailler sur eux-mêmes. Ils perdent leur faculté de réadaptation et se retrouvent incapables de se réadapter à la vie civile. » Rachide Boubala [124] est un cas

---

122. Le 5 octobre 2009, au Cinéma le Concorde à La Roche-sur-Yon à l'occasion de la projection du film de Stéphane Mercurio « À côté ».

123. « Longues peines : la logique d'élimination », oip.org, 21 décembre 2013.

124. Voir le portrait dressé dans le Journal *Libération* le mardi 12 mars 2017, par la journaliste Julie Brafman : « Cela n'aurait dû être qu'un accroc dans un parcours de vie, quelques années à l'ombre pour une erreur de jeunesse. Pourtant, c'est une obscurité sans fin. Rachide Boubala avait 19 ans lorsqu'il a été condamné, en 1996, par le tribunal de Châlons-en-Champagne, à trois années d'emprisonnement pour un braquage raté dans une station-service. Aujourd'hui, sa fiche pénale compte près de 30 condamnations, toutes prononcées pour des infractions commises durant sa détention. La liberté n'est plus une ligne d'horizon, elle est un filet de brouillard quelque part en 2039. Lorsqu'il achèvera son voyage au bout de la peine, il aura 60 ans et une existence entière derrière les barreaux. C'est « un cas hors norme », dit-on dans les hautes sphères, ou « le détenu le plus ingérable de France », affirme la presse. Au fil des ans, Rachide Boubala est devenu l'enfant terrible de l'administration pénitentiaire. Sa révolte est née à peine la porte de la geôle refermée. « Le lendemain de mon incarcération, un gardien m'a refusé de sortir en promenade, c'est à ce moment-là que je me suis dit que je ne me laisserai pas faire », explique-t-il dans un courrier à Libération. Il tiendra parole. En 1997, il écope d'une première condamnation pour outrage envers un surveillant. Ensuite, les sanctions s'enchaînent sans discontinuer. Il comparaît pour injures, menaces de mort, dégradations, violences… Rachide Boubala se cabre, la justice riposte. « Au début, c'est un gamin qui se trouve confronté à la rigidité du système pénitentiaire et s'y oppose, rappelle Marie Crétenot, juriste à l'Observatoire international des prisons (OIP), qui le suit depuis dix ans. La réaction judiciaire est très forte. D'abord des peines de trois mois, puis six mois. Il y a une période où il a pris systématiquement cinq ans pour des feux de cellule. Il s'est retrouvé avec quinze ans d'un coup ! » En 2000, le braqueur en herbe atterrit à la maison centrale à Ensisheim (Haut-Rhin), au milieu de criminels purgeant de longues peines. C'est le point de rupture. « J'ai

exemplaire. L'absurdité tragique de son parcours carcéral révèle en creux l'humiliation à laquelle il n'a pas pu (su) consentir. Mis en examen pour un casse en 1996, il est condamné à trois ans de prison. Rachide Bouabala écope de nouvelles condamnations en raison notamment du fait qu'il outrage les surveillants. Rachide

---

réalisé que je ne sortirai probablement pas », écrit-il. Alors l'escalade se poursuit : en 2002, il prend en otage une conseillère d'insertion et de probation à la centrale de Poissy (Yvelines). Puis un moniteur de sport à Lannemezan (Hautes-Pyrénées) en 2005. L'addition augmente, folle mécanique que plus personne ne parvient à stopper. « On est saisi de plus en plus de cas de personnes qui ne supportent pas l'arbitraire carcéral, qui refusent de se soumettre même si elles payent. C'est leur façon de résister », explique Marie Crétenot. Si l'administration pénitentiaire ne dispose d'aucun chiffre sur ces détenus emportés par la spirale des « peines intérieures », certains cas ont été médiatisés. Comme celui de Christine Ribailly, surnommée la « bergère insoumise » : incarcérée en 2012 pour quatre mois à la suite d'un incident lors d'un parloir avec son compagnon, elle quittera sa cellule quatre ans plus tard, après avoir écopé de multiples condamnations pour rébellion, outrage ou violence. À la prison qui plie le corps, lui impose des rythmes, le contraint dans ses mouvements, Rachide Boubala répond de façon « unique », pour reprendre le terme d'un membre de l'administration pénitentiaire. Depuis 1998, c'est la même histoire de « provocation et nuisance olfactive » : après avoir réalisé une mixture à base de matière fécale et d'urine, il en barbouille sa porte, la projette sur les surveillants et dans le sas. Selon ses dires, il a découvert cette méthode dans un ouvrage consacré à l'Armée républicaine irlandaise (IRA). « Je me suis dit "tiens, on va essayer cela". Au début, c'était dur », commente-t-il. Le personnel est contraint de s'équiper de combinaisons, de subir une décontamination en cas de projection et de supporter l'odeur qui empeste les couloirs. « Partout où il passe, c'est ingérable, dénonce Éric Lemoine, un responsable CGT. À Rennes-Vezin [Ille-et-Vilaine], on voyait de l'urine couler à l'extérieur de la cellule. » Un autre gardien, qui l'a croisé à Clairvaux (Aube), préfère garder l'anonymat car il « craint de déraper ». « On l'appelle pipi-caca. C'est ce qu'il y a de pire sur le marché », lance-t-il, sans masquer sa haine pour celui qui « ne pense qu'à nuire en permanence » et qu'il enverrait bien dans un cachot « ultrasécurisé ». En 2014, le syndicat FO va jusqu'à publier un tract (pour lequel il sera condamné) qualifiant Rachide Boubala de « vermine ». La cause de l'ire syndicale ? Le directeur de la prison de Saint-Martin-de-Ré (Charente-Maritime) a tenté de stopper l'engrenage en lui octroyant un travail de peintre.

Ce n'est pas le seul à avoir voulu désamorcer la situation. Jean-Philippe Mayol, directeur de la maison centrale d'Arles (Bouches-du-Rhône) entre 2008 et 2012, s'y est aussi essayé : « Il est souvent isolé alors je l'ai placé avec d'autres détenus dits "facilitateurs", j'ai tenté de l'intégrer. Le dialogue a été possible. » Néanmoins, Rachide Boubala a « cassé volontairement la relation sans raison objective ». « Très peu de directeurs et de directrices me comprennent, explique celui qui a passé plus de cinq ans cumulés à l'isolement. La plupart se disent : on a le plus casse-bonbons de France. Lui, il aura une gestion à la hauteur de sa réputation. »

Cette « gestion » peut se résumer avec l'anecdote suivante : un jour, un surveillant d'Ensisheim, désabusé, laisse une mention sur son cahier : « Quelles solutions pour ce détenu ? » Le directeur lui répond en deux mots : « Transfert prévu. » C'est ainsi que, depuis 1996, on se refile « l'emmerdeur ». À tel point que Rachide Boubala a déjà visité plus de 100 établissements, pour des séjours excédant rarement quatre mois. En 2011, il est pourtant resté deux cent quatre-vingt-quatorze jours à Clairvaux. Un miracle de longévité qui tient certainement

Boubala appelé « pipi caca » depuis 1998 où il dit avoir découvert dans un livre consacré à la résistance des détenus irlandais pendant la guerre civile un mode de protestation radicale. Après avoir réalisé un mélange de ses excréments, il jette sur les surveillants et en met sur sa porte. Le personnel est contraint de s'équiper de

---

à sa rencontre avec Catherine, une bibliothécaire. Aujourd'hui, il parle d'elle comme de sa « compagne » : « Elle a été critiquée de fréquenter le détenu Boubala Rachide. Elle ne m'a pas laissé pour autant. » En vingt ans de détention, Rachide Boubala n'a quasiment jamais reçu de visite. « Le bilan de sa vie est vide. Il n'y a pas d'étayage familial ni amical. Il n'a rien à perdre et est lui-même perdu », note un expert. Parmi ses rares relations, son avocate, Me Delphine Boesel, raconte : « Lorsqu'on lit son dossier et que l'on connaît son mode de revendication, on s'attend à tomber sur un dingue. Pourtant, lors de notre rencontre à Réau [Seine-et-Marne] en 2014, j'ai fait face à un homme intelligent, sympathique, la tête sur les épaules. » Les psychiatres confirment que Boubala ne souffre d'aucune pathologie mentale, ni d'aucun trouble du comportement. Durant deux hospitalisations au sein de l'unité pour malades difficiles (UMD) de Sarreguemines (Moselle), les praticiens sont confrontés à un homme « au physique soigné », à « l'efficience intellectuelle tout à fait satisfaisante », prenant part à tous les ateliers et ne posant « aucun souci ». Mais dès son retour en cellule, Rachide Boubala s'oppose de nouveau. « Le sujet s'est forgé une véritable identité dans le fait d'être une problématique pour l'administration pénitentiaire », résument les psychiatres. Jean-Philippe Mayol est arrivé au même constat : « J'ai travaillé avec des détenus très difficiles, notamment un homme qui avait passé treize ans à l'isolement. Aujourd'hui, il est libre. Pas Rachide Boubala. » Prisonnier de sa condition d'éternel révolté, ce dernier ne défend plus aucun idéal. Il s'emporte pour un timbre manquant, une remarque déplacée ou une provocation des matons. En 2013, il organise une prise d'otage à Condé-sur-Sarthe (Orne) parce qu'il n'a pas reçu son colis de Noël. Résultat : huit ans d'emprisonnement. « Ça fait cher les Ferrero Rocher », admettra l'intéressé. « Il est le produit de l'institution mais personne ne s'interroge sur ce qu'ils ont créé », déplore Marie Crétenot. Dans la chronique de cette vie gâchée, écrite à plusieurs mains, la peine est devenue indolore et dénuée de signification. Ni châtiment ni rédemption. Elle n'est plus que la conséquence d'un face-à-face jusqu'à l'absurde. « Le sens de ma peine, c'est d'essayer de porter à connaissance mes conditions de détention », revendique Rachide Boubala. Dehors, il n'existe plus. Dedans, il excelle à être un problème, trouve une jouissance dans l'affrontement et se gargarise de cette légende de « bête noire » qu'il écrit jour après jour. Dans ce conflit perpétuel, l'administration pénitentiaire reste impuissante. « Nous sommes les derniers maillons d'une chaîne. Même si on voulait le sortir, on ne pourrait pas, c'est une décision des juges », dit-on en interne. Alors, on « cherche à rationaliser la situation, avoir une vision plus large, une approche plus collective ».
Il n'empêche que l'avenir n'est plus qu'un mirage que personne n'ose regarder. « Boubala est tourné vers ses conditions immédiates de détention, ce qui est fréquent chez les longues peines, estime Me Delphine Boesel. Mais là, c'est très particulier : il ne parle jamais d'une libération conditionnelle, ne fait aucune démarche en ce sens. » L'extérieur n'est plus qu'une mince compilation de souvenirs : « La campagne chez mes grands-parents, les activités que j'exerçais, les copains-copines que je fréquentais, la liberté de mes mouvements, le travail [de couvreur-zingueur] que je faisais au sein des compagnons du devoir… » Dans cet éternel présent avec barreaux, l'espoir tue. Alors Rachide Boubala s'est habillé d'indifférence et admet avec lucidité : « J'ai sacrifié ma liberté, j'en suis conscient. » Finalement, ce n'est sans doute pas un hasard si la langue française prévoit le même mot pour désigner la sanction et la tristesse : la peine. Infinie, dans le « cas Boubala ».

combinaisons, de subir une décontamination en cas de projection et de supporter l'odeur qui empeste les couloirs. De provocations en résistances désespérées Rachid Bouabala – suivant la formule consacrée – *aggrave son cas*. Il est aujourd'hui libérable dans vingt-quatre ans. « Au total, il a pris quarante-quatre ans pour des délits internes » explique Marie Crétenot. Aujourd'hui, Rachide Boubala a quarante ans. « Avec une date de libération en 2038, il ne se projette dans rien et il estime qu'il n'a plus rien à perdre. Après tant d'années de détention, ces hommes perdent tout espoir et tout réflexe de vie en société. Leur discernement et leur mental ont été détruits », déplore Catherine, la compagne de Rachide Boubala.

## Peut-on purger sa peine ?

Abdelhamid Akkar est sorti en mars 2012 et il témoigne de l'extrême difficulté de la réinsertion. « Pendant trente ans, j'avais le cerveau au ralenti, coincé dans le temps de la prison, explique-t-il. Dehors, on est happé par un flux continu d'informations, on est perdu au milieu d'une vie bouillonnante. » Il souligne l'importance de sa famille et de l'aménagement de sa peine. « Avoir un bracelet électronique, c'est très pénible. Mais, au début, cela m'a aidé à me cadrer, pour ne pas partir dans tous les sens et éviter les tentations. » Selon l'avocat Henri Leclerc, le problème des longues peines est au cœur de notre conception de la justice.

> Il faut choisir : soit la prison est une simple punition, soit on veut en faire un instrument de réadaptation sociale. Dans ce dernier cas, la détention ne doit pas être indexée uniquement sur la douleur des victimes. [125]

Il faut admettre que le détenu doit pouvoir sortir de prison et a vocation à être libéré. Il faudrait que la prison trouve – d'une certaine manière – sa place dans le corps social. La détention ne serait plus alors vécue comme un fait catastrophique impliquant choc et fracture mais une possibilité (a minima) – certes peu fréquente et non souhaitable – de vivre dans la société. Comme en témoignent de nombreux acteurs en détention – qu'il s'agisse de

125. « Longues peines : la logique d'élimination », oip.org, 21 décembre 2013.

détenus ou du personnel pénitentiaire, la prison impose une forme de renoncement *définitif* à la liberté. Ainsi Saïd-André Remli et Guillaume Estivie donnaient la parole en 2009 au psychologue François Martinet exerçant alors à la prison de Saint-Maur [126].

Celui-ci pointe l'ambiguïté de l'abolition de la peine de mort notamment en ce qu'elle s'est changée en un « laisser vivre » derrière lequel transpire la volonté affirmée ou tacite de « faire souffrir » plus longtemps. En ce sens bien entendu aucune peine ne saurait être suffisante ni dans sa durée ni dans sa sévérité. Pour François Martinet : « le jour où on a supprimé la peine de mort on s'est donné l'illusion que la personne reviendrait dans la société ». Cependant, rien n'est pensé pour un retour des détenus dans la vie civile. Or, à partir du moment où on ne peut plus « détruire les délinquants » comme le dit François Martinet : il faut pouvoir « vivre avec » des personnes que l'on a accepté de « purger » de leur crime. L'abolition de la peine de mort entérine le fait que l'incarcération est une peine qui suspend (et non pas abolit) l'exercice de la liberté. Elle perdrait son sens si elle ne s'accompagnait pas d'une suppression de la perpétuité réelle. Le sens de l'abolition repose sur la possibilité d'une bascule d'une justice d'élimination à une justice de réparation. Ainsi Robert Badinter en avait-il énoncé le sens devant les députés de l'Assemblée Nationale le 17 septembre 1981 :

> « Le choix qui s'offre à vos consciences est donc clair : ou notre société refuse une justice qui tue et accepte d'assumer, au nom de ses valeurs fondamentales – celles qui l'ont faite grande et respectée entre toutes – la vie de ceux qui font horreur, déments ou criminels ou les deux à la fois, et c'est le choix de l'abolition ; ou cette société croit, en dépit de l'expérience des siècles, faire disparaître le crime avec le criminel, et c'est l'élimination ; Cette justice d'élimination cette justice d'angoisse et de mort, décidée avec sa marge de hasard, nous la refusons. Nous la refusons parce qu'elle est pour nous l'anti-justice, parce qu'elle est la passion et la peur triomphant de la raison et de l'humanité [...] Demain, grâce à vous, la justice française ne sera plus une justice qui tue. Demain, grâce à vous, il n'y aura plus, pour notre honte commune, d'exécutions furtives, à l'aube, sous le dais noir, dans les prisons françaises. Demain, les pages sanglantes de notre justice seront tournées

126. *Tous Coupables*, Kuiv Production, diffusé par Public Sénat, 2012.

À cet instant plus qu'à aucun autre, j'ai le sentiment d'assumer mon ministère, au sens ancien, au sens noble, le plus noble qui soit, c'est-à-dire au sens de « service ». Demain, vous voterez l'abolition de la peine de mort. Législateur français, de tout mon cœur, je vous en remercie ». (*Applaudissements sur les bancs des socialistes et des communistes et sur quelques bancs du rassemblement pour la République et de l'union pour la démocratie française. Les députés socialistes et quelques députés communistes se lèvent et applaudissent longuement.* [127])

On ne se débarrasse plus du crime en éliminant le criminel. Le crime serait ainsi « traité » pour ce qu'il est : un fait social « normal ». Dans cette perspective, l'incarcération aurait pour vocation de susciter une prise de conscience plus ténue des enjeux d'une vie sociale harmonieuse et respectueuse du droit. Un instrument de cette prise de conscience devait être l'inscription des faits dans le casier judiciaire. Le magistrat Arnould Bonneville de Marsangy propose en 1848 et fait adopter deux ans après un tel dispositif. Il s'agit de faire advenir une logique d'individuation des peines et de lutte contre la récidive en prenant en compte le passé pénal du délinquant. Bonneville souligne ces objectifs dans son *Traité de la Récidive* [128] :

> Chaque jour, tous ces bulletins de condamnation seraient transmis du Ministère de l'intérieur au bureau central, où ils seraient immédiatement classés dans les casiers alphabétiques. Dans ce cas, la communication faite plus tard au dit bureau des états trimestriels, qui continueraient de lui être transmis, comme par le passé, ne servirait plus que de moyen de contrôle et de vérification, soit pour les condamnés à

---

127. Extrait du discours de Robert Badinter le 17 septembre 1981 devant l'Assemblée Nationale. Robert Badinter : « L'abolition de la peine de mort » (17 septembre 1981) Robert Badinter est le garde des Sceaux et ministre de la Justice du Gouvernement de Pierre Mauroy lorsqu'il présente à l'Assemblée nationale le projet de loi abolissant la peine de mort, un des engagements présidentiels de François Mitterrand.
Robert Badinter, professeur de droit et avocat à la Cour d'appel de 1951 à 1981, est un abolitionniste de longue date, s'inscrivant dans la tradition de Jean Jaurès et d'Aristide Briand. Il démontre que la peine capitale n'engendre que la violence et que l'abolition, au contraire, privilégie la rédemption et la confiance en l'humain.
Malgré une forte opposition de nombreux députés de droite, l'abolition de la peine de mort est votée par 363 députés dont des gaullistes, parmi lesquels Jacques Chirac, François Fillon et Jacques Toubon et des centristes, tel Raymond Barre. 113 députés ont voté contre et 117 se sont abstenus.

128. *De la Récidive ou des moyens les plus efficaces pour constater, rechercher et réprimer les rechutes dans toute infraction à la loi pénale*, Paris, Cotillon, MDCCCXLIV.

l'égard desquels l'envoi du bulletin aurait pu être omis, soit pour y puiser les renseignements nouveaux que le Procureur du Roi du lieu de la condamnation aurait ultérieurement reçus sur le compte du condamné.

Cependant si une meilleure connaissance du passé du détenu permet de mieux adapter la peine, il est aussi évident qu'elle constitue un préjugé. D'ailleurs, le casier judiciaire qui contient l'ensemble des condamnations pénales renferme aussi les modalités de leurs effacements. En fonction de la gravité de l'infraction la peine est purgée bien après qu'elle ait été effectuée [129]. On perçoit bien le caractère infamant de la peine. Les corps flétris de l'ancien régime laissent place aux fichiers que l'on traîne et qui signalent (pour toujours parfois) que l'on est au ban, que l'on *est* criminel. Il est en effet très difficile de tenir séparée l'infraction pénale de la faute morale. Cette confusion existe d'abord et nécessairement dans la perception de l'auteur de l'infraction comme dans celle de la partie lésée. Cependant, l'effort de la justice ne doit-il pas consister justement à rendre une décision à propos des faits et sur le plan légal et non pas à propos des hommes, du point de vue de leurs mœurs ou de leurs valeurs éthiques ? En même temps comment régler les conflits sans égard aux principes moraux qui doivent organiser une communauté apaisée ? Cette tension entre les faits et les personnes, le droit et la morale est nécessaire tant le droit est impur et les décisions de justice empreintes des préoccupations mouvantes de « la société ». Il importe certainement – pour être juste – de la faire apparaître et d'y revenir. Aussi une bonne décision de justice est à coup sûr empreinte sinon de mauvaise conscience au moins d'embarras.

Cette confusion est aussi perceptible dans la lecture que certains détenus font des remises de peine. Se jugeant coupable et en proie à un effondrement psychique il se peut que l'on renonce à l'exercice de ses droits [130]. Le désespoir est tel et la honte si profonde que la peine semble dérisoire aux yeux de celui ou celle qui est jugé coupable. La peine serait alors porteuse d'une dimension rédemptrice. Elle cristallise la possibilité non seulement de réparer

---

129. www.service-public.fr.
130. Voir Documentaire, *Détenues*, Marie. Drucker *op.cit.*

mais aussi de se réparer. Cette lecture de la peine est symétrique de part et d'autre du jugement. Il semble alors difficile dans ses conditions de *faire* sa peine.

## Chapitre II : *La notion de population carcérale*

### Surpopulation

La « surpopulation » carcérale, le taux de remplissage des maisons d'arrêts, l'accroissement du nombre de détenus sont les modalités courantes d'interpellation de la « société » sur la question des prisons. Le sociologue Didier Fassin distingue quatre facteurs qui permettent de comprendre comment la population carcérale augmente. Elle atteint en effet en juillet 2019 le nombre de 71 710 détenus (auxquels s'ajoutent les 12 508 personnes écrouées non détenues) et compte 10 605 détenus de plus par rapport aux places opérationnelles. Les raisons principales de cette augmentation sont donc :

1. L'alourdissement des peines prévues par la loi
2. La sévérité accrue des tribunaux.
3. L'accroissement des comparutions immédiates
4. La décision de mettre à exécution des peines anciennes

Didier Fassin présente les deux premiers facteurs à partir du cas particulier de l'augmentation des condamnations pour délits routiers. Les délits routiers représentent l'une des quatre catégories pour lesquelles les condamnations ont augmenté avec la législation sur les stupéfiants, les violences volontaires sur les personnes et les outrages et rebellions contre des personnes dépositaires de l'autorité [131]. Ainsi Didier Fassin relate la situation d'un monsieur empêtré dans une situation tragique en détention parce qu'il a perdu tous les points de son permis :

> L'homme, d'origine portugaise, a une cinquantaine d'années. Il dirige une petite entreprise de bâtiment. Il a cinq enfants âgés de 2 à 18 ans. Sa femme ne travaille pas. Il vient d'être incarcéré pour conduite sans permis.

---

131. www.justice.gouv.fr/art_pix/stat_conda2011.pdf.

Il raconte qu'il n'avait pas pu être assez réactif concernant ses infractions car il venait de déménager. Il se trouve humilié et se trouve comme assommé : « c'est de la folie de me retrouver en prison pour ça ! » Sans compter que les conséquences pratiques de son incarcération sont extrêmement préoccupantes :

> J'ai des engagements avec des clients, des contrats signés pour des chantiers. Certains vont sûrement se retourner contre moi si je ne leur livre pas à temps. [132]

La peine est clairement disproportionnée et comme telle produit un fort sentiment d'injustice. Elle conduit de plus à fragiliser voir à désocialiser des personnes qui auparavant semblaient mener des vies d'honnêtes gens. Didier Fassin parle de tournant punitif pour qualifier de phénomène de durcissement de la politique pénale. Il le situe au début des années 2000 lorsque Jacques Chirac fait de la sécurité routière une priorité de son mandat. Un dispositif est mis en place et il contient essentiellement deux éléments : le permis à point et le délit d'alcoolisation. La multiplication des radars et des contrôles rend ses mesures effectives. Elles ont pour conséquence principale d'entraîner de nombreuses pertes du permis de conduire de plus, comme la loi Perben fait de la conduite sans permis un délit, les condamnations pour conduite malgré la suspension de permis sont multipliés par cinq [133]. Cette banalisation de l'incarcération implique-t-elle vraiment que *tout le monde* puisse un jour se trouver en prison ? En un certain sens cela pourrait ouvrir la prison et contribuer à ne pas exclure ceux qui s'y trouvent ? Or, il n'en est rien et pour deux raisons fondamentales. D'abord l'élargissement du spectre carcéral le fait qu'elle concerne plus de monde n'implique pas qu'elle se banalise. Elle demeure extrêmement brutale et ce y compris lorsque la peine est très courte. Elle n'implique pas un assouplissement ou une meilleure articulation dedans/dehors. De plus, le fait qu'il y ait plus de personnes incarcérées n'implique pas que la population carcérale en soit plus diversifiée ou mixte. Pour le dire de manière un peu triviale : il n'y a pas eu de gentrification de la population carcérale. En effet :

---

132. Didier Fassin, *L'ombre du monde, Une anthropologie de la vie carcérale*, seuil, Paris, 2015 p. 83.
133. *Ibid.*, p. 84.

Il ne suffit pas de conduire son véhicule avec 0,50 g/l d'alcoolémie ou en ayant perdu les points de son permis pour être traduit devant la justice ; il faut aussi avoir été contrôlé [134].

Sont contrôlés massivement ceux qui sont susceptibles d'être en infraction. Aussi les contrôles visant des automobilistes appartenant à une minorité s'opèrent à une « fréquence disproportionnée ».

Le troisième facteur mis en avant pour comprendre l'augmentation sensible du nombre de détenus en France depuis le début des années 2000 est l'accroissement des comparutions immédiates. La procédure de comparution immédiate prend sa source dans la loi du 20 mai 1863 sur les flagrants délits. Il s'agissait alors de réduire et voire même de supprimer la détention provisoire. Les personnes arrêtées étaient alors immédiatement conduites devant le procureur qui soit les plaçait en mandat de dépôt pour un jugement à l'audience du lendemain soit les traduisait sur-le-champ devant un tribunal correctionnel. Cette loi sera modifiée en 1958 à la suite de la promulgation du code de procédure pénale (qui remplace donc le code d'instruction criminelle) sans que le fond du droit ne soit changé : la procédure est rapide et sommaire les droits des détenus sont très réduits, puis en 1981 (dans le cadre de la « Loi sécurité et liberté ») où notamment la présence d'un avocat sera désormais obligatoire et de nouveau en 1983. Depuis la loi du 5 mars 2007, les mineurs de plus de treize ans peuvent faire l'objet d'une procédure pénale. La nature de la procédure est ainsi rappelée sur le site du ministère de la justice :

*La comparution immédiate* est une procédure qui permet de faire juger dans un délai assez court quelqu'un à la suite de la garde à vue.

*Trois conditions doivent être réunies :*

Les preuves réunies doivent être suffisantes pour que l'affaire soit en état d'être jugée ;

La peine d'emprisonnement encourue doit être au moins égale à deux ans ; en cas de délit flagrant, cette peine d'emprisonnement doit être supérieure à six mois ;

134. *Ibid.*, p. 85.

Le prévenu ne peut être mineur et il ne peut s'agir d'un délit de presse, ni d'un délit politique, ni d'une infraction dont la procédure de poursuite est prévue par une loi spéciale.

Le prévenu comparaît sur-le-champ devant le tribunal ou, au maximum, après trois jours de détention lorsque le tribunal ne peut pas se réunir le jour même. Le juge de la détention et des libertés peut le remettre en liberté sous contrôle judiciaire avec notification de sa comparution devant le tribunal. L'avocat ou le prévenu peuvent demander un supplément d'information et donc un délai supplémentaire s'il estime que l'affaire n'est pas en état d'être jugée [135].

Pour mieux comprendre la nature de cette procédure et la population concernée une étude a été faite par « Le Conseil lyonnais pour le respect des droits » composé d'élus et d'une quarantaine d'associations. Il a délégué ses observateurs aux audiences de comparution immédiate du tribunal de Lyon. Ils ont calculé que la durée moyenne était de 31 minutes par personne. La peine moyenne prononcée, quand il s'agit d'emprisonnement ferme, est de 6 mois. Les catégories socio-professionnelles : 30.6 % sont salariés, 68.7 % avec des ressources faibles, voire sans ressources du tout. Le résultat porte sur 565 affaires jugées en 2008 [136].

D'après l'étude de Didier Fassin menée huit ans après la procédure de comparution immédiate est deux fois plus utilisée que procédure traditionnelle. Le succès du traitement en temps réel repose sur son efficacité. Le temps de la justice est rattrapé par la contrainte « des chiffres », faire plus étant désormais faire mieux. On parle « d'engorgement », de « flux » et de « désengorgement », avec cependant le résultat dérisoire que vider les tribunaux implique dans invariablement de remplir les prisons.

Le quatrième facteur correspond à la décision de mettre à exécution des peines anciennes. Le 22 juin 2009, le président de la République Nicolas Sarkozy s'exprimait ainsi devant le Congrès réuni à Versailles :

Comment peut-on parler de justice quand il y a 82 000 peines non exécutées parce qu'il n'y a pas assez de places dans les prisons ? [137].

135.http://www.justice.gouv.fr/justice-penale-11330/le-proces-penal-11335/la-comparution-immediate-16404.html.

136. « Le Canard Enchaîné », *31 minutes et au trou*, Dominique Simonnot, 25 novembre 2009.

137. Didier Fassin, *L'ombre du monde*, *op.cit.* p. 98.

Formulé ainsi le propos cherche manifestement à scandaliser ; le motif (il n'y a pas assez de place dans les prisons) paraît dérisoire et presque obscène mis en relation avec le chiffre énorme : 82 000. Le discours de Nicolas Sarkozy a pour fin de proposer une solution au problème posé par la surpopulation carcérale qui apparaît dans sa bouche d'une simplicité confondante : construire de nouvelles places de prison. Ce but non dissimulé (dans le contexte sécuritaire où l'exposé a lieu) n'est pas rationnel et bien qu'il le semble ne repose sur aucun fondement objectif. Il n'est pas rationnel puisque le chiffre avancé contient 20 000 personnes de plus que le nombre des individus effectivement incarcérés en 2009. Il faudrait donc plus que doubler le nombre de places en détention. Ce qui est évidemment un chantier impossible. Ce chiffre révèle la nature structurelle de ces peines non exécutées. Comme le soulignent les auteurs du rapport sur lequel se fonde Nicolas Sarkozy :

> Au fond, la justice, sans le dire et même sans le vouloir, sélectionne les peines courtes pour ne pas les exécuter, ce qui évite l'aggravation de la surpopulation carcérale [138].

De plus, ce discours ne repose pas sur un fondement objectif. En effet, s'il faut admettre qu'il existe des inexécutions de peines il faut aussi rendre compte des « deux tiers de ces sentences [...] (qui) concernent des peines de moins de six mois, et [...] la part importante de ces sanctions déjà suivies par des juges d'application des peines et qui pour la moitié ont vocation à être aménagées [139] ». Brandir ce chiffre comme une donnée brute a donc pour effet de cristalliser la population carcérale, de produire une action politique mais non pas d'éclairer la réalité dans sa complexité. Cette action a d'abord consisté à faire exécuter les peines anciennes.

Aussi la population carcérale sur le plan qualitatif comme sur le plan quantitatif est une construction sociale. Foucault parlait de « société punitive » afin de déconstruire l'organisation du système pénal et montrer comment la convergence des intérêts des élites et de la majorité conduisait nécessairement à la désignation d'une minorité sur laquelle s'exerce la violence institutionnelle.

---

138. *Ibid.*, p. 99.
139. *Ibid.*

## Signification de la surpopulation carcérale (plus on en construit, plus on en remplit !)

Comme le souligne Adeline Hazan, contrôleur général des lieux de privation de liberté, devant la Commission des lois le 30 octobre 2017 (à l'occasion du dixième anniversaire de l'institution et de la visite récente des centres pénitentiaires par les députés [140]) : la loi pénitentiaire de 2009 [141] visait à faire de l'incarcération l'ultime recours et encourageait à recourir plus volontiers aux peines alternatives. La loi – bien appliquée – doit donc contribuer à faire diminuer le surpeuplement des prisons.

En voici les mesures principales :

- Les prisonniers condamnés à une peine inférieure à 5 ans pourront sortir de prison quatre mois avant la fin de leur peine et devront porter un bracelet électronique durant ces quatre mois.
- Les personnes mises en examen pourront être assignées à résidence sous bracelet électronique au lieu d'être incarcérées en détention provisoire.
- Les aménagements de peine seront facilités pour les peines d'emprisonnement de moins de 2 ans (à l'exclusion des récidivistes et des délinquants sexuels).
- Les prisonniers âgés de plus de 75 ans pourront bénéficier d'une liberté conditionnelle.

---

140. Cette séquence est présentée en ces termes sur le site de l'assemblée nationale : « [... ] Les députés membres de la commission, de tous bords politiques, avaient décidé d'exercer, simultanément et sur l'ensemble du territoire de notre pays, le droit qui leur est reconnu de se rendre dans les prisons. Plusieurs dizaines de centres pénitentiaires et de maisons d'arrêt étaient concernés. Cette initiative inédite s'inscrit dans un contexte particulier. La misère, la promiscuité, la dureté de la vie carcérale sont souvent dénoncées. Les chiffres font état d'une situation très dégradée dans les prisons, surpeuplées et souvent vétustes. Le personnel pénitentiaire, en nombre insuffisant, est confronté à des conditions de travail particulièrement difficiles. Pour ces raisons, la France est trop souvent montrée du doigt. Au terme de cette démarche, emblématique d'une volonté nouvelle d'aborder les politiques publiques sur la base de contrôles exercés "sur le terrain", les membres de la commission disposent d'une vision personnelle et concrète, dont ils débattront. Le mardi 14 novembre à 16h15 ils confronteront le bilan de leurs contrôles aux constats établis par la Contrôleure générale des lieux de privation de liberté. Ils pourront notamment aborder de façon éclairée les "chantiers de la justice" initiés par la ministre de la justice, notamment en ce qui concerne le sens et l'efficacité de la peine ». *http://www2.assemblee-nationale.fr.*

141. Loi n° 2009-1436 du 24 novembre 2009.

– Les suspensions de peines pour les grands malades seront plus faciles à obtenir.
– La loi prévoit de mieux distinguer les régimes de détention en fonction de la personnalité des prisonniers et une meilleure adaptation des cellules collectives.
– Le principe de l'encellulement individuel est réaffirmé, mais un moratoire permettant des dérogations à ce principe pendant 5 ans a été adopté.
– Un code de déontologie sera élaboré à l'usage des personnels pénitentiaires.

L'article 2 de la loi en précise le motif. Il s'agit de rappeler la nature de la mission du service publique pénitentiaire dans la mesure où il participe à « l'exécution des décisions pénales ». Il concourt à « l'insertion ou à la réinsertion des personnes » qui lui sont confiées par l'autorité judiciaire. La loi rappelle le cadre contraignant de la décision de justice laquelle gouverne sur l'application de la peine. Elle questionne sans le dire la primauté – dans les faits – d'une logique carcérale fondée sur la discipline (pas nécessairement sur l'ordre) et le bon comportement (pas nécessairement le droit). En ce sens, elle dit sans le dire qu'un destin tel que celui de Rachide Boubala est une anomalie. De plus, cette mission a pour fin « la prévention de la récidive et la sécurité publique dans le respect des intérêts de la société, des droits des victimes et des droits des personnes détenues ». Là encore il s'agit de rappeler l'unité du corps politique, laquelle est ici nommée « intérêts de la société » et concilie les droits des parties (mais non pas réconcilie les personnes). Enfin, « l'individualisation et l'aménagement des peines des personnes condamnées [142] » sont les instruments sur lesquels le système pénitentiaire doit se fonder pour assurer sa mission. Or, l'esprit de la loi ne coïncide pas nécessairement avec sa lettre et Adeline Hazan pointe le rôle complexe des magistrats. En réponse aux questions du député du Morbihan Paul Molac (République En Marche) Adeline Hazan précise que si la France n'est pas le seul pays au sein de l'U. E où il existe une surpopulation carcérale il est cependant

142. *Ibid.*

le seul où elle continue d'augmenter pour atteindre le taux moyen de 140 %.

En 2018, le bilan de l'étude SPACE (Statistiques Pénales annuelles du Conseil de l'Europe) relève de graves problèmes de surpopulation carcérale en France. Avec un taux de 116 détenus pour 100 places, La France est classée troisième parmi les huit États en « situation de grave surpopulation carcérale » après la Roumanie et la Macédoine du Nord[143]. Dans sa réponse au député Molac, Adeline Hazan affirme non sans ironie que la solution proposée par les différents gouvernements (au moins depuis 2007) de construire de nouvelles prisons est une « fausse bonne idée ». Ainsi elle affirme que le nombre de place a doublé depuis vingt-cinq ans sans que la délinquance grave n'ait augmentée. Dans un entretien pour le journal *Ouest France*, à l'occasion des Journées Nationales des Prisons, toujours en novembre 2017, à la question de savoir s'il faut plus de places en prison, elle répond :

> Oui, parce qu'il y a des réhabilitations et qu'on ne peut pas rester avec ce taux de surpopulation. Mais dire qu'il en faut 15 000, ça me paraît trop. Plus on en construit, plus on les remplit. En vingt-cinq ans, on a doublé le nombre de places (de 30 000 à 60 000), et on n'a jamais eu un taux d'occupation aussi important. […]. S'il y a 15 000 places de plus, et bien elles seront remplies en quelques années à mon avis. Alors le problème sera le même.[144]

À quoi correspond donc cette inflation du nombre de détenus ? D'après Adeline Hazan elle est liée à une forme « d'auto-censure » des magistrats qui renoncent à faire appliquer des peines alternatives existantes. Elle assure (en rappelant qu'elle est elle-même magistrat) qu'il faut une forme de courage pour résister à la réponse simple et faussement évidente à l'infraction par l'incarcération. Il serait possible au contraire de mettre en place une forme de « régulation carcérale » où au-delà d'un certain quantum d'occupation, il est possible d'examiner la situation des détenus plus finement et de décider au cas par cas de manière réfléchie à une ou plusieurs sorties prématurées, ainsi on évite des situations de surpopulation trop critiques. Cette pratique fut mise en place à

143. https://wp.unil.ch/space/.
144. Ouest-France.fr, propos recueillis par Philippe Mirkovic, le 17 novembre 2017.

Dijon suivant la magistrate qui en avait la volonté, il est cependant notable que de telle démarche ne tienne qu'à l'implication d'individu singulier. Il apparaît donc que davantage que sur des dispositions juridiques ou des possibilités logistiques la surpopulation carcérale est bien l'effet d'une politique pénale. Entendons par là une manière de penser la prison en lien avec l'ensemble de la société et en l'occurrence ici : la prison est coupée (séparée) « A l'ombre de la République [145] ».

> Tout cela obéit à une sorte de réflexe. Malheureusement, le magistrat se dit que la personne n'est pas sanctionnée s'il ne la met pas en prison, un peu comme l'opinion publique pense qu'une libération vaut absolution alors qu'il peut y avoir un contrôle judiciaire, un sursis avec mise à l'épreuve, un travail d'intérêt général, une libération conditionnelle. Si nous voulons combattre le phénomène de surpopulation carcérale, nous devons intégrer l'esprit de la loi de 2009 : la prison doit être le dernier recours, celui que l'on utilise en l'absence d'autre solution. Pour adopter ce véritable changement de paradigme, il faut qu'une impulsion vienne du plus haut niveau, c'est-à-dire du Gouvernement et du Parlement. Il va de soi que le garde des Sceaux ne doit pas donner d'instruction aux parquets dans des affaires précises. En revanche, dans le cadre de l'application de la politique pénale, il peut indiquer clairement aux parquets que l'incarcération doit être le dernier recours. Au cours des dix dernières années, le législateur a créé diverses mesures alternatives à l'incarcération ; ce n'est pas la peine d'en inventer d'autres. Elles sont sur la table, elles existent, mais elles ne sont pas suffisamment utilisées. Il faut changer la façon d'appréhender le recours à la prison [146].

En général, ainsi que le déplore Adeline Hazan, les magistrats prétendent ne pas avoir à prendre en compte le facteur de surpopulation carcérale au prononcé de la peine. Les modalités d'exécutions de la peine ne seraient pas à évaluer par le magistrat. Ce serait de son point de vue faire entrave à l'autonomie du jugement qui doit porter – in abstracto – sur les faits. Le magistrat affirme ainsi la volonté *simple* de faire appliquer le droit en toutes circonstances. Il semble cependant qu'il y ait une double illusion : la première consiste en l'affirmation d'une indépendance en ren-

145. Nous reprenons le titre de l'excellent film documentaire de Stéphane Mercurio, sorti en 2011.

146. Adeline Hazan, réponse au député Paul Molac https://www.nosdeputes.fr/15/seance/474.

dant manifeste la porosité du jugement vis-à-vis des attentes de « la société », la seconde dans l'affirmation d'une impartialité en dépit des données objectives qui dans la réalité effective font des « circonstances » les pièces maîtresses.

Dans l'enquête qu'il publie en janvier 2017 Didier Fassin affirme en ce sens que le « tribunal » est le lieu par excellence de la « diffraction sociale [147] ». Didier Fassin s'arrête sur la situation d'un jeune homme de 19 ans d'origine sénégalaise qui est jugé en comparution immédiate pour « avoir résisté avec violence » à trois policiers lors d'un contrôle d'identité ainsi que de les « avoir outragés par paroles, gestes et menaces pendant sa garde à vue [148] ». Le jeune est récidiviste. L'entretien avec son avocate commise d'office ne s'est pas bien déroulé et son attitude durant l'audience au Tribunal agace les magistrats. La peine semble décidée d'avance et il est évident que ce jeune homme fera de la prison. Ainsi Didier Fassin résume la situation :

> Le suspect est présumé coupable avant d'avoir été jugé sur la base de ses antécédents et de son attitude ».

La preuve de sa culpabilité tient d'ailleurs à l'énoncé de la peine, il est coupable puisqu'il va en prison. Les « compétences sociales » que ce jeune homme peut mobiliser révèlent qu'il est en complet « décalage avec les normes et les attentes des juges ». Or, raconte toujours Didier Fassin : juste après l'outrage et rébellion, les magistrats doivent se prononcer sur le cas d'un étudiant mis en cause pour avoir « violenté et violé sa compagne ». Les faits sont établis et les examens médicaux confirment la gravité des blessures. « D'origine française, de classe moyenne, vivant dans une ville résidentielle, le garçon est assisté d'une avocate rémunérée par ses parents. » Il parle bien et adopte une posture humble : « il nie les faits les plus graves, mais dit regretter les autres et promet de s'amender ». Le président « se montre moins impatient que dans l'affaire précédente », son fils est étudiant et il partage avec le prévenu une forme d'humanité commune de laquelle le jeune prévenu précèdent est exclu bien avant d'avoir pénétrer dans l'enceinte du tribunal. Le jeune étudiant sortira libre et sera condamné à une peine de 6 mois d'emprisonne-

147. *Punir, une passion contemporaine*, *op.cit.* p. 134.
148. *Ibid.*, p. 138.

ment avec sursis. Or, du point de vue des sanctions prévues par la loi la différence de traitement entre les deux affaires est aberrante : les peines encourues pour les violences sexuelles sont beaucoup plus importantes (de 5 ans et 15 ans de prison en cas de viol) que pour l'outrage (de 6 à 12 mois maximum d'emprisonnement). Ce qui est sanctionné est le comportement du jeune homme à l'audience, sa méconnaissance des codes et son insolence. La séquence que Didier Fassin rapporte est spectaculaire et choquante tant la disparité entre les faits et les peines est objectivement inéquitable. Cependant elle montre bien l'importance de ce que nous avons appelé les circonstances et parmi celles-ci les inégalités sociales sont déterminantes. Cependant elles n'apparaissent pas et sont mêmes volontairement invisibles. Or, le comportement est un facteur discriminant qui opère par-delà les faits et inscrit un individu dans une « tendance », un « style » qui le conduit plus ou moins sûrement en détention. Aussi Adeline Hazan [149] est bien fondée à déplorer la relative indifférence des magistrats car celle-ci masque en réalité l'adhésion aux valeurs supposées partagées par « la société ».

Or, l'étude officielle la plus récente (avril 2018) montre un raffermissement sensible de l'opinion vis-à-vis des conditions de détention qui estime que les détenus sont « trop bien traités » en prison. Une étude de la Fondation Jean-Jaurès menée en partenariat avec l'IFOP [150] révèle que 50 % des Français jugent que les détenus bénéficient de trop bonnes conditions de détention [151]. Elle permet de mettre au jour l'état des connaissances de la population française sur le monde pénitentiaire. Pour une grande partie de l'opinion, la prison est vue comme un lieu qui doit être synonyme de souffrance. « Une large part de l'opinion considère qu'il ne faut pas seulement que les détenus soient mis à part de la société :

---

149. Voir le travail de Chloé Morin, directrice de l'Observatoire de l'opinion à la Fondation Jean Jaurès.

150. L'enquête a été réalisée par questionnaire auto-administré en ligne, les 27 et 28 mars, auprès d'un échantillon de 1 013 personnes, représentatif de la population française âgée de 18 ans et plus. La représentativité de l'échantillon a été assurée par la méthode des quotas (sexe, âge, profession de la personne interrogée) après stratification par région et catégorie d'agglomération. Source : *penitinfos.com* avril 2018.

151. C'est 32 points de plus qu'un sondage CSA qui avait été réalisé pour le journal *Libération* en 2000. Ils sont 17 % à penser que les détenus ne sont *« pas assez bien traités »* et 21 % jugent qu'ils sont *« traités comme il faut »*.

il faut, en plus, que leur quotidien soit dur », commente Chloé Morin qui a pilotée l'étude avec Adrien Taquet, député LREM des Hauts-de-Seine. Dans l'imaginaire des Français, la prison doit être un lieu éloigné de l'extérieur, où la souffrance participe légitimement de la peine. Aussi, malgré le constat largement partagé de la surpopulation carcérale, seuls 47 % des Français souhaitent voir diminuer le nombre de personnes en détention provisoire, contre 64 % en 2000. Il y a un glissement évident de l'opinion en faveur des mesures sécuritaires.

## Dans le silence des passions ?

Adeline Hazan souligne aussi la perméabilité des décisions de justice et la difficulté à résister à l'influence de l'opinion ; en même temps qu'elle déplore les difficultés des magistrats à évaluer les conditions réelles d'exécution des peines. Les condamnés sont « perdants » dans tous les cas. Soit on renonce aux circonstances et on refuse de prendre en compte, au nom de l'indépendance de la décision de justice, l'état des prisons et les conditions difficiles de détentions liées, notamment en Maison d'Arrêts, au nombre important d'incarcérations ; soit on concède que la société puisse être un acteur à prendre en compte et alors on prononce des peines moins sévères et moins systématiquement d'enfermement. Or, comme le rappelait Serge Portelli [152] : il faut se demander concrètement à quoi on condamne un homme quand on l'envoie en détention. Il importe de se figurer la situation effective où se trouvera la personne pour saisir pleinement la signification de la peine. Le sens de la peine semble bien contenu en effet dans la volonté de faire souffrir. La punition demeure entachée de vengeance et ce fondement irrationnel rend difficile les efforts des « experts ». A fortiori si les magistrats décident eux-mêmes de demeurer aveugle.

Serge Portelli témoigne des difficultés du juge à se figurer concrètement les effets de l'incarcération. Or, il affirme qu'une :

---

152. Serge Portelli est un magistrat français. Il a été conseiller auprès du président de l'Assemblée nationale, doyen des juges d'instruction au tribunal de Créteil et président de chambre près la Cour d'appel de Versailles. Serge Portelli est également membre du syndicat de la magistrature.

« décision de justice intelligente » doit être adaptée à la fois à « l'état de la société » à la « situation de la victime » et en même temps à la « personnalité de la personne qui est condamnée ». Il importe dans cette optique de se représenter : « constamment tout ce qu'est la prison ». Le juge est face à une vraie difficulté puisqu'il faut bien condamner et que pour condamner de « manière intelligente », il serait insensé de ne pas considérer les conditions réelles d'incarcération. Cela reviendrait à nier la signification effective de la peine, à retirer aux décisions du droit tout caractère concret comme si l'état des prisons, les mauvais traitements auxquels sont structurellement exposés les détenus ne définissaient que des circonstances contingentes, des variations du temps étrangères aux décisions formelles du droit. Or, s'il est une difficulté à laquelle le droit nous expose (et auquel il doit nous exposer) c'est bien celle de penser le rapport des vies particulières au cadre formel de la loi qui s'applique sur elles.

Ainsi Rousseau dans le *Contrat Social* rappelle les difficultés inhérentes aux injonctions contraires du cœur et de la raison. Il énonce ainsi cette tension :

> Que la volonté générale soit dans chaque individu un acte pur de l'entendement, qui raisonne dans le silence des passions sur ce que l'homme peut exiger de son semblable et sur ce que son semblable est en droit d'exiger de lui, nul n'en disconviendra. Mais, ou est l'homme, qui puisse ainsi se séparer de lui-même, et si le soin de sa propre conservation est le premier précepte de la nature, peut-on le forcer de regarder ainsi l'espèce en général pour s'imposer, a lui, des devoirs, dont il ne voit point la liaison avec sa constitution particulière ? [153]

Or c'est à la méditation de cette contradiction que les magistrats – qui forment « le reflet de la société dans son ensemble [154] » – sont sans cesse appelés. Émettre un bon jugement implique certainement une forme d'embarras (un scrupule au sens des philosophes) : se trouver devant l'auteur – en général – d'une infraction dont les termes sont prévus par la loi et devant des individus toujours censément atypiques. En janvier 2018 le film « *Ni juge ni soumise* » où l'on suit pendant 3 ans les pérégrinations d'Anne

153. *Du Contrat Social*, 1762 dernière édition GF de Poche sous la direction de Bruno Bernardi, Paris, 2011 p. 134.
154. *Ibid.*

Gruwez juge d'instruction à Bruxelles a pour sous-titre publicitaire « Ce n'est pas du cinéma, c'est pire ! ». Réalisé par Jean Libon et Yves Hinant, les auteurs de l'émission *Strip-Tease* diffusée en Belgique en 1985 puis en France à partir de 1992, ce film documentaire se veut au plus prés du réel et il en est sidérant. Les deux réalisateurs ont planté leurs caméras dans le bureau de la juge et les ont infiltrées dans ses déplacements. Fidèles aux principes qui ont toujours gouverné leurs travaux notamment au cours de la série *Strip-Tease*, il s'est agi de montrer les personnes telles qu'elles sont. Aux journalistes surpris que la réalité l'emporte ainsi sur la fiction (sic) Anne Gruwez confirme :

> « C'est la réalité ce que vous voyez dans le film, je ne joue pas la comédie c'est impossible de jouer la comédie quand on connaît les enjeux de l'entretien devant un juge d'instruction. Le type joue la prison ou la privation de liberté immédiate et moi je joue sa prison [...] c'est tout, à ce moment-là, ce qui nous focalise, et [aux journalistes] je ne sais pas si cela est arrivé à l'un d'entre vous de passer un jour ou une semaine derrière les barreaux, ce qui nous focalise c'est cette vision, là ! [155] ».

À sa manière Anne Gruwez pose bien le problème : protéger la société implique-t-il nécessairement d'infliger un châtiment ? De manière ironique, faisant montre d'une certaine lassitude devant la récidive chronique d'un de ses « clients » comme elle le nomme. Elle dit avoir fait un calcul :

> « Qu'est-ce qui y a moyen de faire avec vous ? J'ai fait le calcul en prison cela coûte 150 euros pas jour, c'est une fortune. En fait : ce qu'il y a de moins cher c'est que vous mourriez tout de suite ! [156] ».

La forme du propos tranche avec le langage policé que l'on attend habituellement d'un magistrat mais au fond si Anne Gruwez est une juge respectée et réputée « faire très bien son métier », c'est sans doute d'abord parce qu'elle pose les bonnes questions non seulement aux individus qu'elle « reçoit » mais aussi à la « société » comme nous pourrions dire. Comment donner un sens suffisant à la peine ? Dans une démocratie libérale, supprimer la liberté d'un individu n'est-ce pas le priver de son bien le plus précieux ?

155. *C à vous*, 31 janvier 2018.
156. *Ni juge, ni soumise*. Jean Libon et Yves Hinant, février 2018, APR Sélection.

Toutefois il demeure un soupçon difficile à surmonter. La peine peut-elle être pensée de manière strictement rationnelle ? Ce doute se fonde sur l'impression largement partagée que la « quantité » de peines (somme d'argent, temps de détention…) absorbe sa nature ou sa qualité intrinsèque. Et il s'accomplit dans l'idée qu'il demeure un appétit de vengeance – civilisé certes – mais qui a du mal à ne pas apparaître comme un motif nécessaire. La rationalité de la peine achoppe aux normes sociales, aux valeurs conservatrices ou libérales qui jalonnent les débats politiques et forment la conscience des citoyens. À cet égard, rappelle Didier Fassin [157] :

> Il n'est pas indifférent que le pays qui se donne pour le rempart du libéralisme politique, faisant de la liberté le pilier de la démocratie, soit aussi le pays qui a des taux d'incarcération les plus élevés au monde [158], comme si plus on accordait de prix à la liberté et plus le châtiment suprême résidait en sa suppression.

Les différentes organisations sociales s'accomplissent dans la formation des normes et la distribution des peines en cas d'infraction. Il y a donc une généalogie commune entre délit et déviance. On parle d'ères pénales pour qualifier les grandes transformations qui qualifient le passage d'un système de valeurs à un autre engendrant une nouvelle qualification des faits délictuels. Concernant la surpopulation carcérale, elle correspond non pas à la progression de la criminalité : dans le même temps (de 1980 à 2010) où le nombre de personnes écrouées a plus que doublé, le nombre d'homicides volontaires a nettement diminué [159]. Denis Salas [160] utilise l'expression de « populisme pénal » pour décrire le cadre idéologique au sein duquel se déploie l'appareil législatif et judiciaire de la société française contemporaine. Il entend décrire par-là la tendance des magistrats à abonder dans le sens d'une réponse pénale plus manifestement coercitive. Le populisme pénal désigne le déséquilibre entre la volonté de punir (symbolisant la force de l'État) et la volonté de réhabiliter (soutenue

157. Didier Fassin, L'ombre du monde *op.cit.* p. 46.
158. Selon l'International Center For Prisons Studies, avec un taux d'incarcération de 710 personnes incarcérées pour 100 000 habitants (7 fois plus élevé que celui de la France) les USA se situent au premier rang mondial loin devant la Russie et la Chine.
159. Didier Fassin, *op.cit.* p. 49.
160. *La volonté de punir. Essai sur le populisme pénal*, Paris, Hachette, 2005.

par l'État de droit). Cette tendance s'accomplit dans la surpopulation carcérale qui n'est donc pas un effet malheureux d'une distribution des peines irrationnelle mais son résultat intentionnel. L'inflation carcérale trahit une ambition législative : remplir les prisons. La prison – en soi – n'existe pas. Elle reflète l'état de notre société et de ce qui se joue en amont de l'incarcération. Didier Fassin résume :

> Une prison surpeuplée dont la composition reflète la double inégalité de la réalité sociale et de la chaîne pénale et qui se trouve chroniquement confrontée à une insuffisance de responsabilité tant matérielle qu'humaine : ainsi se présente le monde carcéral contemporain. [161].

Il est intéressant de noter que la surpopulation carcérale est un facteur parmi les autres, il fait partie des éléments qualitatifs par lesquels on décrit l'état des Maisons d'Arrêts dont il est consubstantiel. Aussi la surpopulation carcérale n'est pas un problème (au sens d'une difficulté) que les gouvernements successifs depuis 30 ans auraient à traiter. Elle dessine une époque dont elle est un jalon : le versant punitif d'une ère pour reprendre l'expression de Didier Fassin. La signification de la surpopulation carcérale s'accomplit dans l'appréhension de la nature même cette population. Qui sont donc ces êtres intrinsèquement surnuméraires ? La vie en détention est-elle la modalité de la vie en société pour les individus qui par nature sont surabondants ? Être détenu serait donc une manière paradoxale d'être contenu si on osait un petit hommage nous dirions : un repris de justesse [162].

---

161. Didier Fassin, *op.cit.* p. 64.

162. « *À dire vrai Je suis un faussaire de compagnie À dire vrai Je suis un faussaire de compagnie Un preneur de large. Un joueur de courant d'air. Un repris de justesse. Un éternel évadé. Un repris de justesse. Un éternel évadé. Un faiseur de trous. Et un casseur de verrous Un sauteur de murs. Et un forceur de serrures. Un sauteur de murs. Et un forceur de serrures Un faiseur d'la belle. Et un limeur de barreaux.* » Serge Gainsbourg, *La chanson du forçat II*, 1966.

## CHAPITRE III : *La vie en détention*

### Refuge

Nous ne sommes pas tous également susceptibles d'aller en prison. Il existe une profil-type, un détenu « moyen » qui n'est pas un citoyen « lambda ». Une donnée sociologique stable est le sexe du détenu : il s'agit d'un homme dans près de 96 % des cas. À différents niveaux le processus pénal (arrestation, déferrement, procès, etc.) favorable aux femmes tend à retenir de façon préférentielle les hommes. Ainsi si 14 % des personnes mises en cause par la police sont des femmes, il n'en reste que 10 % parmi les condamnés, et seulement 4 % parmi les personnes incarcérées [163]. Cela a toujours été le cas, notamment aucune femme n'a été condamnée à mort sous la IIIe République. Mais, au cours de la dernière moitié du XXe siècle, les sanctions ont été aggravées pour des pratiques typiquement masculines comme les agressions sexuelles. À l'inverse, des pratiques majoritairement féminines comme l'établissement de chèques sans provision ou l'avortement ont été dépénalisées. Enfin concernant la justice des mineurs : la violence des filles est entendue comme une déviance liée à un environnement social et familial peu favorable là où celle des garçons correspond à une attente de l'institution pénale. De fait les filles délinquantes jouissent pleinement des recommandations de l'ordonnance de 1945 qui rappellent la nécessaire prévalence des mesures éducatives et la protection dans la prise en charge de la délinquance juvénile.

Autres déterminismes : le détenu lambda a 32 ans d'âge moyen, possède un niveau scolaire plutôt faible (CAP) et appartient au milieu ouvrier ou est pauvre. D'après des statistiques établies par l'administration pénitentiaire « 57,7 % des détenus vivent en des-

---

163. *Les femmes et le contrôle pénal en France : quelques données récentes,* France-Line Mary, 1998 in « Déviance et Société ».

sous du seuil de pauvreté en maison d'arrêt et 60,9 % en établissement pour peine », alors que ce seuil ne concernait que « 14,5 % des ménages dans la société française [164] ». Philippe Combessie propose de donner un éclairage pratique pour comprendre pourquoi il y a autant de pauvres en prison :

> « Si multiples que soient les facteurs propres à expliquer l'enfermement des plus démunis, quelques-uns sont assez simples à mettre en lumière, en particulier en ce qui concerne la détention avant jugement, qui conditionne, bien souvent, la peine prononcée : une personne qui est jugée après quelques mois d'enfermement a de fortes probabilités d'être condamnée, au moins, à une durée de prison ferme égale à la durée qu'elle a passée en prison avant jugement, et une personne qui est jugée sans avoir été incarcérée avant a de bonnes chances de n'être condamnée qu'à une peine d'amende ou de prison avec sursis. Pour les faits les plus graves, crimes de sang par exemple, un magistrat hésitera peu à enfermer à titre provisoire un notable de la région. Mais, pour un fait plus bénin, un échange de coups sans séquelles importantes avec des fonctionnaires de police après une infraction au Code de la route par exemple, la différence sociale entre les individus sera déterminante ; loin qu'entre en ligne de compte la seule richesse financière, plusieurs types de capitaux peuvent se cumuler. Ainsi, pour cette altercation avec les forces de l'ordre, un jeune homme sans qualification, sans emploi et hébergé chez une amie a de fortes chances d'être envoyé en détention provisoire. Pour la même infraction, un homme du même âge, mais diplômé et fonctionnaire ou cadre d'entreprise logé dans un appartement à son nom, sera en général laissé libre de rentrer chez lui, de reprendre son travail le lendemain, et devra seulement se présenter sur convocation à l'audience du tribunal où il sera condamné à une amende et des dommages et intérêts à la victime : quant à l'éventuelle peine de prison, elle sera le plus souvent avec sursis. Les raisons des magistrats pour envoyer le premier en prison sont compréhensibles : sans domicile fixe, il risque de « s'évanouir dans la nature », dira-t-on, si on ne le garde pas « sous main de justice » jusqu'au procès. On peut comprendre aussi les raisons qui plaident pour le sursis du jeune cadre : il ne s'agit pas de casser une carrière professionnelle pour quelques coups échangés, et par son travail et son logement, il offre de bonnes « garanties de représentation ». La prison est un lieu où l'on envoie plus aisément les démunis (en travail, en domicile, en famille, en argent…) que les plus favorisés ». [165]

---

164. Philippe Combessie, *Sociologie de la prison,* La découverte 2009 (3e édition).
165. *Ibid.* p. 39.

Ainsi un jeune homme à faible revenu et désaffilié se trouvera davantage *comme « chez lui »* en prison. L'enquête INSEE [2002] révèle que 43,0 % des hommes détenus âgés de 20 à 49 ans déclaraient avoir un conjoint, contre 66,2 % pour la même tranche d'âge dans la population générale ; quant au nombre d'enfants, il était de 1 pour les détenus, contre 1,3 pour la population générale. En 1999, 10,5 % des détenus déclaraient ne pas connaître la profession de leur père, contre seulement 4 % dans la population générale ; pour la majorité d'entre eux, cela signifie qu'ils ne connaissaient pas leur père. Comme si la place de cet homme (sans même qu'il n'aie commis la moindre infraction) pouvait se trouver en prison. Là où pour un homme d'un certain rang (alors même qu'il aurait commis une infraction) cette possibilité semblerait incongrue et devrait être au maximum repoussée [166]. D'ailleurs s'il est possible d'admettre l'existence d'une culture carcérale (sur laquelle nous reviendrons), alors force est de constater que les codes qui permettent d'intégrer le milieu carcéral sont davantage acquis par les populations indigentes des cités urbaines que par celles des centres villes bourgeois (Il va sans dire !). De plus, compte tenu des fragilités économiques et sociales qui accompagnent statistiquement la situation des étrangers en France, ils sont surreprésentés en prison. Cette surreprésentation demeure moins forte que celle des hommes, des jeunes et des pauvres (qui sont peut-être des catégories davantage déterminantes) [167].

On trouve donc dans les prisons françaises, une très forte majorité d'hommes, relativement jeunes et pauvres, aux liens fami-

166. On peut peut-être ici revenir sur de l'affaire Cahuzac : notamment au moment où en février 2018 il fait appel de sa première condamnation (3 ans d'incarcération fermes). Le journaliste Stéphane Durand-Souffland en témoigne en ces termes dans *Le Figaro*, le 12 février 2018 : « Alors que le président Dominique Pauthe, lui demande pourquoi il a décidé, contrairement à son ex-femme, de faire appel. D'une voix hachée, difficilement audible, le prévenu explique : « Je ne souhaite pas que ma mère et mes enfants me voient en prison. J'éprouve un sentiment assez banal : la peur. Je reconnais les faits, mais j'ai avant tout pensé aux miens. » Il pourra prochainement s'expliquer sur le fond. Mais d'emblée, alors que Mes Dupond-Moretti et Vey ont rejoint Me Jean-Alain Michel dans son équipe de défense, M. Cahuzac veut montrer qu'il a compris la leçon, et que le mensonge national – il avait réfuté publiquement les informations de Mediapart, en décembre 2012, avant de reconnaître ses manquements – l'obligeait à un effort d'humilité ».

167. Philippe Combessie, « Sociologie de la prison », Repères, La découverte, 3e édition, 2009, page 42.

liaux plus souvent distendus que dans le reste de la population, d'un niveau scolaire inférieur à la moyenne. Ils sont surtout de nationalité française, mais la proportion d'étrangers est importante, et plus encore la surreprésentation de justiciables issus de l'immigration. […]

Pour comprendre il faut reprendre le fonctionnement de la chaîne pénale depuis l'arrestation jusqu'au procès pénal. « Tout dépend des rapports de force entre les différents protagonistes impliqués dans la définition des normes les plus coercitives d'une société démocratique : les lois pénales »[168]. Dans la réflexion qu'elle dirige et nomme *Marianne et le garçon noir*[169], Leonora Miano interroge dans le sillage de Pap Ndiaye (et son désormais classique *La Condition Noire : essai sur une minorité française*[170]) la violence structurelle auxquelles les hommes noirs sont exposés[171]. Aussi dit-elle que lorsque les Noirs se sentent humiliés et concernés par les violences infligées par exemple au jeune Théo Luhaka[172] ils expriment « l'expérience commune de la violence systémique ». Aussi rappelle-t-elle cette évidence pour toute femme noire ou maghrébine de sa génération : ce sont les hommes qui sont surveillés.

> Ce sont les hommes qui font l'expérience de l'incandescence du frottement des épidermes, ce télescopage des masculinités dont la signification déborde le domaine du corps, mais qui s'exprime à travers lui.[173]

Or, la prison justement *déborde le domaine du corps mais s'exprime à travers lui.* Les hommes y sont contenus physiquement

---

168. *Ibid.*
169. Fayard, 2016.
170. Calmann-Lévy, 2008.
171. Le jeudi 2 février 2017, à 16h53, quatre policiers contrôlent un groupe de jeunes gens. Théo Luhaka. est maîtrisé par trois policiers, et un quatrième tient le groupe à distance à l'aide de gaz lacrymogènes. À la suite de cette interpellation, le jeune homme souffre d'une plaie longitudinale de 10 cm du canal anal et d'une section du muscle sphinctérien, causés par l'insertion d'un bâton télescopique, entraînant une incapacité temporaire de travail (ITT) de 60 jours. Il dit également avoir été l'objet d'insultes racistes (notamment « bamboula ») et de nouveaux coups dans la voiture de police, et affirme avoir été pris en photo en position humiliante par les policiers via l'application *Snapchat.*
172. *La Condition Noire : essai sur une minorité française, op.cit.* p. 10.
173. *Ibid.*

et c'est le corps qui est entravé. La privation de liberté n'est jamais « simplement » privation d'un bien elle est souffrance effective. Et force est de constater que les stigmates siéent singulièrement bien aux corps stigmatisés.

À la question : qui est en prison ? Farhad Khosrokhavar répond en établissant des groupes qui recoupent des caractéristiques tant sociologiques qu'ethniques. Elles sont définies par l'expérience vécue à laquelle elles renvoient. Il ne s'agit pas ici de discuter la pertinence des concepts blanc, arabe, fou ou noir etc., mais d'en comprendre le caractère opératoire. Ces catégories (qu'il est nécessaire de déconstruire) permettent de mettre au jour les contours d'une culture carcérale. Elles disent aussi dans quel « dehors » la prison déborde. Farhad Khosrokhavar décrit six groupes sociaux à partir desquels se dessinent les rapports structurels entre détenus. Les blancs, les musulmans, les jeunes de cités, les fous, les étrangers en situation irrégulière et les braqueurs ; les individus qui forment ces ensembles vivent aussi des réalités économiques distinctes depuis l'indigence jusqu'au confort relatif. Chaque groupe est relatif aux autres et du point de vue des détenus comme de l'administration il détermine un certain nombre de comportements individuels.

Les blancs sont désignés comme tels pour délimiter une identité, une distinction. Daniel décrit violemment cette situation où le « français de souche » se trouve mis au ban :

> « En prison, il vaut mieux s'appeler Rachid, Hassan, Mohamed… Ici [à Lille-Sequedin], on est 3 % de Blancs. Les autres, c'est des Arabes, de la merde, de la racaille, des malades mentaux, des voleurs de motos… ».

Le blanc (aussi fantasmatique que le noir ou l'arabe) désigne le français « de souche », il est minoritaire dans les grandes maisons d'arrêt [174]. Il demeure toutefois le représentant de la « société » et subit de ce fait une sorte d'ostracisme en même temps qu'il semble d'emblée moins problématique aux yeux des sur-

174. Khosrokhavar, *op. cit.* p. 223.

veillants. Il est incarcéré en raison de faits relatifs à « de l'escroquerie, des viols ou de la pédophilie ou encore pour avoir trop souvent piétiné le Code de la route ». D'après Farhad Khosrokhavar les blancs sont donc devenus une minorité supportant mal la surreprésentation des musulmans et des banlieusards. Ils ont le sentiment de subir un « racisme inversé ».

Bien qu'il n'y ait pas de statistique légale relative au caractère ethnique ou religieux de la population carcérale en France, l'administration pénitentiaire s'appuyant sur les inscriptions au Ramadan admet que les musulmans forment entre 40 et 60 % de la population carcérale. On relève que la religiosité sinon la religion a toujours eu une place importante en prison. On invite en effet le détenu à se recueillir et à méditer sur le sens de ses actes et à envisager le poids de sa responsabilité. Pour le jeune d'origine musulmane la religiosité peut être une attitude médiane positive lui permettant de traduire (pour lui-même) les injonctions de la justice pénale. L'Islam est le compromis par lequel le détenu admet devoir se défaire de ses habitudes de « petits délinquants ». Comme l'illustre ce témoignage :

> « Je suis un musulman converti, j'étais athée. En prison, je me suis converti, cela fait plusieurs mois. Je fais les prières, je lis les livres sur l'islam. Ma femme est ravie, ça remet en question ma tentation de la toxicomanie et de la délinquance [...]. [175] »

Khosrokhavar pointe ici la situation du nouveau converti le « Born again » adepte d'un *Islam éthique* qui suivant le modèle évangéliste américain se détourne de son ancienne vie et parvient à rompre avec son passé de toxicomane. Il se distingue de *l'Islam dans l'immoralité* d'une part et de *l'Islam djihadiste* ou militant.

Concernant la deuxième forme de religiosité, elle correspond à l'antique « raison paresseuse » fustigée par Leibniz. Elle définit la situation des hommes lorsqu'ils se trouvent confrontés à ces circonstances où ils cherchent à tricher avec eux-mêmes. Par exemple, pour refuser d'observer, par manque de discipline, un régime dont on sait qu'il nous conservera la santé, on invoquera le fait qu'il ne sert à rien de se révolter contre ce que Dieu nous

175. *Ibid.*, p. 224.

destine personnellement. Dieu aurait donc pour dessein d'encourager la *pente criminelle* de certains d'entre nous, laquelle définirait une « vie possible » parmi d'autres. En détention, un certain nombre de musulmans s'inscrivent dans cette perspective. De manière plus ou moins consciente et élaborée, ils distinguent leur croyance et leur vie de délinquant. Ils ne perçoivent pas de difficulté à poursuivre leurs activités criminelles. La religion relève dans cette perspective d'une dimension strictement sacrée sans effet sur le plan moral. Cette version de l'islam correspond au catholicisme de la mafia. Aussi comme l'admet Saul-Meftah :

> J'ai la foi en Allah, je fais mes devoirs religieux, *le reste* c'est la vie, Dieu ne demande pas l'impossible et je n'ai pas le choix [176].

La délinquance serait une pente irrésistible une version corrigée d'un *fatum mahometanum* de braqueurs (mais non pas de tueurs).

Enfin, la troisième forme de représentation de l'Islam est militante. Le djihadiste activiste admet une division du monde où tout est permis en dehors des limites du monde musulman. De plus, ce que l'Islam demande l'emporte sur tout autre principe. Ainsi :

> Si voler ou braquer peut aider l'Islam, il faut alors le faire c'est un acte pie ! [177].

En dernier lieu, l'accomplissement d'une religion pure imposerait ses codes de moralité. Mais en son absence, les lois qui organisent la vie publique ne sont pas légitimes et peuvent être violées. Elles ne sont que les instruments d'une pseudo-société ordonnée. Farhad Khosrokhavar inscrit cette tendance dans ce qu'il appelle « la pure tradition des États totalitaires » qui entend instaurer un ordre en piétinant tout ce qui lui est étranger.

*Les jeunes des cités* (terme aussi générique que *blancs* ou *musulmans*) forment une véritable sous-culture en détention et constituent plus de la moitié des détenus en maison d'arrêt. Il y aurait une sorte de continuité entre les vies également impossibles de la cité et de la prison. Si la cité est un ghetto c'est sans doute au sens où on s'y tient – toujours déjà – enfermé. Le « choc car-

---

176. *Ibid.*, p. 223.
177. *Ibid.*, p. 228.

céral » est plus relatif, comme en témoigne Makati un jeune homme de 25 ans, originaire d'Ivry:

> Au début, à dix-neuf ans quand je suis arrivé pour la première fois en prison, je trouvais que c'était cool, la prison. J'étais à Fleury-Merogis en D5. Des potes étaient en prison, tous les jours on délirait. Je ne sentais pas la différence entre la prison et dehors et c'était grave. [178] »

## Asile

Enfin, qu'il soit jeune ou non, musulman ou non, blanc ou noir, un détenu sur trois souffre de troubles psychiatriques. Catherine Herszberg en témoigne dans son étude sur Fresnes. [179] Elle relate l'état de détresse de ces détenus pour lesquels les troubles associés à l'inadaptation des soins font de l'enfermement carcéral une torture. Ainsi en est-il de Sylvain:

> Son visage est labouré de tics grimaçants, ses yeux écarquillés, sa bouche légèrement ouverte pour aspirer l'air par saccades précipitées. Il refuse de s'asseoir ou de s'approcher, se tient le plus loin possible, debout le long de la porte, le corps cambré et la tête jetée en arrière qui cherche à entrer dans le mur, les yeux filant de gauche à droite dans les orbites, les pieds repoussant à répétition des bêtes ?...Des choses... qui grimpent sur ses jambes. [...] Alors on entend cet homme écrasé contre un mur dans le coin d'une cellule de prison, le visage supplicié par la terreur, le corps bandé à craquer, demander dans un souffle à retourner à l'hôpital. [180]

Ce phénomène n'est pas marginal comme nous l'avons souligné. En 2009, la Commission des affaires sociales du Sénat et la Commission des lois de l'Assemblée nationale notent qu'en prison « le taux de pathologies [psychiatriques ou psychiques] est 20 fois supérieur à celui de la population générale ». [181] Près de la moitié des détenus (40,3 %) présentent un état dépressif majeur (état dépressif chronique, manie, trouble bipolaire...) et près d'un tiers d'anxiété généralisée. De plus, ce même rapport souligne

---

178. *Ibid.*, p. 169.
179. *Fresnes, Histoire de fous*, Seuil, Paris, 2006.
180. OIP, *rapport* 2011 p. 207.
181. Étienne Blanc, *La Prise en charge sanitaire, psychologique et psychiatrique des personnes majeures placées sous main de Justice*, Rapport d'information fait au nom de la commission des lois, juillet 2009.

qu'un quart des détenus est atteint de troubles psychotiques (schizophrénie, bouffée délirante aiguë, paranoïa...). Il correspond à l'amalgame facile et récurrent entre fous et dangereux.

Au cœur de cette confusion on souligne le défaut d'expertise psychiatrique et l'évolution défavorable des pratiques en matière d'irresponsabilité pénale et notamment la faveur donnée à la célérité des jugements (mélangeant ainsi efficacité et justice) notamment dans le cadre des comparutions immédiates. Or, comme le déplore le Conseil National des barreaux, « il n'existe aucun moyen de détecter réellement les difficultés des personnes selon cette procédure [182] ». En ce qui concerne les délits en général l'expertise psychiatrique est facultative (elle est donc absente) et lorsqu'elle a lieu dans le cadre de procédures plus lourdes aux Assises, elle est si longue qu'elle implique presque irrémédiablement un temps d'incarcération. De plus, l'évolution des pratiques induit une criminalisation des malades mentaux. Ce qui aboutit à un cercle : être fou c'est être potentiellement dangereux et les soins psychiatriques sont l'effet d'injonctions qui en font des composantes de la peine. Ces conditions de jugement et le défaut d'expertise vont avec une évolution juridique défavorable en matière d'irresponsabilité pénale. Depuis, 1994 la notion de démence n'est plus retenue comme cause d'irresponsabilité. L'article 122-1 prévoit désormais de distinguer l'abolition et l'altération du discernement et n'admet l'irresponsabilité que si le discernement est aboli. Il conviendra aux psychiatres d'établir l'état de discernement de l'auteur de l'infraction. Or, la notion de discernement appartient « au langage théologique [183] » et non pas « médical » ainsi que le rappelle M. G Schweitzer alors qu'il analyse les incidences médico-légales des modifications des articles 122-1 Alinéa 1 et 2 et 122-2. [184] La distinction entre responsable et irresponsable a été très souvent critiquée dès le début du XX$^e$ siècle, elle était jugée trop tranchée ne permettant pas de prendre en compte les états in-

---

182. OIP? Rapport 2011, p. 183.
183. Puig-Verges N. *Le discernement, du théologique au juridique. Interrogations philosophiques*, 16e Congrès Mondial de droit médical, « Journal de médecine légale » 2006, mars n° 2-3, vol 49, p. 90.184. Annales Médico-psychologiques, revue psychiatrique Volume 176, Issue 4, April 2018, Pages 421-424. Communication « Irresponsabilité et responsabilité pénales : faut-il réformer l'article 122-1 du Code pénal français » ?

termédiaires. Elle va progressivement donner lieu à la notion de « responsabilité atténuée » et contribuer au développement de l'expertise individuelle. Cette tendance aboutit en 1958 à l'examen médico-psychologique. Ce sera à l'expertise médicale qu'il reviendra de « répondre aux questions qui permettent aux Magistrats de décider de la responsabilité et de l'imputabilité [185] ». Or, deux écueils sont à craindre : le premier est la possible incapacité de l'expert à évaluer l'état psychique de la personne au moment des faits et le second est la tendance à confondre état psychique et actes criminels.

Cette confusion est d'autant plus gênante que la prison est réputée officiellement « ne pas être un lieu de soins. [186] » De ce fait, que se passe-t-il pour les malades mentaux enfermés en un lieu qui n'a pas vocation à les soigner ? La prise en charge des maladies mentales en prison est de même nature que celle des pauvres. Et elle s'inscrit dans la perspective du « grand renfermement » présenté par Michel Foucault. En un sens, la prison est bien un hôpital au sens de l'étymologie et comme ultime refuge. Comme le soulignait Jean-Marie Delarue, Contrôleur des lieux de privation de liberté de 2007 à 2014 : la prison n'a aucun sens pour une personne atteinte de troubles psychiatriques et consentir à ce qu'elle soit enfermée conduit à généralement à nier le sens de la peine. « Pour bon nombre, la prison n'a aucun sens, et elles errent en milieu carcéral, compliquent la vie de leurs codétenus et du personnel pénitentiaire sans être soignées de manière satisfaisante [187] ». Cette négation généralisée du sens de la peine possède bien une signification. Pour la saisir, il faut placer sa réflexion du point de vue des troubles potentiellement évités. La vie en détention si impossible qu'elle soit possède la vertu de maintenir ensemble des vies errantes.

Olivier Maurel est en 2010, directeur d'une centrale de la région parisienne, son livre le *Taulier* pointe de manière saisissante

---

185. Puig-Verges N. Le discernement, du théologique au juridique. Interrogations philosophiques, 16e Congrès Mondial de droit médical, « Journal de médecine légale » 2006, mars n° 2-3, vol 49, p. 8.

186. *Prisons et troubles mentaux : comment remédier aux dérives du système français ?* Rapport d'information au nom de la Commission des lois et de la Commission des affaires sociales, Sénat, mai 2010.

187. Jean René Lecerf, rapporteur du projet de loi 2009, Rapport OIP, 2011 p. 180.

la complexité de l'injonction à laquelle le lie sa mission. Si en général surveiller et maintenir à l'écart est très difficilement compatible avec s'efforcer de penser à la sortie, et à la réinsertion ; cette tâche devient délirante devant des détenus comme Rachid. L'extrait suivant montre bien l'impasse à laquelle sont livrés les malades mentaux en prison. La prison ne peut en effet soigner personne et lorsque les psychiatres entrent en détention l'aide qu'ils proposent n'est plus adaptée. Car il faut ajouter l'environnement carcéral à la psychose. Or, les fonctionnaires de la pénitentiaire à force de répondre à l'urgence savent parfois à défaut de soin, obtenir le calme. Rachid est donc détenu à Fleury-Mérogis, nous sommes en décembre 1990 [188]. Pris de bouffée délirante il est conduit à l'infirmerie pour y être ausculté par le médecin de garde. Il pense qu'il est possédé par une sorte de démon et tente de s'arracher le cœur pour se libérer de son emprise. « Ses yeux démesurément grands ouverts brûlent de cet éclat particulier qui traduit la folie furieuse. Les muscles secs et noueux de ses bras, de son cou et de ses abdominaux, zébrés de veines surdilatées, tressautent spasmodiquement à chaque hurlement. Un tel cas d'urgence psychiatrique nécessite avant tout que le détenu ne blesse personne et ne se blesse pas lui-même ». Or, Rachid ne se laisse pas examiner et se jette sur un bistouri avec lequel non sans délectation il se lacère le corps. Rachid est finalement maîtrisé et contenu à l'aide d'une épaisse ceinture de contention psychiatrique. Or, Rachid parvient à se libérer un poignet et avec l'énergie que lui donne son délire : « il est en train de se dévorer l'index droit ». Puis, quatre surveillants interviennent et le contraignent membres et mâchoire compris, Rachid semble alors de nouveau maîtrisé et contenu, presque calmé. Lorsque le psychiatre arrive chacun est soulagé. Cependant sa première réaction est de hurler aux surveillants : « Arrêtez de taper le détenu, lâchez-le ! ». Aucune explication ne trouve de l'intérêt à ses yeux et il affirme qu'une injection rapide n'est pas à propos. Or, Rachid pendant se temps s'est de nouveau libéré et « s'est arraché un testicule et l'a dévoré ». L'impuissance du médecin révèle l'absurdité (tragique) dans laquelle se trouvent chacun des ac-

188. Olivier Maurel, *Le taulier*, Paris, Fayard, 2010 p. 89.

teurs : malade, surveillant et soignant. Les surveillants gèrent la crise sans perspective de soin et parviennent à « calmer » le détenu, le médecin qui raisonnablement ne se contente pas de calmer mais veut soigner son patient réintroduit (bien malgré lui) la violence. On ne peut prodiguer raisonnablement des soins dans des circonstances façonnées par une fin unique : la gestion du comportement des détenus. En ce sens, les gardiens ont « raison » sur le psychiatre.

## *People are strange*

Une autre catégorie de détenu pointée par Farhad Khosrokhavar est celle des étrangers. En février 2018 en réponse à une question posée à l'Assemblée Nationale par le député *Les Républicains* Guillaume Larrivé, le ministère de la Justice a publié, une statistique de la nationalité des détenus dans les prisons françaises. Selon cette étude officielle, 14964 ressortissants étrangers se trouvaient incarcérés dans les prisons françaises au 1er février 2017, sur un total de 69077 détenus ; cela représente 22 % de l'ensemble de la population carcérale. (Là où la proportion générale des étrangers en France est de 6 %). Les Algériens (1954 prisonniers), les Marocains (1895), les Roumains (1496) et les Tunisiens (1 102) constituent 42 % de ces ressortissants étrangers détenus en France.

Que signifie cette statistique ? Comme le soulignait déjà Emmanuel Blanchard en 2001 les statistiques pénitentiaires permettent moins de mesurer la délinquance des étrangers que de révéler le « fonctionnement des institutions policières et judiciaires [189] ». L'opération qui consiste à établir un rapport de cause à effet direct entre emprisonnement et délinquance nie les « fonctions sociales de la prison et oublie que l'emprisonnement n'est que l'étape ultime d'un long parcours policier et judiciaire [190] ».

En remontant la chaîne pénale on peut facilement établir le phénomène de sélection à l'œuvre tout au long du processus qui

189. *Plein Droit*, Numéro 50, juillet 2001, « L'enfermement des étrangers », Étrangers incarcérés étrangers délinquants.
190. *Ibid.*

conduit à l'incarcération. Philippe Robert [191] analyse ainsi la statistique policière comme superposant « deux types d'affaires dont le sort est très différent » :

> D'un côté l'infraction connue parce qu'il y a eu plainte, laquelle est enregistrée mais sans forcément beaucoup d'efforts pour l'élucider si les éléments d'identification ne sont pas immédiats, et de l'autre : l'infraction enregistrée à la suite d'une initiative policière. [...] Celle-ci [l'initiative policière] s'intéresse surtout aux infractions qui troublent l'ordre public ou font l'objet des priorités répressives du moment (police des étrangers, toxicomanies, infractions de voie publique) et qui sont relativement faciles à détecter soit parce qu'elles sont visibles, soit parce que les auteurs possibles sont aisément repérables (étrangers par exemple).

De plus, les méthodes d'investigation de la police conduisent à « surinvestir » les catégories d'individus les plus « visibles ». En effet, les statistiques policières s'organisent autour de trois catégories, *faits constatés*, *faits élucidés* et *mis en cause* (concernant les responsables des infractions). De manière générale, plus les délits donnent lieu à un taux d'élucidation élevé, plus le pourcentage d'étrangers mis en cause est important [192].

> En affectant ce contentieux d'un haut coefficient de priorité, on s'est assuré un résultat massif ; il s'agit d'infractions commises par une population à haute visibilité : durement frappés par le chômage, surchargés en prolétaires peu qualifiés, souvent logés de manière précaire, les migrants ont des conditions de vie qui les exposent au regard. Pour beaucoup d'entre eux, en outre, leur apparence physique et parfois d'accoutrement renforce leur visibilité. Et l'on sait combien, pour ces infractions sans victimes, c'est une police de l'apparence qui conduit à la détection » [193].

L'évolution de la proportion d'étrangers parmi les détenus montre aussi que les différentes remises en cause du droit au séjour et les durcissements de la politique d'immigration ont eu des effets très nets sur la population carcérale : entre 1979 et 1993, la proportion d'étrangers parmi les détenus est passée de 18 à 31 %.

---

191. Philippe Robert, *Les Comptes du crime : les délinquances en France et leurs mesures,* Paris, Sycomore, 1985.
192. René Lévy, *Du Suspect au coupable : le travail de police judiciaire,* Genève-Paris, Médecine & Hygiène, Librairie des Méridiens, 1987.
193. *Ibid.*, p. 17-18 et 27-37.

Il semble de même possible de mettre en évidence un lien entre ancienneté de l'immigration et taux d'emprisonnement par nationalité. Le nombre de détenus originaires de la zone « Afrique hors Maghreb » a ainsi été multiplié par dix entre 1975 et 1999. Or, ces nouvelles populations immigrées sont souvent celles dont la précarité du séjour est la plus forte.

En somme, du délit à la prison, le parcours du détenu potentiel est jalonné de multiples étapes (découverte du délit, négociation ou appel aux forces de l'ordre, poursuite ou non, jugement…) qui sont autant d'occasions de voir le délit relativisé voire excusé. Or, l'étranger est placé dans une situation telle que, beaucoup plus souvent que le national, il est victime de l'enchaînement de circonstances extrêmement défavorables qui mènent du délit à la prison. Si l'on s'intéresse à la part des étrangers parmi les condamnés selon le délit, outre ceux déjà mentionnés, on observe qu'elle est également forte pour les coups et violences ou les viols (19 % d'étrangers parmi les condamnés en 1991). Aucun des éléments socio-économiques avancés jusqu'ici ne permet d'expliquer ces chiffres. Ils sont pourtant, eux aussi, liés à l'image, la visibilité ou l'intégration des étrangers dans la société française.

Ainsi, une forte proportion des cas de viol ou de violences ne sont pas portés à la connaissance de la police : les « enquêtes de victimation » montrent que seul un quart des agressions sexuelles donnent lieu à une plainte [194]. Or, plus la proximité entre la victime et son bourreau est forte et plus la probabilité que le crime soit porté à la connaissance de la police est faible. Les étrangers délinquants ou criminels ont donc toutes les chances de voir leurs actes dénoncés car ils sont souvent étrangers à la victime et se prêtent facilement à identification ou description.

D'ailleurs, c'est tout au long du processus policier et judiciaire que leur visibilité et leur manque de proximité sociale avec les personnes chargées du traitement du délit vont jouer en leur défaveur. L'autonomie dans le travail policier est grande et, des « yeux fermés » au placement en garde à vue, le choix des suites possibles à donner à une infraction est large.

---

194. Zauberman Renée, Robert Philippe, *Du côté des victimes. Un autre regard sur la délinquance,* L'Harmattan, 1995, p. 65.

De plus, une fois incarcérés, les étrangers sont destinés à le rester. Ils bénéficient beaucoup moins que le reste de la population carcérale des différentes mesures d'aménagement ou de diminution de la peine (placement à l'extérieur, semi-liberté, libération conditionnelle). Ainsi, seuls 3 % des étrangers condamnés pour vol sans violence ont bénéficié d'une mesure de libération conditionnelle contre 8 % des Français. Pourtant, il semblerait que les étrangers soient moins récidivistes que les Français. Il reste alors à expliquer pourquoi l'extranéité favorise le choix, par les juges, d'une peine de prison de longue durée.

Bruno Aubusson de Cavarlay [195] démontre que les étrangers appartiennent plutôt à une délinquance « traditionnelle » (vols et rebellions contre la police venant en premier, puis agressions et violences), où ils sont surreprésentés, et où le recours à l'emprisonnement est à son maximum, par opposition à une délinquance professionnelle (plutôt sanctionnée par des peines pécuniaires), et à la délinquance routière (avec sursis et amende). On les retrouve dans ce type d'infractions du fait de leurs conditions de vie souvent très précaires. À cela s'ajoute le fait d'être jeune et/ou étranger, présenté dans la recherche « comme venant typer encore plus nettement l'appartenance à cette catégorie de condamnés ». Et malgré l'évolution de la répartition des étrangers selon les types de délits depuis cette époque de la fin des années 80, reste que le plus souvent, à délit et mode de jugement égal, ils sont plus lourdement sanctionnés que les nationaux, avec des peines de prison en moyenne plus longues que celles des Français.

Cette plus grande sévérité à l'égard des étrangers rappelle aussi l'ambiguïté de l'État dans la gestion des intérêts divergents qui forment la société civile. Renforcer les stigmates des populations déjà marginalisées conduit traditionnellement à assurer son autorité et requiert moins d'habileté que s'il cherchait à en établir le caractère irrationnel. La distinction ténue qu'Abdelmalek Sayad établit entre « étranger » et « immigré » est opérante de ce point de vue. Il définit les « nationaux » comme ceux qui « sont d'État » (selon l'expression consacrée chez les juristes). Les

---

195. Bruno Aubusson de Cavarlay « Les filières pénale », in *Déviance et contrôle social,* n° 43, Paris, Cesdip, 1987.

« non-nationaux » ne possèdent pas la nationalité du pays dans lequel ils ont leur résidence et ne sont pas supportés par l'État. Dès lors, l'immigration représente, selon ce clivage, la présence au sein de la « nation » de « non-nationaux ». Ces derniers sont tenus à une « hyper-correction » (déférence et apolitisme) sur le territoire qui les accueille, mais n'est pas le leur. On leur refuse implicitement tout « droit à la déviance », et, en cas d'infraction, la peine possède un fondement ontologique : la faute « originelle » que représente l'entrée sur le territoire français. Comment rendre compte de ce prisme dans le traitement pénal des populations non-nationales ? Faut-il suivre les recommandations Commission Nationale Consultative des Droits de L'Homme qui affirme la prévalence des principes universalistes de la République ? Peut-on cependant s'inquiéter de l'effectivité de ces valeurs ou tout moins aspirer à ce qu'elles coïncident au maximum avec l'intérêt *général* ?

Effectivement, la C.N.C.D.H déclare qu'elle « s'étonne de l'existence dans la formation actuelle des personnels pénitentiaires d'un module intitulé *les problématiques relatives aux minorités ethniques* ». Elle affirme que : « la notion de minorité ethnique est inopportune et ne correspond pas aux valeurs d'égalité et de non-discrimination qui doivent être celles d'une administration de la République ». Cependant la CNDH pointe ici une forme d'impasse idéologique. Il apparaît en effet une tension qui traverse l'ensemble du corps de notre société. Car, bien que louable et nécessaire si elle parvient à s'incarner dans le droit positif et à influencer les mœurs, l'aspiration républicaine elle-même peut devenir l'instrument d'une politique discriminatoire puissante. Aussi la question est celle de l'usage de cette notion de « minorité ethnique » : celui-ci favorise-t-il ou au contraire nuit-il à l'expression de l'intérêt général ?

Par exemple et pour aller dans le sens de la CNDH : user de vocables tels que « bandes ethniques » ou « sauvageons de banlieue » dans le discours public était d'autant plus néfaste pour la République que cela s'accompagnait d'une « exigence républicaine » laquelle conduisait à refuser de penser que cette « ethnicisation diffuse » pouvait être justement la source des inégalités subies par les individus ainsi privés de leur *humaine universalité.*[196] De la même façon les discours politiques (notamment depuis l'élection de M. Nicolas Sarkozy en 2007) usent des notions d'hypocrisies et de complexes pour taxer les usages anciens qui consistaient à ne pas admettre publiquement des opinions jugées humiliantes pour les populations défavorisées ou méprisantes pour les Français d'origine étrangère. Il est notable que la droite « décomplexée » use à présent d'un ton et de mots qui la rendent moins distincte de la droite « extrême ». Il l'est aussi de souligner que ces discours ont un effet corrosif et que les concepts en sont usés. À partir du moment où l'on s'entend pour parler de « racisme anti-blanc » sans complexe, appelant un chat un chat, alors il faut admettre le retournement dialectique grâce auquel on pourrait faire entendre qu'être juif, arabe, asiatique ou noir en France est périlleux. C'est dans son livre publié en 2001, *Libre* (Robert Laffont/XO Éditions), que Nicolas Sarkozy théorise ce concept de « droite décomplexée » :

> Quant à se dire de droite, une bonne partie de mes amis s'y refusent obstinément. J'avoue avoir du mal à comprendre cette forme de pudeur qui n'est rien d'autre qu'une façon de céder à la mode du moment. Tandis que la gauche ne cesse d'affirmer sa fierté d'exister en tant que telle, nombre de responsables de l'opposition considèrent comme quasi infamant d'être catalogués à droite, tout en s'abstenant de préciser ce qu'ils sont. Ce faisant, ils organisent les conditions de notre défaite idéologique avant même l'engagement de la bataille. Car enfin, pourquoi donc serait-il noble d'être de gauche et faudrait-il s'excuser d'être de droite ?

Concernant les discriminations raciales cela est évident de son point de vue :

> Ainsi est-on passé en une décennie d'un déni – la réalité était représentée mais non interprétée et les discriminations raciales demeuraient absentes du débat public – à une dénégation – la réalité est énoncée mais pour pouvoir être mieux écartée et les discriminations raciales désormais nommées font l'objet d'une euphémisation.[197]

---

196. Véronique de Rudder, Christian. Poiret et François Vourc'h, *l'inégalité raciste : l'universalité républicaine à l'épreuve*, Paris, PUF, 2000, 224 p.
197. Didier Fassin (sous la dir. de D. et E. Fassin), *De la question raciale à la question sociale ?. Représenter la société française,* Paris, La découverte, 2006 p. 141.

Et ce phénomène de « dénégation », générateur de tensions, est bien illustré par le fait que l'on nomme désormais (y compris, et particulièrement l'État) les discriminations raciales, mais pour mieux éviter de les considérer réellement. Et l'inscription de cette « dénégation » dans les institutions elles-mêmes retentit donc sur la façon collective dont on va envisager – sur le mode de l'euphémisation – les discriminations raciales, et caractérise le malaise persistant qu'il y a dans notre société à mettre un nom sur cette discrimination raciale structurelle et à prendre en compte ses effets. La question des étrangers incarcérés est ainsi généralement prise en compte *via* d'autres thématiques (surpopulation carcérale, accès au droit des détenus…), mais peu souvent pour ce qu'elle implique en elle-même. Enfin, lorsque cela est fait, la prise en compte de la question reste marquée par une hésitation face à la qualification des discriminations subies par les étrangers, et il en résulte une euphémisation des enjeux raciaux de celles-ci.

L'ultime catégorie de détenus est celle des « braqueurs » ils forment *l'élite* au sein de la population carcérale sont aussi respectés par les détenus comme souvent aussi par les policiers et surveillants pénitentiaires. Farhad Khosrokhavar livre ainsi le témoignage d'une directrice adjointe d'une maison d'arrêt manifestement susceptible de tomber sous le charme :

> Il y a des prisonniers séducteurs : Ferrara, Faïd, Carlos… Ils séduisent non seulement les détenus et les surveillants, mais aussi les avocats… [198]

Ainsi l'ultime cavale de Rédoine Faïd son rapport très sensible à la presse révèle une face quasi héroïque du grand banditisme. De plus, la puissance supposée du réseau de ces caïds de haut vol et dans le cas de Faïd la dimension spectaculaire (presque de l'ordre de la science-fiction) de son évasion confèrent une forme de charisme « à la robin des bois » où le bandit de grand chemin semble faire un pied de nez aux puissants installés (dont on fantasme aisément que le pouvoir bascule devant le courage de ces anti-héros). La presse est un élément tout à fait central dans ce mou-

198. *Op.cit.*, p. 474.

vement de mystification. Pour ne retenir qu'un titre faisant suite à l'évasion de Faïd le 1er juillet 2018, il y a celui, savoureux de « Le Parisien TV [199] » qui non seulement nous invite à revivre « minute par minute l'évasion de Rédoine Faïd en hélicoptère » mais rappelle en gras ce qui est à retenir : « Rédoine Faïd est le seul prisonnier à s'échapper. Personne n'est blessé. Le frère de l'évadé est placé en garde à vue ». De la même façon la télévision a joué un rôle très important dans la popularité d'Antonio Ferrara, répétant notamment au fil des reportages que la prison de Fresnes dont il venait de s'évader était réputée « invincible ». À son égard comme à celui (dans une moindre mesure) de Faïd, Farhad Khosrokhavar parle de « star-system carcéral ». Il existe aussi des personnalités locales ou régionales. Ainsi en est-il de Nordine Aguaguena assassiné à Meyzieu le 24 juillet 2014 et figure du grand banditisme lyonnais. F. Khosrokhavar recueillait son témoignage en 2012 [200] :

> Les détenus nous jalousent, nous envient. La police ou les détenus ont de l'admiration pour nous. Les avocats sont fiers de nous avoir comme clients. On fait de nous des surhommes. [...] À la prison de Corbas j'étais la vedette. Je pouvais parler avec le directeur et je lui rendais service. J'ai été transféré parce que j'étais trop connu. Là-bas j'étais devenu une star, je suis intervenu pour l'amélioration de la condition de détention sur Canal+, dans le journal *Le Progrès*... C'est ma ville Lyon.

L'ex-patron du Raid Jean-Louis Fiamenghi révèle dans ses mémoires [201] publiées en 2016 les secrets de sa carrière et ses hauts faits d'armes. Il revient notamment sur ce qu'il appelle « la mythologie » de Jacques Mesrine. Là encore ce n'est pas sans ambiguïté qu'il relate l'arrestation de l'ennemi public numéro 1. Le 2 novembre 1979 il participe au dispositif qui aboutira à la mort de Jacques Mesrine. C'est là un là un fait remarquable qui donnera à sa carrière une dimension historique.

En résumé, il est notable que la population carcérale ne forme pas un tout parfaitement homogène. Elle contient des dissensions

199. Le Parisien TV le 2 juillet 2018.
200. *Ibid.*
201. *Dans le secret de l'action, Mémoires,* Broché, Paris, janvier 2016.

internes. Les rapports de pouvoir se cristallisent et les contraintes exercées sur les corps sont telles que les statuts des uns et des autres s'en trouvent renforcés. Ces statuts sont autant de parures. Cependant, l'enfermement carcéral rend impossible la prise de distance critique qui permet de se tenir séparé des attributs qui permettent de se reconnaître *a minima.* De la même manière on ne peut que très difficilement tenir séparés le comportement du détenu de la signification profonde de la peine.

# TROISIÈME PARTIE

# Le corps du détenu ou la mesure de la peine

« *The only good Indian is dead Indian* »
Philip Sheridan (1831-1888)

## CHAPITRE I : *De la peine au comportement*

### L'adaptation au milieu : la sur-suicidité en détention

La population carcérale implique davantage encore qu'un suivi de la peine une « gestion des comportements[202] ». C'est en ce sens surtout qu'il est pertinent de parler de population carcérale. La détention est en effet un lieu de vie où se façonnent des habitants, des mœurs, des habitudes et des pratiques. Dans ce contexte : la distinction entre les bons et les mauvais détenus est relative à la bonne ou mauvaise adaptation du détenu, sa capacité plus ou moins grande à intérioriser les normes carcérales.

À l'extrême l'incapacité du détenu explique la *sur-suicidité* en prison. Le rapport Louis Albran[203] publié en janvier 2009 pointe justement les effets dévastateurs de l'incarcération sur certains individus et montre que plus le détenu est aguerri et moins il se suicide. Bien supporter la détention peut donc être « mauvais signe » à plus ou moins long terme. Et, dans le même temps : le choc car-

202. On se réfère au travail de Martine Herzog-Evans, *La gestion du comportement du détenu* Essai de droit pénitentiaire, Paris, L'harmattan, 1998.
203. www.justice.gouv.fr/art_pix/rap_albrand_2009.pdf.

céral doit être aménagé de sorte à permettre une bonne adaptation aux conditions d'enfermement. Ainsi le rapport Albrand préconise de répertorier les secteurs les plus sensibles de la détention à savoir : « quartiers ou cellules arrivants, quartier d'isolement, quartier disciplinaire et quartiers ou établissements pour les mineurs ». Il encourage aussi à poursuivre les efforts en direction des publics « fragilisés en détention » que sont notamment « les personnes détenues présentant des troubles psychiatriques et celles condamnées ou prévenues pour des infractions à caractère sexuel ». Ces préconisations pourraient se traduire en ces termes : pour tout individu l'enfermement carcéral est un traumatisme qu'il faut prévenir. Les quartiers arrivants jouent le rôle d'amortisseurs ou d'airbags. Mais il existe des individus plus fragiles et des états de crise qu'il faut pouvoir déceler. En somme le rapport Albrand dit que la prison est mortifère et que le système d'enfermement carcéral à la française est violent et montre comment on peut les réformer, le risque étant que l'on s'en accommode. On se souvient de la passe d'armes entre Louis Albrand et Michel Alliot Marie alors Garde des sceaux et qui était à l'initiative de cette étude. Notamment la proposition de mise en place de « kits de protection » a produit polémique et colère de la part des auteurs du rapport. « Ces "kits", qui équiperont les cellules des prisonniers les plus fragiles, comprendront des matelas antifeu, mais aussi des draps indéchirables et des pyjamas en papier à usage unique pour éviter les pendaisons, moyen utilisé dans 90 % des tentatives de suicide de détenus [204] ». Une telle réponse a pu sembler cynique et se présenter comme une solution pour ne pas avoir à réformer une organisation pathogène et mortifère. Alors que le rapport pointait des difficultés structurelles la réponse de l'institution semblait alors de les considérer comme faisant partie du *« package »* pour m'exprimer dans le même registre de langage. Le kit anti-suicide sonne en effet bizarrement dans l'air du temps, des kits mains libres et autres préfabriqués comme si le suicide en détention était un fait de l'époque. Autre proposition, des détenus volontaires seront chargés d'accompagner les prisonniers en situation de détresse psychologique. Pour l'Ob-

---

204. Le plan d'Alliot-Marie contre les suicides en prison mal accueilli, express.fr le 19 août 2009.

servatoire international des prisons (OIP), ce plan est « absurde » puisqu'il préfère offrir des conditions de détention plus favorables au codétenu qui se voit déléguer la tâche de prendre en charge, « en lieu et place de la puissance publique », la personne en crise suicidaire, plutôt que d'assouplir les conditions de détention de cette dernière. On peut aussi questionner la considération qui est faite tant au détenu qui accompagne qu'à celui qui souffre. Comment s'assurer de l'équilibre du détenu-soignant ? Comment être certain que cette relation est bien « humaine » suivant le texte de la loi ? Le codétenu de « soutien » se trouve pris dans une situation où en échange d'une prise en compte par le chef d'établissement de son engagement, il se trouve désormais considéré comme « un membre de communauté carcérale ». Il est en mesure de jouer « un rôle dans la prévention du suicide et notamment du passage à l'acte suicidaire[205] ».

Au risque suicidaire on répond en cherchant à adapter le comportement des détenus, cette réponse comportementaliste est la seule possible suivant la logique de l'enfermement carcéral. Et le suicide révèle ce cercle puisque ce sont les conditions de détentions elles-mêmes qui conduisent les personnes détenues au passage à l'acte. Le suicide fait partie de la réalité carcérale. Il est une donnée comportementale normale en détention. Ainsi les Établissements Pénitentiaires pour Mineurs ouverts en 2007-2008 dans 5 villes de France contiennent une cellule « anti-suicide » où le mobilier empêche « toute » blessure. Cette lecture (qui se voudrait performative) est incriminée d'autant qu'elle permet d'afficher un recul de mauvais aloi du point de vue de la « culture pénitentiaire ». Ainsi comme le souligne le dernier rapport de l'OIP[206] :

> Alors qu'au moins un tiers des personnes (vingt-huit sur quatre-vingt-trois) qui se sont suicidées entre le premier janvier et le 14 septembre 2011 avaient des antécédents d'actes auto-agressifs, les tentatives de suicide et automutilations restent souvent interprétées en détention comme un exercice de manipulation ou de chantage.

---

205. *O.I.P*, 2011 *op.cit.* p. 241.
206. *Ibid.*, p. 243.

De la même façon : une tentative de suicide qui aurait lieu alors que le détenu serait placé en cellule disciplinaire « ne manquerait pas d'être comprise par la population pénale comme un moyen » permettant de suspendre voire d'annuler la sanction. Or, dans les prisons françaises, près d'un décès sur deux est un suicide. Le taux de suicide en prison a beaucoup augmenté depuis le milieu du XIXe siècle. Avec 18,5 suicides enregistrés pour 10 000 personnes écrouées sur la période 2005-2010, il est aujourd'hui sept fois plus élevé qu'en liberté (dans la population générale, le taux atteint 2,7 pour 10 000 en 2010 chez les hommes de 15 à 59 ans[207]).

Le risque de suicide reste deux fois plus élevé pour les personnes en détention provisoire. Elles sont particulièrement confrontées au choc de l'incarcération et à l'incertitude sur leur sort judiciaire. On parle de « choc carcéral » pour décrire l'état psychique des personnes alors qu'elles arrivent en détention. Il correspond à une sorte d'effondrement et est « pris en charge » dans le quartier des arrivants. Les circulaires et notes successives ont depuis longtemps souligné l'importance du respect des procédures d'accueil (entretiens arrivants notamment avec le chef d'établissement dès le jour d'arrivée ou au plus tard le lendemain, examen médical « dans les délais les plus brefs », vigilance très particulière pour les détenus faisant l'objet d'une notice délivrée par l'autorité judiciaire signalant un risque suicidaire, etc.) et l'attention redoublée qui devrait être portée aux détenus arrivants (dès le greffe avec des informations délivrées par le surveillant « sur les phases ultérieures de la procédure d'accueil[208] », puis avec la fourniture d'un minimum de moyens d'hygiène corporelle et vestimentaire : trousse de toilette arrivant, sous-vêtements et chaussettes, etc.).

---

207. Géraldine Duthé (Ined), Angélique Hazard et Annie Kensey (Direction de l'administration pénitentiaire, ministère de la Justice) ont analysé des informations de la base nationale de Gestion informatisée des détenus en établissements (Gide). Leur étude, publiée dans la revue *Population*, porte sur 363 525 séjours sous écrous et 377 suicides survenus entre le 1er janvier 2006 et le 15 juillet 2009.

208. Cf. circulaire du 29 mai 1998 relative à la prévention du suicide dans les établissements pénitentiaires.

Le détenu arrivant est ainsi l'objet d'une surveillance renforcée, notamment la nuit. Il bénéficie le jour même ou le lendemain dans la journée, d'une série d'entretiens d'accueil obligatoires : avec un membre de la direction ou un gradé, un médecin et un CIP. Ces rencontres lui permettent d'identifier les différents interlocuteurs et d'obtenir des réponses face aux inquiétudes et difficultés matérielles rencontrées (absence de linge de rechange, de nécessaire de correspondance...). Elles permettent aux personnels d'observer le détenu arrivant et de repérer des signes de détresse ou d'éventuels troubles psychologiques.

Les périodes de placement en cellule disciplinaire se caractérisent par un risque considérablement accru de suicide, 15 fois supérieur à celui observé en cellule ordinaire. Le placement en cellule disciplinaire, qui vient sanctionner une faute commise par le détenu, peut témoigner de difficultés à s'adapter à l'univers carcéral. Le risque de suicide est plus élevé chez un détenu qui n'a reçu aucune visite récente (2,5 fois plus élevé que chez ceux ayant reçu au moins une visite d'un proche). Ces résultats reflètent l'importance du lien social, souvent rompu par la détention ou, plus en amont, par l'infraction motivant la mise sous écrou.

Le taux de suicide est plus élevé parmi les personnes écrouées à la suite d'un meurtre (48 pour 10 000), d'un viol (27 pour 10 000) ou d'une autre agression sexuelle (24 pour 10 000). Outre la lourdeur de la peine encourue ou prononcée, d'autres éléments contribuent à expliquer ce risque accru : l'infraction elle-même, le remords ou le sentiment d'injustice suite à la mise sous écrou, ou encore, dans le cas de crimes fortement réprouvés par les autres détenus, l'ostracisme au sein de la prison.

L'ordonnance du 2 février 1945 prévoit qu'un mineur ne peut être incarcéré qu'à partir de l'âge de 13 ans. Les mineurs garçons peuvent être incarcérés dans les établissements pénitentiaires qui possèdent un quartier pour mineurs (QM) et, depuis le 11 juin 2007, dans les établissements pénitentiaires pour mineurs (EPM). Les jeunes filles mineures peuvent être détenues en quartiers pour femmes et en EPM. Tous les quartiers mineurs et les EPM s'engagent à respecter les préconisations des règles pénitentiaires européennes (RPE). L'actuel projet de loi pénitentiaire intègre des dispositions relatives aux mineurs détenus édictées notamment dans le cadre des RPE[209].

Il reprend ainsi le principe du respect des droits fondamentaux reconnus au mineur (RPE, projet de règles européennes relatives aux mineurs délinquants). À cet égard, depuis 2002, l'action de l'administration pénitentiaire porte sur le renforcement et la formation du personnel de surveillance affectés auprès des mineurs, l'accroissement des activités culturelles, sportives et socio-éducatives, l'amélioration des conditions d'hébergement et l'intervention des éducateurs de la PJJ en QM et en EPM[210]. Par ce projet de loi pénitentiaire, la France entend se conformer aux dispositions édictées au niveau européen et réaffirmer solennellement la spécificité de la prise en charge du public mineur.

À ce jour, 54 QM et 6 EPM sont susceptibles d'accueillir des mineurs. Le nombre de mineurs incarcérés au 1er janvier 2009, était de 675 pour une capacité d'accueil de 1157 places (soit un taux d'occupation de 58,6 %).

500 mineurs étaient détenus en quartiers pour mineurs[211]. 175 mineurs l'étaient au sein d'EPM[212].

L'incarcération des mineurs en QM et en EPM est régie par les grands principes suivants :

l'intervention continue des éducateurs des services de la PJJ auprès des mineurs détenus ;

le principe de la pluridisciplinarité dans la prise en charge des mineurs (AP, PJJ, Éducation Nationale, Santé) ;

– la mixité filles-garçons dans les EPM ;

– l'encellulement individuel des mineurs la nuit ;

– la sollicitation systématique de la ou des personnes titulaires de l'autorité parentale pour toutes décisions concernant le mineur détenu ;

– la possibilité de maintenir un jeune majeur pendant six mois en détention pour mineurs si son intérêt le justifie ;

---

209. Article 26 : Les mineurs, lorsqu'ils ne sont pas soumis à l'obligation scolaire, sont tenus de suivre une activité à caractère éducatif.

210. Au sein des EPM, la prise en charge éducative du mineur est assurée quotidiennement par un binôme éducateur-surveillant.

211. Pour une capacité d'accueil de 891 places (soit 74 % du total et un taux d'occupation de 56,3 %).

212. Pour une capacité d'accueil de 266 places (soit 26 % du total et un taux d'occupation de 66,2 %).

– l'accès des mineurs détenus à l'enseignement, à la santé, aux activités socioéducatives, culturelles et sportives.

Malgré cette prise en charge très spécifique, les mineurs détenus constituent un public à risque qui doit faire l'objet d'une attention toute particulière dans la politique de prévention du suicide.

La question de la sur-suicidité en détention permet de questionner de manière cruciale la possibilité (ou l'impossibilité) de vivre en prison, d'habiter un lieu où l'on peut se trouver maintenu durant une longue période. Peut-on former un milieu en situation de privation de liberté ? D'ailleurs n'y a-t-il point quelque chose de morbide dans le fait d'être bien adapté à la détention ? N'est-ce pas ainsi que l'on devient presque transparent ?

## Un bon détenu est un détenu transparent : le bon comportement

Le 1er juin 2018 Michel Cardon était libéré. Il était un des plus vieux détenus de France. Sa situation permet de penser la finalité ultime de la logique carcérale : se fondre dans les murs, ne pas faire de vague jusqu'à l'extrême disparition celle qui consiste à s'être rendu invisible à soi-même. Michel Cardon va rejoindre un centre d'hébergement et de réinsertion sorte de sas prévenant la brutalité d'une sortie au grand air après 40 ans de détention. Les journées vont être bien différentes comme l'imagine Me Morain[213].

> Il va réapprendre à faire des choix. Il va choisir ce qu'il mange, choisir d'aller se promener, d'ouvrir une porte. Cela va sûrement prendre du temps.

Mais Michel Cardon ne sera pas totalement libre « puisqu'il sera astreint à une période probatoire d'un an qui l'amènera à être plus surveillé que dans le cadre d'une libération conditionnelle classique », explique son avocat.

Plus concrètement, il pourra se rendre où il le souhaite mais sera tenu de dormir dans ce centre d'hébergement. Il devra éga-

213. Caroline Piquet, *Le figaro.fr*, 1er juin 2018.

lement répondre aux convocations du juge d'application des peines et sera rattaché administrativement à la maison d'arrêt d'Osny. Une fois cette période d'un an écoulée, il restera en liberté conditionnelle et sera considéré comme administrativement sous écrou jusqu'en 2022.

Condamné à perpétuité après un meurtre commis en 1977, Michel Cardon aujourd'hui âgé de 67 ans aurait pu bénéficier d'un aménagement de peine. Cependant, il est demeuré à la prison de Bapaume dans le Nord-Pas-de-Calais. Après la condamnation, les derniers proches de Michel Cardon se détournent de lui. Commence alors une longue période au cours de laquelle il va peu à peu sombrer dans l'oubli. Benoît (1), incarcéré avec lui à Bapaume entre 2008 et 2015, le prend en amitié.

> Il était seul, déprimé, alors je lui apportais tous les jours du café dans sa cellule, raconte-t-il. Je ne sais pas trop pourquoi il a baissé les bras car il avait son caractère, mais il a été cassé par toutes ces années. Il ne parlait pas beaucoup.

Benoît, lorsqu'il peut cantiner, mitonne à son ami du cassoulet, il l'aide à lire et écrire et lui promet de ne pas l'oublier quand il sortira[214]. Et en 2016, Benoît quitte la prison. À l'été, il sera le premier parloir de Michel Cardon en trente-huit ans de détention. Le premier, aussi, à alerter *La Voix du Nord*[215], via une association de visiteurs de prison, sur la situation de son ancien compagnon d'infortune. Le fameux article sur lequel tombera l'avocat Éric Morain…

Après avoir eu connaissance des faits Éric Morain, avocat au barreau de Lille décide de proposer ses services à Michel Cardon. C'est dire la situation où se trouvait ce dernier : suffisamment isolé pour être en rupture de droits, mis au ban, au sein même de la détention. Ce cas-limite est vertigineux puisqu'il est question d'un

---

214. « Michel Cardon, Itinéraire d'un détenu oublié », *La Croix*, Fanny Magdelaine, 14 mars 2018.

215. L'article débutait ainsi : « Un détenu de la prison de Bapaume n'a pas eu la moindre visite au parloir en trente-huit ans de détention. Benoît est sorti de prison le 13 juillet 2015. Derrière les barreaux du centre de détention de Bapaume, où il a été incarcéré entre 2008 à 2015, il a partagé le quotidien de Michel. Un homme désormais âgé de 65 ans qui, depuis trente-huit ans qu'il est en prison, n'avait jamais reçu la moindre visite. Ses seuls contacts humains ? Les surveillants, l'administration pénitentiaire et ses codétenus ». *La Voix du Nord,* 20 août 2016, Samuel Cogez.

homme qui est parvenu à se « faire oublier » en un lieu où il se tenait surveillé à chaque instant depuis 38 ans. On ne peut que questionner le sens de cette surveillance. Suffit-il que le détenu soit maintenu en vie? Qu'est-ce que veiller sur des détenus implique?

Puisque la gestion du comportement du détenu est l'objet réel de l'organisation de l'administration pénitentiaire: la « disparition » de Michel Cardon peut-être lue comme un accomplissement. La tension disciplinaire, l'arsenal des peines et des récompenses à l'intérieur des prisons n'ont d'autre objet que d'établir la bonne conduite des détenus. L'adaptation achevée et parfaite produit le « détenu fantôme », rendu invisible car personne ne le remarque. Il « joue le jeu » sans pour autant perdre la face car s'il donne l'impression de partager « l'esprit de résistance de ses compagnons lorsqu'il se trouve avec eux [...] il leur cache la docilité dont il fait preuve lorsqu'il est seul en présence du personnel. »

Ainsi, un comportement adapté n'implique pas une conversion de l'individu. Il peut en être déduit mais il est plus souvent le fait d'un calcul pour se plier au cadre coercitif sans trop en souffrir. Le comportement n'est que la marque extérieure de la soumission. Or la pression exercée est bien physique plus qu'intellectuelle. Il ne s'agit pas de faire réfléchir ou de permettre de s'amender mais il faut apparemment corriger.

Qui est Michel Cardon sinon un témoin « presque vivant » des contradictions de l'exécution du droit pénal?

Les avocats de Michel Cardon lui avaient évité la peine de mort. Dans la nuit du 25 au 26 octobre 1977, Michel Cardon, 26 ans, et son complice Jean-Yves Defosse, 29 ans, s'introduisent chez un retraité invalide de 64 ans avec l'intention de lui voler ses économies. Mais le vieil homme s'est réveillé. Les deux voleurs lui demandent de révéler la cachette de son argent. « Devant le refus du sexagénaire, ils le torturèrent atrocement, avant de l'achever », raconte à l'époque *Le Figaro*. Finalement, les deux hommes repartent bredouille avec 200 francs et quelques babioles, avant d'être rapidement interpellés. Tous deux se renvoient respectivement la responsabilité du meurtre. Deux ans plus tard, leur procès s'ouvre devant la cour d'assises de la Somme. Nous sommes en 1979 et l'avocat général a requis la peine capitale pour « deux hommes réduits à l'état d'animaux malfaisants et dangereux ». « Après une heure cinquante de délibérations » : ils sont finalement condamnés à la réclusion criminelle à perpétuité.

Incarcéré à la prison de Bapaume depuis 20 ans, le détenu Cardon va connaître huit établissements pénitentiaires différents. Détenu discret, il va petit à petit s'effacer et disparaître au point que l'administration pénitentiaire ne lui proposera aucun projet d'exécution de peine. « On dirait qu'il a été oublié en détention », note la Commission pluridisciplinaire des mesures de sûreté (CPMS). De son côté, Michel Cardon avait fait deux demandes de libération conditionnelle, en 2005 puis 2007 qui n'avaient jamais abouti, selon son avocat.

En septembre 2016, Éric Morain et Michel Cardon se rencontrent pour la première fois. L'avocat dit s'être trouvé devant un homme brisé par l'isolement, une sorte de « Robinson Crusoé ».

> Il a une barbe qui lui mange la moitié du visage, des difficultés d'élocution suite à un AVC, il est sourd d'une oreille et souffre d'une cécité partielle...

Dans une certaine mesure Michel Cardon fait penser au sort des malheureux jetés aux oubliettes. Sa situation pénale comme sa situation administrative n'étaient plus questionnées : il faisait partie des murs, au sens propre. Et, sans la vigilance et la compassion d'un ancien codétenu il est probable que Michel Cardon non condamné à mort en 1979 ait fini par mourir en détention. Mais du point de vue de la logique disciplinaire et du comportement attendu en détention : Michel Cardon était très bien adapté. Son attitude correspondait à l'attente effective et convergente du juge et de l'administration pénitentiaire : être irréprochable sur le plan disciplinaire. Comme le rappelle Martine Herzog-Evans, être un mauvais détenu est renoncer à l'une ou l'autre de ces directions [216]. Le bon comportement est celui du « détenu fantôme » : il suit le déroulé des jours et des activités sans en faire trop. Pour l'ad-

216. *La gestion du comportement des détenus, op.cit* p. 101.

ministration comme pour le J.A.P[217] il vaut mieux un détenu qui est parvenu à se faire oublier. Le détenu fantôme « joue le jeu » : il est dans la juste mesure, il tient l'équilibre entre les détenus et l'administration.

## Indiscipline désespérée

En ce sens d'ailleurs, l'indiscipline caractérise une certaine forme de rébellion. On parle « d'indiscipline rebelle » elle signifie que son auteur « nie tant l'autorité des personnels que toute emprise de leur part sur sa personne[218] ». On parle aussi « d'indiscipline désespérée[219] » : grève de la faim, suicide, ingestions d'objets, phlébotomies. Le désespoir tient principalement en ce que le corps du détenu est le principal objet de sa violence. Par un retournement tragique – telle une politique de la terre brûlée – le détenu prend son corps – empêché – comme ultime instrument de résistance. Comme en témoigne l'expérience d'Olivier Maurel alors directeur de la centrale de Fresnes (toujours dans *Le Taulier*) : « le corps est parfois vécu comme le dernier des biens dont

217. Juge d'Application des Peines crée en 1958 dans un souci d'individualisation de la peine. Il est un magistrat du siège du tribunal de grande instance compétent pour « fixer les principales modalités de l'exécution des peines privatives de liberté ou de certaines peines restrictives de liberté, en orientant et en contrôlant les conditions de leur application ». Son rôle consiste donc à superviser la manière dont la peine va être appliquée à une personne condamnée. Le JAP possède une compétence territoriale qui s'étend aux établissements pénitentiaires se situant dans le ressort de son TGI, ainsi qu'aux condamnés en milieu ouvert résidant habituellement dans ce ressort. Il est chargé de déterminer les modalités du traitement pénitentiaire de chaque condamné : il peut ainsi ordonner, modifier, ajourner ou révoquer les mesures de sursis avec mise à l'épreuve, de permission de sortie, de semi-liberté, de libération conditionnelle, *etc.* Pour assurer ces diverses missions, le juge de l'application des peines peut procéder sur l'ensemble du territoire national à des actes d'enquête, et peut mandater des travailleurs sociaux. Le JAP a également la possibilité de décerner des mandats (d'amener ou d'arrêt), afin de s'assurer de la présence d'un condamné qui ne respecterait pas ses obligations ou serait en fuite. Il est assisté dans sa mission par le Service pénitentiaire d'insertion et de probation (SPIP), et la commission d'application des peines qu'il préside et dont le Procureur de la République et le chef d'établissement pénitentiaire sont membres de droit. À l'exception de certaines mesures (réduction de peine et permission de sortie), les décisions du JAP sont rendues après avis du représentant de l'administration pénitentiaire et à l'issue d'un débat contradictoire tenu en chambre du conseil au cours duquel le procureur, le condamné et son avocat sont entendus.
218. *Op.cit.* p. 111.
219. *Op.cit.* p. 125.

un détenu peut disposer en prison », alors même que la peine de privation de liberté est d'abord un instrument de contrainte physique. Le détenu dans un « moment de crise » peut vouloir signifier que l'emprise de la détention sur son corps est illusoire et qu'en réalité il en est le seul maître. Il lui est alors possible de « se couper des doigts, de se coudre la bouche et/ou les yeux, d'avaler des objets hétéroclites comme des couteaux, des cuillères, des fourchettes, des piles électriques, du verre pilé, des clous, des aiguilles, des lames de rasoir jetable…[220] »

De manière plus prosaïque l'administration pénitentiaire perçoit l'hospitalisation ou le séjour à l'infirmerie comme un mouvement qui peut toujours être « l'occasion » d'une évasion. Et l'automutilation est d'autant plus désespérée qu'elle échoue à faire de son corps autre chose que le résultat des contraintes disciplinaires.

La réponse de l'administration est ontologiquement disciplinaire. Aussi la crainte de l'évasion rend l'administration particulièrement méfiante. Un détenu ne sera hospitalisé qu'au terme d'une gradation dans la gravité des événements que le C.P.P a soigneusement aménagée. En effet, après l'avoir fait conduire à l'infirmerie, le médecin de l'établissement vérifie si « les soins nécessaires peuvent être donnés sur place ». Ce n'est qu'en cas d'urgence ou de transfert impossible jusqu'à l'établissement hospitalier de Fresnes, que l'article D382 alinéa 2 concède « que l'on puisse le diriger vers le centre hospitalier le plus proche[221] ». Si l'hospitalisation est obtenue, l'intéressé fera l'objet d'une « surveillance ordinaire » à l'hôpital où les règlements pénitentiaires continuent à s'appliquer et tout est fait pour que le détenu regagne au plus vite l'infirmerie de l'établissement pénitentiaire.

La prévalence de l'appréciation disciplinaire s'accomplit à travers la distinction qui en détention tient lieu d'évaluation de toutes les conduites, initiatives ou comportements : détenus socialement bons ou détenus socialement mauvais. Parmi les détenus dont la

---

220. Olivier Maurel, *Le Taulier, confessions d'un directeur de prison*, Fayard, Paris, 2010, p. 96.
221. *La gestion du comportement des détenus, op.cit.* p. 123.

conduite ne correspond pas aux normes correspondant à un bon comportement, on distingue : le repli sur soi (voulu ou imposé) et le rejet actif du modèle.

Dans la première situation le détenu peut choisir de vivre sa peine de manière « simplement » oisive ou en étant sous l'emprise de médicaments. Comme le rappelle Martine Herzog-Evans il est possible « de vivre sa peine en état second, en s'anesthésiant avec des médicaments, ce, d'autant que peu d'activités sont obligatoires et que les médicaments sont d'accès généralement facile [222] ». On distingue parmi ceux-là les toxicomanes dont la conduite est essentiellement relative à leur addiction des autres détenus non-toxicomanes qui ne parviennent pas à « dépasser la phase de sidération » et qui de ce fait choisissent d'adopter une « stratégie d'enfouissement ». Cela consiste à « réduire de soi-même son espace ; occuper toujours le même endroit, s'asseoir sur la même chaise, devenir rigide pour minimiser les contacts sociaux, ne pas regarder les voisins immédiats [223] ». En état de détresse manifeste et souvent inquiétant du point de vue de ses capacités à retrouver une vie sociale « normale » ; le détenu (sur) consommateur de psychotrope demeure cependant « un bon détenu sur le plan disciplinaire ».

Cependant le problème qui est le même que pour le détenu oisif est que sous l'emprise de psychotrope, le détenu a tendance à « faire de la cellule ». En ce sens, bien que « bon détenu » il inquiète finalement le juge. Il semble persister dans une conduite nonchalante et rétive au travail qui était « vraisemblablement à l'origine de ses infractions ». Il passe son temps allongé à fumer et regarder la télévision jusqu'à tard dans la nuit. Il refuse toute activité : scolarité, travail, sport et l'administration n'est pas en mesure de le contraindre. En somme, le détenu oisif refuse toutes les contraintes qu'il peut refuser. Pour Erving Goffman cette attitude mortifère définit une forme « d'extrême adaptation [224] » à la prison. Cette forme extrême consiste à se faire disparaître. Martine Herzog-Evans parle à propos d'une telle conduite de « stratégie d'enfouissement ». Elle concerne aussi la situation des détenus

222. *Op.cit.*, p. 130.
223. *Ibid.*
224. *Asiles*, les éditions de minuit, 1968, p. 106.

qui ne sont pas parvenus à dépasser le choc carcéral et la phase de sidération qui le caractérise.

L'autre manière d'être un « mauvais » détenu est de marquer par son comportement un refus actif de se « couler dans le moule » de la détention. Il s'agit d'abord d'être dans une position de refus. Il s'agit par-là de pointer le caractère dérisoire des activités proposées en détention. Par ailleurs cette attitude peut s'accomplir dans le désir manifeste d'affirmer son appartenance au milieu délinquant[225].

En creux de ces figures de mauvais comportement se dessine celle du détenu idéal. Il est actif. Il cherche à tirer profit de sa détention pour se former ou préparer un examen. Il faut aussi que de manière spontanée et volontaire il fasse du sport en dehors de ses heures de travail, qu'il emprunte des livres à la bibliothèque qu'il pourra lire à défaut de s'endormir devant la télévision. C'est un détenu aimable mais qui sait aussi prendre de la distance par rapport aux détenus les moins fréquentables. De la même façon il échange avec sa famille mais n'a plus aucun contact avec ses relations de délinquants. Du reste, il fait montre d'un grand sens des responsabilités puisqu'il s'informe de lui-même sur la manière qu'il devra suivre pour indemniser ses victimes.

Cependant comme le souligne M. Herzog Evans :

> Ce portrait est celui d'un brave homme qui finalement est susceptible de faire l'unanimité, tant auprès de ses codétenus que de l'Administration et du JÀP. Il risque cependant d'être tout à fait exceptionnel.

En somme, il s'agit là d'un « idéal » une sorte « d'homme mesure » à l'aune duquel il est possible d'évaluer la situation des détenus. C'est donc un être parfaitement abstrait, absolument normal, une sorte d'être si transparent qu'il est pertinent de se demander si réellement il fût l'auteur d'une infraction. C'est pourquoi on peut s'interroger sur la pertinence d'une telle aspiration et sur sa signification. Un tel détenu qui jouit d'un milieu familial idéal est pourtant passé à l'acte.

Plus profondément, cela conduit à s'interroger sur un détournement du sens des activités en détention, car derrière une appa-

---

225. Martine Herzog-Evans, *op.cit.* p. 137.

rente volonté de se resocialiser se joue principalement la possibilité de bénéficier de remises de peine ou de mesures d'individuation favorables. Il est complexe de faire la part. Sans compter que nombre d'activités permettent d'abord de « passer le temps[226] ».

## La discipline par-delà le droit : l'inversion des normes en détention

Pour comprendre ce que nous appelons inversions des normes en détention, il faut entendre que la prison est *avant tout* un lieu de vie. En ce sens elle implique une organisation domestique et l'application d'un règlement intérieur. Elle définit donc par principe un espace normé. Les règles ne s'imposent pas mécaniquement de l'extérieur pour reprendre les mots de Ferdinand Tönnies[227]. Elles sont organiques et internes. La prison désigne un corps social à *tendance communautaire* et ne dessine pas un ensemble objectivement organisé en fonction de représentations normatives extérieures. Émile Durkheim exposant la thèse de Ferdinand Tönnies précise :

> La Gemeinschaft, c'est la communauté. Ce qui la constitue, c'est une unité absolue qui exclut la distinction des parties. Un groupe qui mérite ce nom n'est pas une collection même organisée d'individus différents en relation les uns avec les autres ; c'est une masse indistincte et compacte qui n'est capable que de mouvements d'ensemble, que ceux-ci soient dirigés par la masse elle-même ou par un de ces éléments chargés de la représenter. C'est un agrégat de consciences si fortement agglutinées qu'aucune ne peut se mouvoir indépendamment des autres.[228]

Cet agglutinement est certainement favorisé par les effets de fermeture ou de séparation des autres individus. La prison peut sembler alors un lieu singulièrement favorable à l'expression de la *Gemeinschaft*. Retenons cependant que la communauté ainsi scellée n'implique nécessairement ni fraternité, ni pitié ou même solidarité. Ces liens sont possibles mais non pas – loin s'en faut – nécessaires. Comme nous l'avons montré plus haut[229] il existe

---

226. *Op.cit.* p. 144.
227. *Communauté et Société*, 1887 rééditions PUF, Paris, 2010.
228. Émile Durkheim (1889) « *Communauté et société selon Tönnies* » mise à disposition par Jean-Marie Tremblay pour la collection *Les classiques des sciences sociales*.
229. Farhad Khosrokhavar, *op.cit.*

des groupes en prison qui sont fonction de données sociologiques et ethniques. Toutefois ces groupes sont pour ainsi dire transcendés par l'affirmation de codes communs qui scellent l'appartenance au même milieu. Il existe une « manière d'être » en prison, un jargon, qui embrassent détenus et surveillants.

En somme, l'organisation des rapports entre détenus et entre détenus et surveillants implique l'imposition d'un un cadre juridique proche de l'administration familiale. Aristote [230] affirmait déjà que les rapports domestiques ne relèvent pas du droit mais de l'économie. Les normes domestiques s'opposent aux règles de droit, elles procèdent par règlements tandis que la juridiction tend à garantir des interprétations subjectives.

> Quand il n'y a pas de normes ayant le caractère de droit objectif garantissant des prétentions, quand l'ensemble des normes en vigueur a juridiquement le caractère de règlements [...] l'ensemble du droit se dissout dans la finalité poursuivie par l'administration : le gouvernement. [231]

Or, qu'est-ce que « la gestion du comportement » en détention sinon une forme très précise du gouvernement dont parle Max Weber ? Ne peut-on pas appliquer la typologie de Max Weber et affirmer que par nature (et bien que ce soit l'effet d'une décision *objective* du droit) la prison définit une « administration privée » qui en tant que telle échappe aux règles du « droit objectif ».

Le détenu est façonné par des normes qui modèlent son comportement. Ces règles doivent être vécues et s'incarner – sans la médiation du consentement de la volonté – dans la conduite de détenu. Qu'importe qu'elles soient comprises et a fortiori acceptées. Elles

---

230. Aristote sépare la question des rapports domestiques de celle des rapports entre les membres libres et égaux de la Cité. Seuls ces derniers sont véritablement des rapports de droit soumis aux principes de la justice qui règnent dans la cité. Cette justice dans la cité suppose la présence d'une Loi et d'un juge c'est-à-dire l'existence d'un tiers. Au contraire : « La justice du maître envers ses esclaves, et celle du père envers ses enfants, ne sont pas identiques aux formes (de la justice dans la Cité), encore qu'elle leur ressemble. En effet il n'y a pas d'injustice à proprement parler envers ce qui fait partie de nous-mêmes. Or la troupe d'esclaves et l'enfant [...] sont comme une partie de nous-mêmes. » C'est pourquoi : « Les rapports de justice existent-ils davantage entre l'époux et la femme qu'entre le père et les enfants ou le maître et les esclaves. Les rapports entre ces derniers dérivent de la justice domestique, qui est autre que la justice politique. » *Éthique de Nicomaque*, livre V, chapitre VII, Paris, Garnier Flammarion, 1965, p. 137-138.
231. Marc Weber, *Sociologie du droit*, Paris, PUF, 1986, p. 28.

doivent être rendues manifestes dans la conduite, la tenue, le corps des détenus. La prison révèle la force des normes à défaut du droit, la persistance des règles domestiques et comment celles-ci marquent les corps. L'instance normalisatrice tranche avec l'abstraction de l'instance juridique, en même temps qu'elle conduit à « se saisir des individus comme de ses objets [232] ». Les droits du détenu (comme citoyen, comme homme) sont suspendus non seulement à la sanction pénale mais encore au cadre disciplinaire au sein duquel elle est exécutée. Ce cadre a pour fonction d'organiser les espaces et le temps, de disposer les corps, fixer les jalons de chaque mouvement. Les prisons sont des maisons (au sens latin *domus)* elles organisent un espace domestique qui n'est pas encore la vie civile. À l'abri ou *à l'ombre*, les lieux de détention forment autant de S.A.S [233] qui doivent (re) disposer à la vie publique. Comme dans toutes les maisons cependant le droit ne s'applique que dans un rapport dialectique avec les « traditions familiales ». Cependant celui-ci se fonde sur la liberté des sujets sur la possibilité qu'offre l'espace démocratique d'interroger personnellement les rites et de s'affranchir des traditions particulières par la loi objective et générale. L'espace démocratique implique en effet qu'il n'y ait pas de séparation impénétrable pour la loi entre l'espace public et les espaces privés. Cette démarcation ambiguë et sans cesse négociée demeure la condition d'établissement d'un ordre social qui contredise au minimum les libertés constitutives des hommes. Aussi comme le rappelle Rousseau « il n'y a point de liberté sans loi ni où quelqu'un est au-dessus des lois [234] ». Cependant, les détenus dont on enferme aussi les familles ne peuvent – c'est le sens de la peine – a priori questionner la persistance du droit. Ainsi 55 000 sanctions sont prononcées tous les ans dans les prisons françaises. Il s'agit de « punir les détenus qui n'ont pas respecté le règlement intérieur [235] ». C'est le rôle des commissions de discipline. Ils peuvent être passibles de

232. *Ibid.*, p. 29.
233. L'excellent film de Rachida Brakni sorti en 2016, *De Sas en Sas* illustre très bien cette dimension de la vie carcérale.
234. *Lettres écrites de la Montagne*, Huitième lettre, p. 121, Genève, 1764. In Collection complète des œuvres, 1780-1789, vol. 6. Édition en ligne www.rousseauonline.ch.
235. Voir notamment le témoignage d'Hélène Erlingsen-Creste, *l'abîme carcéral*, Max Milo, Paris, 2014.

mitard, de privation de parloir ou de cantine et leur peine de prison peut s'en trouver modifiée : allongement, transfert. Ainsi le juge d'application des peines est un être hybride dedans-dehors. Il peut changer la vie en détention comme la vie à l'extérieur.

Cependant – en dehors de sa dimension pénale – si le droit pénètre en détention il semble le plus souvent le faire par effraction au gré des conventions signées avec les associations qui forment des ponts, des Points d'Accès au Droit. À titre d'exemple on peut relever les faibles dispositions mises en place en détention pour assurer la continuité de l'exercice des droits et des obligations civiques. Or, si l'enfermement carcéral possède un sens du point de vue de la société et de la réhabilitation des individus ne tient-il pas au fait qu'il donne l'occasion et les moyens matériels de faire un « rappel à la loi » ? De plus, la mise à l'arrêt des individus est l'occasion de faire le point sur les situations administratives et de chercher à rompre avec la logique de désaffiliation des personnes qui pour un nombre important de détenus est un facteur récidivant. La création du corps des Conseillers Pénitentiaires d'Insertion et de Probation en 1999 correspond d'ailleurs à cette « fonction » de la prison. La mission principale du Service Pénitentiaires d'Insertion et de Probation est bien la lutte contre la récidive. Le SPIP est un service à compétence départementale. Il intervient à la fois en milieu ouvert et en milieu fermé, auprès des personnes détenues (prévenues ou condamnées) et sur saisine des autorités judiciaires pour les mesures alternatives aux poursuites, pré-sentencielles ou post-sentencielles. Ainsi que le décrit la fiche-métier publiée par le Ministère de la justice :

> En prison, les conseillers pénitentiaires d'insertion et de probation accompagnent les personnes détenues dans le cadre d'un parcours d'exécution des peines. Ils aident à la décision judiciaire et à l'individualisation des peines : ils proposent des mesures d'aménagement de peine au juge de l'application des peines, en fonction de la situation du condamné. Ils aident à la préparation à la sortie de prison : il s'agit de faciliter l'accès des personnes incarcérées aux dispositifs d'insertion et de droit commun (logement, soin, formation, travail…). Pour ce faire, les personnels pénitentiaires d'insertion et de probation développent et coordonnent un réseau de partenaires institutionnels et associatifs. Ils luttent contre la désocialisation des personnes détenues.

Or, en 2014, l'Observatoire International des Prisons est revenu sur les difficultés à « rendre effectif le droit de vote en détention[236] ». L'observatoire relève que seul 4 % du corps électoral a voté aux élections présidentielles en 2012. Les démarches pour voter lorsque l'on est incarcéré impliquent d'affronter de multiples difficultés : « l'inscription sur les listes, dans sa commune habituelle, ou, depuis la loi pénitentiaire de 2009, en se faisant domicilier à l'adresse de la prison, implique de récupérer sa carte d'identité, d'obtenir du greffe un certificat de présence, et de faire une demande au service d'insertion et de probation. Les permissions de sortir pour aller voter restent octroyées au compte-gouttes, tandis que le vote par procuration implique des formalités administratives lourdes et dissuasives : comment trouver un mandataire quand on ne connaît personne dans sa commune d'incarcération, lui faire connaître son intention de vote ? ».

L'association Robin des lois portée notamment par François Korber[237] milite ardemment depuis 2013 pour transformer cette

---

236. Oip.org, 11 mars 2014.

237. Voir le portrait « François Korber humanise la prison » écrit par Corine Chabaud en 2010 pour le journal *La Vie* : « C'est un géant à la carrure massive. Élégant dans son costume foncé, un ordinateur portable à la main. Sa prestance contraste avec le bouge où il loue une chambre meublée, au centre du vieux Corbeil-Essonnes (91). « À ma sortie de prison, j'ai refusé une place dans un grand cabinet d'avocats d'affaires, pose-t-il d'emblée, comme pour se démarquer du lieu. J'ai préféré continuer à me battre pour l'amélioration des conditions carcérales. »
François Korber, qui vit « du RSA et de l'allocation logement », n'est pas avocat. Mais il connaît le droit. En prison, il s'est mué en juriste efficace. Pour faire avancer son dossier. En 2003, à Riom (Puy-de-Dôme), il a passé un mois au mitard, la prison dans la prison, et a bien cru y mourir de froid. Mais il s'est vengé en obtenant qu'un huissier vienne constater ces conditions de détention indignes. Procédurier, il a lancé maints recours contre le ministère de la Justice, et obtenu des résultats. L'arrêt de la Cour de cassation de 1994, qui rend quasi irrévocable une libération conditionnelle, ne lui est-il pas dû ? Quitte à devenir sa bête noire, l'homme a lutté contre les injustices de l'administration pénitentiaire (AP), institution « secrète et totalitaire ».
En prison, on surnommait Robin des lois ce pseudo-écrivain public carcéral. Libéré le 3 avril 2009, François Korber a créé peu après l'association éponyme. Il ambitionne d'aider à bâtir « un système pénal et carcéral qui ne détruise pas ». D'améliorer le sort des détenus malades. D'obtenir un embryon de droit du travail, lui qui n'a pu travailler en prison.
À 58 ans, il mène des combats concrets. Il réclame l'encellulement individuel. L'alignement sur les tarifs du marché des produits vendus dans les cantines, ces boutiques internes aux prisons. Ou la gratuité de la télévision, louée à des tarifs différents selon les établissements. La victoire pointe : depuis janvier, la majorité des 50 prisons gérées par le privé

situation et plaide notamment pour l'installation de bureaux de vote au sein des prisons. Et comme le soulignera en 2017 Jean-René Lecerf ex-sénateur du Nord et Président du Conseil Départemental du Nord : « Au niveau de la loi rien ne bloque, c'est une question de volonté politique ». Or, François Korber questionne cette volonté là où « sollicité tout le mois d'avril 2017 Matthias Fekl, le Ministre de l'intérieur, a joué la montre afin de renvoyer la prise de décision sur ce point à son successeur[238] ».

Précisément ce qui se joue est l'intégration des détenus parmi la « communauté des citoyens », cette participation à la vie civique est absolument fondamentale pour rétablir un rapport non *pathologique* à la loi. On ferait ainsi vraiment de la prison une opportunité pour se remettre « dans le droit chemin » et « prévenir la récidive[239] ».

Or, la finalité de l'ordre carcéral est bien d'assurer la discipline. Cette fin ultime met naturellement en péril l'expression du droit. On ne peut prendre le risque du désordre et bien des situations at-

---

a divisé de moitié son tarif de location, ramené à 18 € par mois. François Korber lui-même avait fait les frais des iniquités carcérales en matière de télé : à Riom, en 2002, il a eu le droit d'acheter un poste pour 150 €. À Chateaudun, deux ans plus tard, il a dû le laisser à « la fouille », la consigne des détenus. À présent, il se félicite du rapport de la Cour des comptes ou du récent coup de gueule de Robert Badinter, qui enfoncent le clou.
De son passé, François Korber aimerait faire table rase. Il est resté vingt-cinq ans en détention, mais il « préfère ne pas compter, pour ne pas être démoralisé ». Le déni pointe. Il veut bien décrire la réalité carcérale. La promiscuité. L'exiguïté des cellules. Les sanctions disciplinaires. Mais il n'aime pas parler de ses faux pas. Issu d'une famille bordelaise nantie, l'homme a étudié les lettres, s'est marié et a eu un fils, avant d'embrasser la politique. Jeune loup du RPR, il se voyait dauphin de Chaban-Delmas, lequel l'avait « fait sauter sur ses genoux » avant de le « laisser crever » en prison. En 1989, après un recours en cassation, il a été condamné à quinze ans de prison, reconnu coupable de complicité d'assassinat dans la mort d'un colleur d'affiches. Endetté, l'homme politique aurait voulu se débarrasser de ce malfaiteur qui voulait le faire chanter. Plus tard, François Korber a replongé pour escroquerie, puis pour contrefaçon – il avait publié une édition pirate du Grand secret, le livre du médecin de Mitterrand. Enfin, à partir de 1994, il a effectué une nouvelle longue peine, pour une affaire de mœurs dont il ne dit rien. Il évoque seulement les liens coupés avec sa famille, y compris son propre fils.
Mais il se donne l'absolution, se décrivant en bon samaritain qui, adolescent, allait repeindre les maisons des personnes âgées. À obtenir un vélo médical pour un détenu impotent, à œuvrer pour le rapprochement d'un prisonnier et de son épouse, n'a-t-il pas prouvé sa valeur ? « J'ai limité la capacité de nuisance de l'institution carcérale. C'est la plus belle des légions d'honneur. » *Lavie.fr*, 7 septembre 2010.

238. *Robindeslois.org*, 21 mai 2017.

239. Jean-René Lecerf cité par Robin des Lois, 21 mai 2017, *robindeslois.org*.

testent de la servilité des arguments juridiques en regard du contrôle immédiats des corps pour lesquels les maisons d'arrêt semblent d'abord conçues. De manière récurrente, au moins depuis la chancellerie Taubira (2012-2016) le débat autour de l'autorisation des téléphones en détention fait écho à cette problématique. Nul texte de loi n'interdit l'usage de téléphone (bridé et sous contrôle du Juge d'Application des Peines) mais cela contredit fondamentalement les usages traditionnels de la discipline carcérale. Comme le rapporte l'enquête de Marc Leplongeon [240] cette contradiction semble d'ailleurs être la raison principale du retour en arrière de la chancellerie. En effet : « La réflexion de la garde des Sceaux relative à l'introduction de téléphones portables "*bridés*" en prison a déclenché la colère des surveillants pénitentiaires ». Comme le rapporte la même enquête : Nicole Belloubet, ministre de la justice avait d'abord affirmé que l'idée d'autoriser les « portables bridés » en détention n'avait « rien d'absurde », avant de « rétropédaler » et d'assurer qu'il n'avait « jamais été question d'autoriser les téléphones portables en prison ».

Depuis la loi pénitentiaire de 2009, les personnes condamnées mais également les prévenus (en attente de jugement) peuvent utiliser des cabines. Les magistrats qui s'occupent des dossiers des détenus doivent alors composer une liste limitative de numéros qu'ils ont le droit d'appeler.

Ainsi :

> La loi n° 2009-1436 du 24 novembre 2009 consacre le droit des personnes détenues à la correspondance téléphonique (article 39) et écrite (article 40). Ces articles apportent la base législative exigée par l'article 8 de la Convention européenne des droits de l'homme pour fonder le cadre de l'ingérence de l'autorité publique dans l'exercice du droit au respect de la vie privée et familiale [241].

La Contrôleure Générale des Lieux de Privation des Libertés – Adeline Hazan – est depuis revenue à plusieurs reprises et notamment encore devant les députés le 14 novembre 2017 sur l'obli-

---

240. Le point.fr, 22 août 2017 : « Autoriser les téléphones en prison : une fausse bonne idée ? ».
241. Loi n° 2009-1436 du 24 novembre 2009.

gation de bon sens d'introduire les portables bridés en détention. Notamment aussi dans les centres de semi-liberté [242] où les démarches auprès des organismes de formation, des institutions, des possibles employeurs qui garantissent la réintégration des individus dans la société implique de pouvoir téléphoner. Cependant, introduire les portables en prison est inenvisageable pour les principaux syndicats des personnels pénitentiaires. Notamment du point de vue sécuritaire :

« Avant d'autoriser les téléphones bridés, il faudrait tout mettre en œuvre pour endiguer les téléphones portables non contrôlés en prison », déplore Christophe Schmitt, de FO-Pénitentiaire.

Cette réflexion éclaire à quels accommodements se livrent mutuellement les détenus et les surveillants. À quoi bon établir un droit au téléphone portable ? D'abord un certain nombre de détenus en ont déjà un ! D'autre part les surveillants manquent de moyen pour contrôler la circulation des portables non autorisés. Or, le législateur répond justement que le contrôle sera plus aisé si l'on bride les téléphones et qu'on les autorise ; il explique surtout que si les détenus possèdent aujourd'hui un téléphone ils n'en sont pas les détenteurs légaux. Il rappelle au passage la différence entre la force et le droit. Or, les usages prévalent dans le monde clos des prisons et finalement on convient que l'interdiction demeure en principe et que les règlements intérieurs organisent des possibilités de téléphoner :

*Autorisation de téléphoner :*

– L'accès au téléphone est fixé par le règlement de l'établissement. Les personnes détenues peuvent passer gratuitement un appel dans les premières heures de leur détention. Elles peuvent appeler gratuitement la Croix-Rouge Écoute Détenu (Cred) et l'Association réflexion action prison et justice (Arapej).

– Les personnes détenues sont autorisées à téléphoner, à leurs frais, à leurs familles, leurs proches (titulaires ou non d'un permis de visite) ainsi qu'à leur avocat. Le chef d'établissement peut, sur décision motivée, refuser ou retirer cette autorisation. Les personnes condamnées peuvent être autorisées à téléphoner à d'autres personnes en vue de la préparation de leur réinsertion sociale.

---

242. Circulaire du 9 juin 2011 d'application des articles 4, 39 et 40 de la loi n° 2009-1439, Bulletin Officiel du Ministère de la Justice et des Libertés.

– La détention et l'utilisation de téléphones portables est interdite.

*Contrôle des appels :*

Les conversations téléphoniques, à l'exception de celles avec les avocats, le contrôleur général des lieux de privation de liberté, la Cred et l'Arapej, peuvent, sous la responsabilité du chef de l'établissement :

– Être écoutées
– Être enregistrées
– Et être interrompues par le personnel de surveillance désigné. [243]

L'exécution de la sanction pénale est effective par la discipline qui la traduit. Aussi le soupçon facile (et récurrent) que les détenus sont « trop bien traités » tient au caractère « vide » de l'incarcération. Comme si les détenus n'étaient « que » enfermés. Aussi d'après une étude publiée en juin 2018 et largement relayée dans la presse : la prison ne doit pas être un simple « lieu de privation de liberté » mais « un lieu de souffrance et de privation [244] ». La peine prend corps ou s'accomplit dans la discipline. La discipline accomplit donc le moyen terme entre le désir de vengeance et l'accomplissement de la contrainte pénale. Sous la forme des règlements intérieurs qui balisent le comportement des détenus, la discipline traduit à la fois le caractère domestique des contraintes carcérales en même temps que leur fondement objectif. Aussi le détenu a d'abord affaire au cadre disciplinaire variable qui l'inscrit dans une Maison d'Arrêt, dans un Centre de Détention ou dans une Centrale particulière. Aussi le champ disciplinaire diffère du champ pénal par son caractère normatif plutôt que déterminant sur le plan juridique. Et, si le cadre disciplinaire est « en général » défini de manière positive comme dans l'article D.352 du Code de Procédure Pénale qui prévoit que « chaque détenu valide fait son lit et entretient sa cellule ou la place qui lui est réservée dans un état constant de propreté », de nombreuses normes sont définies en creux au travers des fautes disciplinaires. Celles-

243. La semi-liberté, comme le placement sous surveillance électronique et le placement à l'extérieur, est un aménagement de peine sous écrou qui permet à une personne condamnée de bénéficier d'un régime particulier.
La loi pénitentiaire du 24 novembre 2009 prévoit que la situation de chaque personne se trouvant dans ces critères doit être examinée par le service pénitentiaire d'insertion et de probation aux fins d'envisager la mise en place d'un aménagement de peine. À défaut de projet, un rapport motivé doit être adressé aux autorités judiciaires.
244. https://www.service-public.fr/particuliers/vosdroits/F14149.

ci recouvrent aussi bien « des attitudes susceptibles de constituer une infraction pénale (menace, insulte, agression physique) que des faits et gestes prohibés en détention car considérés comme troublant l'ordre interne [245] ».

Le détenu se trouve donc pris dans un étau entre le règlement en détention et la contrainte pénale. L'un étant toujours lié à l'autre par exemple la participation à des ateliers socioculturels est susceptible de garantir non seulement un meilleur traitement en détention comme la possibilité d'obtenir un travail d'auxiliaire en cuisine ou dans la distribution des repas ; mais aussi rend possible l'obtention de remise de peine. Il lui est donc très difficile (voire presque impossible) d'exprimer des revendications de manière pacifique. Comme le rappelle l'Observatoire International des Prisons en 2011 [246] : la simple signature d'une pétition peut constituer une « faute disciplinaire » passible d'une sanction. Ainsi en 2007 des sanctions allant de 15 jours de confinement en cellule à 15 jours de placement en quartier disciplinaire ont été prononcées à l'encontre de 6 détenus du centre de détention de Saint-Quentin Fallavier à l'origine d'une pétition dénonçant l'augmentation des affectations en « régime fermé », la suppression de poste de l'intervenant pour la lutte contre l'illettrisme, la rareté des offres de formation professionnelle et l'arrêt des rémunérations des détenus, faute de budget. [247] De plus cette confusion entre contrainte disciplinaire et sanction pénale engendre une tension permanente en détention. Celle-ci est difficile à contrôler et repose entièrement sur le bon sens des surveillants, l'usage intelligent du règlement intérieur. En effet, le règlement intérieur qui vise à organiser toute la vie en détention a de par sa visée panoptique sinon totalitaire la force de ramener le détenu – à chaque instant – à sa dépendance. « Pour chaque geste, même les actes les plus anodins (vider une poubelle, acquérir des denrées, adresser un courrier, etc.), ils sont tributaires d'un personnel pénitentiaire [248] ». Cette opacité de l'ordre carcéral et les violences qu'elle engendre, la rupture du

---

245. Sondage réalisé par la Fondation Jean Jaurès relayé par Juliette Pietraszewski in *Libération.fr*, 28 avril 2018.
246. OIP, *op.cit.* p. 115.
247. *Ibid.*
248. *Ibid.*, p. 117.

droit qu'elle entérine faisant des détenus des sous-citoyens a entraîné en 2007 la création du Contrôleur Général des Lieux de Privations de Liberté. À propos d'une telle institution il faut souligner le caractère nécessaire et ambigu on pourrait dire *l'ambiguïté du caractère nécessaire.* Reprenons le texte liminaire qui présente la nature et la mission de l'institution [249] :

> *Suite à la ratification du protocole facultatif se rapportant à la Convention contre la torture et autres peines et traitement cruels, inhumains et dégradants adopté par l'assemblée générale des Nations Unies le 18 décembre 2002, le législateur français a institué, par la loi n° 2007- 1545 du 30 octobre 2007, un Contrôleur général des lieux de privation de liberté et lui a conféré le statut d'autorité administrative indépendante.*
>
> ***À ce titre, le Contrôleur général accomplit sa mission en toute indépendance :***
>
> *– Il ne reçoit d'instructions d'aucune autorité,*
>
> *– Il est nommé pour une durée de six ans, sans qu'il puisse être ni révoqué au cours de son mandat, ni renouvelé.*
>
> *– Il ne peut être poursuivi à raison des opinions qu'il émet ou des actes qu'il accomplit dans l'exercice de ses fonctions,*
>
> *– Il ne peut exercer d'autres activités professionnelles ou de mandats électifs.*
>
> *En outre, les contrôleurs qui assistent le Contrôleur général sont placés* sous sa seule autorité. Ils sont tenus au secret professionnel et soumis à un devoir d'impartialité.
>
> ***Son champ de compétence : les lieux de privation de liberté***
>
> *Le Contrôleur général peut visiter à tout moment, sur l'ensemble du territoire français, tout lieu où des personnes sont privées de liberté.*
>
> *Coursive d'un établissement pénitentiaire*
>
> *Il s'agit notamment (la liste ci-dessous n'est pas exhaustive) :*
>
> *– des établissements pénitentiaires : maison d'arrêt, centre pénitentiaire, centre de détention, maison centrale, établissement pour mineurs, centre de semi-liberté, centre pour peine aménagée, le centre national d'observation*
>
> *– des établissements de santé, plus particulièrement :*
>
> *– des établissements ou unités de santé recevant des personnes hospitalisées sans leur consentement (hospitalisation d'office ou à la demande d'un tiers)*
>
> *– des chambres sécurisées au sein des hôpitaux*
>
> *– des unités pour malades difficiles (UMD)*

---

249. www.cglpl.fr.

*– des unités médico-judiciaires (UMJ)*

*– des établissements placés sous l'autorité conjointe du ministère de la santé et du ministère de la justice tels que :*

*– les unités d'hospitalisation sécurisées interrégionales (UHSI)*

*– les unités hospitalières spécialement aménagées (UHSA)*

*– l'établissement public de santé national de Fresnes*

*– le centre socio-médico-judiciaire de sûreté*

*– des locaux de garde à vue des services de police et de gendarmerie*

*– des locaux de rétention douanière*

*– des centres et locaux de rétention administrative des étrangers*

*– des zones d'attente des ports et aéroports*

*– des dépôts ou geôles situés dans les tribunaux*

*– des centres éducatifs fermés*

*– de tout véhicule permettant le transfèrement des personnes privées de liberté.*

*La loi n° 2014-528 du 26 mai 2014 modifiant la loi du 30 octobre 2007 instituant un Contrôleur général des lieux de privation de liberté a en outre étendu la mission de l'institution au contrôle de l'exécution matérielle des procédures d'éloignement de personnes étrangères jusqu'à leur remise aux autorités de l'État de destination.*

*Sa mission : veiller au respect des droits fondamentaux*

*Le Contrôleur général veille à ce que les personnes privées de liberté soient traitées avec humanité et dans le respect de la dignité inhérente à la personne humaine.*

*Les droits fondamentaux*

*À l'exclusion de leur liberté d'aller et venir, les personnes privées de liberté demeurent titulaires des droits fondamentaux tels que définis par les textes internationaux et nationaux.*

*– Certains de ces droits inhérents à la dignité humaine sont intangibles et ne souffrent aucune limite : droit à la vie, droit à ne pas être soumis à la torture ou à un traitement dégradant ou inhumain, la protection de l'intégrité physique et psychique…*

*– D'autres peuvent être limités pour des raisons tenant à l'ordre public : droit au respect de la vie privée et familiale, droit au travail et à la formation, liberté d'expression, liberté de conscience et de pensée, droit de vote…*

***La mission du Contrôleur général est triple** :*

*– **s'assurer** que les droits intangibles inhérents à la dignité humaine sont respectés,*

*– **s'assurer** qu'un juste équilibre entre le respect des droits fondamentaux des personnes privées de liberté et les considérations d'ordre public et de sécurité est établi, mais aussi et surtout **prévenir** toute violation de leurs droits fondamentaux.*

*Dans le cadre de sa mission, le Contrôleur général s'attache en particulier aux conditions de détention, de rétention ou d'hospitalisation mais aussi aux conditions de travail des personnels et des différents intervenants en ce qu'elles impactent nécessairement le fonctionnement de l'établissement et la nature des relations avec les personnes privées de liberté.*

La mise en place du Contrôleur Général des Lieux de Privation de Libertés s'inscrit dans la tradition des instances de contrôle tel que l'OIP (fondé à Lyon en 1990) et plus substantiellement le GIP (fondé en 1971 par Michel Foucault, Jean-Marie Domenach et Pierre Vidal-Naquet). Le principe est de donner la parole aux détenus et aux personnes impliquées (proches, surveillants) dans la détention pour mettre au jour la réalité de la vie carcérale. En somme, l'objet est de permettre aux détenus d'accéder à l'espace publique. Toutefois l'instauration du Contrôleur s'inscrit à la fois dans la continuité de l'action de telles instances et marque une rupture idéologique forte. Les actions menées par les ONG (OIP et GIP) sont substantiellement critiques ; elles contribuent à modifier le droit des détenus par leur force d'interpellation. Ainsi en 2017, l'OIP accompagnait Monsieur Maalal devant la Cour européenne des droits de l'homme (CEDH) victime de violences et d'humiliations répétées de la part de surveillants.

*« Le 28 juin 2017, la Cour européenne des droits de l'Homme (CEDH) a transmis une requête initiée contre la France par M. Maalal et a, par ailleurs, admis que l'OIP intervienne dans cette affaire. L'association avait soutenu le requérant dans sa plainte, dans laquelle il dénonçait des faits de violences illégitimes de la part de surveillants pénitentiaires remontant à 2007. À l'époque, M. Maalal, avait refusé de rejoindre sa cellule pour protester contre le refus opposé par un médecin à sa demande d'hospitalisation en psychiatrie après qu'il s'était automutilé. Plusieurs surveillants lui avaient alors infligé des violences puis l'avaient placé à l'isolement. La nuit suivante, des membres des équipes régionales d'intervention et de sécurité (ERIS) avaient fait irruption cagoulés dans sa cellule, et lui avaient ligoté les jambes avec du scotch alors qu'il était à moitié nu. Ils l'avaient ensuite mené à un fourgon pour son transfert, sans qu'il ait pu se rhabiller. Durant le trajet, sa nudité était visible de l'extérieur, notamment lors de l'arrêt à une station-service. En 2012, le juge d'instruction avait rendu une ordonnance de non-lieu quant à la plainte de M. Maalal, estimant notamment que le requérant était dans un état d'extrême agitation qui justifiait l'usage de la force de la part des surveil-*

*lants, et que la volonté d'humilier M. Maalal en le faisant monter nu dans le fourgon n'était pas établie. L'affaire avait donc été portée devant la CEDH. Dans le cadre de sa tierce intervention, l'OIP a dénoncé la prise en charge par l'administration pénitentiaire de missions policières, la consacrant ainsi comme « force de sécurité intérieure ». Elle a pointé les risques de violences illégitimes renforcés par un cadre réglementaire relativement large reconnu aux personnels pénitentiaires pour user de la force et de la contrainte, et par l'équipement mis à leur disposition. Enfin, l'OIP a souligné que les détenus étaient confrontés à de nombreux obstacles pour faire reconnaître des violences démesurées à leur encontre (enquête insuffisante, absence de transparence sur les chiffres relatifs aux violences commises par les personnels pénitentiaires, etc.)* [250] »

Et, si l'OIP comme le CGLPL entendent faire « sortir de l'ombre » les pratiques abusives de privation des droits, ce dernier jouit d'un autre pouvoir : il est institué. Cela modifie sinon la nature au moins la signification de son action publique et on en attend des décisions, des modifications effectives.

Mais puisque le Contrôleur est une institution publique et qu'il ne s'agit pas d'une ONG il définit une autorité administrative. En tant que telle, sa stratégie est de *modifier de l'intérieur* et elle ne peut s'affranchir des contraintes inhérentes au fait qu'elle participe du corps de l'État. Mais elle a aussi de ce fait une résonnance très forte d'où la déception que l'on peut lire devant ce qui peut apparaître comme de l'impuissance à laquelle s'ajouterait une sorte de complaisance de l'État qui au travers de cette institution dirait : « vous avez officiellement raison : le traitement réservé aux personnes privées de liberté est officiellement problématique ». Bien que son action soit très importante le risque est bien l'instauration d'un super-contrôleur qui, à défaut de pouvoir produire de lui-même des changements, entraînerait une sorte de justification de pratiques scandaleuses.

Il peut donc apparaître une disproportion entre les atteintes subies par les personnes et les solutions finalement mises en œuvre ; comme le souligne l'article de la *Revue des Droits de l'Homme* [251] publié en octobre 2017 :

---

250. OIP-SF / Rapport d'activités 2017, p. 28.
251. *La Revue des droits de l'homme,* Revue du Centre de recherches et d'études sur les droits fondamentaux Actualités Droits-Libertés par Francesca Benucci, Anaïs Gournay, Alix Guillemain et Mathilde Millier.

Portée et limites des contrôles des lieux de privation de liberté : Le cas du centre pénitentiaire de Fresnes Droit pénitentiaire (CGLPL).

Il revient sur les recommandations en urgence que le CGLPL a rendues sur le centre pénitentiaire de Fresnes. Celles-ci font suite aux actions menées par l'OIP et aux témoignages très inquiétants que l'association avait recueillis début 2016. Ceux-ci alertaient sur « la prolifération de nuisibles de divers types : rats, puces, punaises, cafards. L'OIP a alors saisi en octobre dernier le juge des référés du tribunal administratif de Melun. En vertu de l'article L-521-2 du Code de Justice Administrative (CJA), il lui demande d'ordonner toutes mesures qu'il estimera utiles afin de faire cesser les atteintes graves et manifestement illégales portées aux libertés fondamentales des personnes détenues à la maison d'arrêt de Fresnes [252] ».

Constatant les risques sanitaires auxquels sont exposés les détenus et l'indignité du traitement qui leur est réservé le juge des référés rappelle dans son ordonnance du 6 octobre 2016 :

> Le droit au respect de la vie ainsi que le droit de ne pas être soumis à des traitements inhumains ou dégradants constituent des libertés fondamentales au sens de l'article L-521-2 du CJA.

Cependant les auteurs pointent aussi une difficulté lorsque le juge rappelle les conclusions du CGLPL lors de l'inspection du 26 mai 2016 et l'amélioration sensible des conditions de vie des détenus que l'on doit pouvoir aussi mesurer depuis. En effet, « le juge reconnaît une « amélioration de la situation » de manière globale. » Ainsi le Tribunal de Melun fait crédit à l'administration pénitentiaire d'une certaine bonne volonté. Ce qui conduit à des recommandations qui peuvent paraître bien dérisoires au regard de la situation dépeinte par les associations et condamnée par le CGLPL à savoir par exemple : « bétonner les zones sableuses de l'établissement et en intensifier l'action de la dératisation ». Les contrôles opérés par le CGLPL comportent des limites :

> S'ils peuvent inciter l'administration pénitentiaire à prendre des mesures de court terme, les solutions proposées ne visent pas à modifier l'organisation de l'institution pénitentiaire dans son essence même. Fresnes

252. *Ibid.*

n'étant qu'un exemple parmi d'autres du paysage carcéral français, la construction de trois nouvelles maisons d'arrêt prévue dans le budget 2017 de la Justice ne peut constituer une intervention suffisante[253].

Ce qui est fondamentalement en jeu est le rapport dialectique entre droit pénitentiaire et droit pénal. On appelle droit pénitentiaire l'ensemble des règles qui régissent la vie des personnes placées sous écrous. Il permet aussi de réglementer et de clarifier le rôle des surveillants. Les analyses de la sociologue Caroline Rostoing sont très éclairantes. Elle montre que de manière contre intuitive, la vie en détention est au quotidien non pas simplement un lieu où « tout » est interdit mais un lieu fait de « multiples interdictions, privations et empêchements, [et qui] déploie à l'infini l'étendue des déviances et incidents potentiels puisque tout ce qui n'est pas expressément autorisé est interdit ». Elle pointe la souplesse d'un système qui ne se fonde pas sur la stricte application du règlement. Il apparaît en effet que pour être effectif le droit doit se mouler au contexte singulier d'un lieu de vie clos par essence favorable aux négociations. Cette souplesse ne signifie en aucune manière laxisme. Elle marque le fait qu'une marge d'interprétation est nécessaire dans la mesure où les différents acteurs cohabitent et qu'à chaque décision se joue la place de chacun et notamment se dessine un rapport plus au moins vivable entre le détenu et le surveillant. À défaut de laxisme Corine Rostaing rappelle que:

> Le recours à des sanctions est d'autant plus redouté en France que les détenus encourent des pénalisations doubles ou triples pour la même infraction: d'abord par la commission disciplinaire, puis par les tribunaux externes si cette infraction est aussi un délit ou un crime, et enfin par le juge d'application des peines qui peut supprimer la remise de peine ou refuser d'accorder une permission de sortie.[254]

À cette multi-pénalisation qui rend déjà opaque la définition de l'infraction s'ajoute le fait que la qualification de la faute elle-même est obscure. Si certains incidents comme les agressions physiques ne sont guère l'objet de débats (surtout si elles sont à

---

253. *Ibid.*

254. Rostaing, Corinne. « Processus de judiciarisation carcérale: le droit en prison, une ressource pour les acteurs? », Droit et société, vol. 67, n°. 3, 2007, p. 577-595.

l'encontre d'un agent), il y a dans la plupart des cas de multiples critères qui permettent d'évaluer la gravité des faits. Ceux-ci sont relatifs à la perception des faits au sein de l'établissement « le comportement des collègues, le contexte de l'établissement, la personne de l'infracteur ou la qualité de leur relation mais aussi ses représentations de l'ordre[255] ». La qualification de l'infraction s'inscrit dans le cadre particulier de la vie carcérale. Elle doit permettre de maintenir un ordre qui est lui-même l'effet « d'un processus de négociation » entre les différents acteurs. Les rapports établis par les agents sont des objets sensibles dans cette négociation. Ils forment les premiers éléments en vue de la qualification de l'infraction et de la mise en place d'une sanction.

Pour cela les compte-rendus d'incidents (CRI) sont aussi des moyens efficaces de « reprise en main » par les chefs de détention. D'abord ce sont eux qui « filtrent » et sélectionnent les affaires qui seront présentées en commission de discipline, de plus ils évaluent aussi par là la nature et qualité du travail des agents, ainsi :

> Il y a trop de comptes rendus d'incident ici. On a des difficultés avec les écrits des agents, pas toujours très précis. Je leur explique que ce n'était pas utile de faire un CRI si c'est un incident mineur ou si le détenu a fait des excuses ou si on a trouvé un rouleau de scotch ! Cela ne nécessite pas de faire un CRI ! On a des CRI tous les jours et il y a beaucoup de classements au dossier[256].
>
> (Émile, 59 ans, chef de détention, 32 ans d'ancienneté, centre de détention)

Les négociations sont multiples et elles doivent aboutir sinon à une décision fondée en droit tout au moins à une mesure qui permette aux uns et autres de cohabiter. Ainsi parlementer avec un détenu doit aboutir à la reconnaissance de l'interdépendance des intérêts. Comme le souligne Corine Rostoing : « L'enjeu relationnel autour du rapport apparaît clairement, et ce à tous les niveaux hiérarchiques, que ce soit directement entre le détenu et le surveillant ou avec la hiérarchie ou indirectement entre l'agent et sa hiérarchie ou avec la direction. » Le rapport cristallise l'importance capitale de la réputation et de la représentation de la honte

255. *Ibid.*
256. http://www.senat.fr/rap/l99-449/l99-449.html.

et de l'honneur dans la distribution des rôles et des statuts en détention. L'ordre n'est garanti que par l'établissement reconnu et stable de *places* y compris les plus infamantes.

## Pointeurs

Réfléchissons au fait que certains régimes de détention sont plus lourds du fait même de la réaction des autres détenus et au mépris même du droit ou de la justice. Ainsi dans de nombreuses maisons d'arrêt les *pointeurs* ont des temps de promenades plus courts et moins fréquents que les autres détenus. Ils sont mis au ban. Cette séparation est souvent organisée par l'administration par souci de protéger ces délinquants sexuels de la hargne des autres. Il ne fait cependant aucun doute que ce mépris est officiel et qu'il est très souvent partagé. Aussi le rapport de la commission d'enquête n° 449 (1999-2000) de MM. Jean-Jacques Hyest et Guy-Pierre Cabanel, fait au nom de la commission d'enquête, déposé le 29 juin 2000 souligne le paradoxe suivant : les « pointeurs » forment une population pénale paisible qui est pourtant soumise à une double peine.

Lors de son audition, devant la commission, le Père Hervé Renaudin, aumônier à la maison d'arrêt de la Santé, a dénoncé la double peine qui les frappait ; non seulement ils purgent la peine liée à l'infraction qu'ils ont commise, mais en prison, ils sont souvent interdits de toute activité collective et de toutes promenades avec les autres détenus, sous peine de violence à leur encontre :

> L'administration est impuissante à cet égard : s'il lui fallait gérer tous les cas de ce type, le climat deviendrait insupportable. Il existe donc une sorte de tolérance. On conseille même à des arrivants pour délit grave de dire qu'ils purgent une peine pour vol de voiture, afin qu'on leur fiche la paix. En fait, les choses se savent très vite, par le on-dit ou les médias, et ces gens sont continuellement embêtés.

Devant la commission, MM. Loïk Le Floch-Prigent et Jean-Jacques Prompsy ont notamment indiqué :

> En prison, il n'y a pas de présomption d'innocence, tout détenu désigné comme "pointeur" sera considéré comme tel par ses voisins avec tout ce que cela implique comme brimades, psychologiques, physiques

et sexuelles. Les gardiens laissent faire. Les membres du groupe Mialet peuvent témoigner de nombreuses scènes de passage à tabac ou de lynchage, y compris dans les cours de récréation sous les yeux des représentants de l'administration.[257]

La commission a pu constater que l'administration pénitentiaire était fréquemment incapable d'assurer la sécurité physique des « pointeurs », voire fermait les yeux sur les brimades dont ils sont l'objet (insultes, crachats, racket, passages à tabac, viols…). Les pointeurs sont les *boucs émissaires* au sens défini par René Girard[258]. Ils concentrent la violence carcérale et produisent malgré eux et en dépit des intérêts divergents des détenus une *communauté* scellée par le rejet unanime dont ils sont les objets. René Girard a montré que la vertu première du « rite du bouc émissaire » est de transformer le « tous contre tous » en « tous contre un ». Le bouc émissaire humain n'est pas tiré au hasard; c'est un personnage que ses qualités victimaires prédisposent à occuper la fonction de bouc émissaire. Afin d'expulser cette violence intestine, le bouc émissaire doit en effet correspondre à certains critères. Notamment, il faut que la victime soit à la fois assez distante du groupe pour pouvoir être sacrifiée sans que chacun se sente visé par cette brutalité et en même temps assez proche pour qu'un lien cathartique puisse s'établir (on ne peut expulser que le mal qui est en nous…). Aussi, le véritable bouc émissaire de la tradition hébraïque est à la fois différent par sa qualité d'animal et semblable par son caractère domestiqué. Par la nature des délits et des crimes qui lui sont reprochés le pointeur est à la marge tout en faisant éminemment partie de l'économie de la vie en détention: des activités s'organisent en fonction de la protection spécifique dont il a besoin, il n'a pas n'importe quel codétenu et est souvent plus âgé etc. Se révèle ici la complexité de l'ordre carcéral d'autant que certains individus vivent de très longues peines et parfois meurent en détention. La communauté qui se dessine est alors nécessairement plus fermée et spécifique. Ainsi en est-il des détenus des 6 Maisons Centrales de France[259], cela

---

257. Rapport commission d'enquête n° 449 (1999-200)
258. *La violence et le sacré,* Paris, Grasset, 1972.
259. http://www.justice.gouv.fr/art_pix/chiffres_cles_2015_FINALE_SFP.pdf p. 6.

concernait en 2015, 2 165 personnes et parmi elles 475 condamnées à perpétuité[260].

Une conséquence de cette spécificité est que l'ordre disciplinaire qui forme les lieux de détention est local. Comme le souligne Corine Rostaing[261] :

> Il n'y a pas de critères clairs déterminant « la politique » disciplinaire d'un établissement, qui se définit davantage comme un ensemble de réactions ponctuelles aux incidents reportés, à l'image de la pluralité des décisions hiérarchiques quant aux infractions poursuivies ou aux résultats différents de la commission selon le membre de la direction qui la préside.

Cet ordre carcéral se construit au quotidien et répond à l'obligation d'ajuster le règlement aux spécificités locales. Cependant en général les contraintes sont plus vives en maison d'arrêt ; ceci est dû à la plus grande dépendance des détenus et aux tensions directement dues à la surpopulation. Ces contraintes impliquent une plus grande obligation de gérer les comportements :

> La situation carcérale caractérisée par des tensions fortes liées à une surpopulation permanente en maison d'arrêt, les mauvaises conditions de détention, la présence de détenus ayant des problèmes psychiatriques ou encore l'allongement des peines n'a pas conduit à une disciplinarisation plus forte des comportements, elle favorise au contraire une gestion localisée de l'évitement des désordres.

Ces ajustements questionnent inlassablement l'autorité des personnels pénitentiaires, ils sont par là installés dans un ordre précaire. De plus, les qualités requises pour négocier ainsi avec la population pénale ne sont ni reconnues, ni valorisées.

---

260. *Ibid.*

261. Rostaing, Corinne. « Processus de judiciarisation carcérale : le droit en prison, une ressource pour les acteurs ? », Droit et société, vol. 67, n°. 3, 2007, p. 577-595.

# **Chapitre II :** *La surveillance. Ce que surveiller veut dire ?*

*« Un jour un détenu m'a dit : "vous savez, surveillant, moi je vais partir d'ici avant vous ! Vous, vous y êtes encore pour trente ans !" »*
*Dans la peau d'un maton*[262], Arthur Frayer

## Un sale boulot

Débutons ce chapitre consacré aux surveillants par un bref retour sur l'histoire récente du statut et des conditions de travail des surveillants. Communément visé comme un « sale boulot » il souffre de mauvaise presse d'autant qu'il est réputé d'embauche facile (on manque toujours de surveillants) et ne nécessitant aucune compétence particulière. La sociologue Dominique Lhuilier propose de penser le « sale boulot » comme l'activité professionnelle peu glorieuse et dont l'objet, le métier serait lui-même porteur d'infamie[263]. On retrouve là les activités infâmes chères à l'Ancien Régime, ainsi bourreau ou lavandière, les souillures étant portées de génération en génération par les vies infâmes. « Le sale boulot » est ainsi nommé du fait de son objet. En un sens, celui qui l'exécute consent (puisqu'il n'est plus sacrifié comme sous l'ancien régime) à faire régner l'ordre en protégeant de la souillure tous ceux qu'il préserve par sa propre exposition. En ce sens le surveillant de prison est particulièrement visé par cette définition. Il préserve de ceux qui sont mis au ban, son travail est incarcéré. Il est en premières lignes pour contenir les individus et leurs peines (au sens aussi de leurs souffrances). Aussi

262. Paris, Fayard, 2011 p. 24.
263. Lhuilier Dominique, « Le « sale boulot » », Travailler, 2005/2 (n° 14), p. 73-98. DOI : 10.3917/trav.014.0073. URL : https ://www. Cairn. info/revue-travailler-2005-2-page-73.htm.

dans les Établissements Pénitentiaires pour Mineurs, les nuits peuvent être des crève-cœurs pour des agents qui se trouvent face à l'extraordinaire vulnérabilité d'adolescents de 13 à 16 ans face auxquels il faut trouver la « bonne distance ». Les difficultés d'ordre psychologique d'une part ou moral d'autre part ne sont pas simplement engendrées par des situations de crise où la violence entre détenus et surveillants peut être exacerbée. Elles sont intrinsèquement liées aux conditions de travail des surveillants.

Sur le plan psychologique Arthur Frayer décrit bien la situation en montrant comment les contraintes matérielles empêchent toute forme de rencontre. Le rapport de force est tel que venu pour enquêter sur les conditions de détention[264] il avoue assez vite « détester [les détenus] avec une rage dont [il] ne se savait pas capable[265] » En somme, de part et d'autre de la détention les conditions sont en vase communicant : dégrader les conditions de détention d'un détenu qui a détérioré les conditions de travail d'un surveillant, le conduira à durcir la détention : cercle vicieux absurde où chacun nuisant à l'autre nuit à lui-même. Un bon surveillant est l'agent d'un ordre sans embûche. Une bonne détention est une détention sans vague et c'est ce que doit « tenir » le surveillant. Il faut donc être assez fin psychologue pour établir un climat d'équilibre où les détenus perçoivent l'intérêt qu'ils ont à rester calme. Arthur Frayer rapporte ce qu'un professeur de l'ENAP lui a rapporté :

> Tout ce que vous pouvez négocier, c'est tout ce qui est interdit. C'est comme ça qu'on gère un étage[266].

Cette gestion est quotidienne et répétée. Les surveillants ne sont pas simplement chargés de faire exécuter la peine, mais compte tenu de sa nature ils doivent faire en sorte qu'elle puisse « être vécue ». Ce qui donne lieu à des scènes assez cocasses ou incompréhensibles vues de l'extérieur. Ainsi en est-il par exemple de cette situation où le dénommé « Bozoul » retourne en détention après que la Cour d'Assises vient de confirmer sa peine en appel, à savoir 30 ans de réclusion dont 20 ans de sûreté.

---

264 *Dans la peau d'un maton*, Arthur Frayer, Fayard, 2011 p. 202.
265. *Ibid.* p. 269.
266. *Ibid.*, p. 185.

Un soir de beuverie il a lardé un homme d'une dizaine de coups de couteau de cuisine. Il devrait être placé dans un établissement de haute sécurité. Faute de place, on le garde en maison d'arrêt avec les petits trafiquants. Les surveillants qui l'accompagnent rigolent.

— Si vous voulez vous amuser, faites-lui chanter du Claude François ! Il adore ça. Il n'a pas arrêté de chanter dans la voiture. C'est un fan. Hein, que t'es un fan ?

— Euh, euh, euh ! Hoquette Bozoul en esquissant trois pas de danse.

[...] Voilà un type qui vient de prendre 30 ans et qui se lance dans la chorégraphie d'Alexandrie, Alexandra [267] ! Il faut être psychologiquement en mesure non pas simplement de travailler mais aussi bien plus qu'il n'y paraît de « vivre » avec des « *Bozouls* ».

Sur le plan moral, trouver la bonne distance n'est pas non plus chose aisée. Les surveillants sont amenés de « manière normale » à exercer une violence qui peut mettre à mal leurs convictions éthiques. On distingue cette violence – consubstantielle à la fonction de surveillant pénitentiaire – de celle qui surgit dans les situations critiques et qui fera plus souvent l'objet d'une attention particulière. En effet, l'agent est parfois amené à exercer une contrainte pour se protéger physiquement. Cela est potentiellement traumatique et culpabilisant. La situation est notamment critique lorsqu'elle vise un public de mineurs réputés à la fois plus violents et plus fragiles. Dans les centres éducatifs fermés ou les EPM il faut à la fois prendre en compte la violence subie par les jeunes et contenir leurs propres accès. Comme le recommande le Comité européen pour la prévention de la torture :

La surveillance et le traitement des mineurs privés de liberté sont des tâches particulièrement exigeantes. Il convient de tenir compte que nombre d'entre eux ont subi des violences physiques, sexuelles ou psychologiques. [268]

Les crises doivent être contenues et comprises, la fonction est complexe pour qui n'est ni psychologue, ni éducateur. Ce qui est attendu du surveillant tient à sa situation singulière : il est d'abord celui auquel à affaire le détenu. Cette primauté de fait tient lieu de justification ultime. Et le surveillant est aux premières loges : de cellule en cellule il mesure les états respectifs, fait passer

267. *Dans la peau d'un maton*, *op.cit.* p. 229.
268. *Op.cit.* p. 139.

quelques objets, accompagne les détenus au fil des jours. Il constate la détresse et l'état des corps jusqu'aux suicides et note les petites faiblesses :

> Les voyous détestent être enfermés dans le noir. Ça les fait flipper. Alors, s'ils te font chier, tu leur coupes la lumière en général ça les calme.[269]

L'éventualité d'une rupture d'équilibre plane de jour comme de nuit sur la tête des surveillants. Elle forme le quotidien et teinte chaque jour. Cette tension dévoile la nature du travail et la difficulté concrète à maintenir des personnes en cellules. C'est pourquoi nous admettons que la violence exercée correspond à l'exercice normal de la fonction de surveillant. Comme le rapporte Dominique Lhuilier « le thème de la culpabilité est associé le plus souvent à l'enfermement, à l'action concrète de fermer et verrouiller une porte[270] ». Les surveillants sont les lampistes du système pénitentiaire ; en première ligne pour évaluer la force de la peine. Ils évaluent les effets de l'enfermement dans la durée, la dégradation physique et psychique progressive, les crises d'angoisse qui ponctuent cette évolution… La cohabitation est douloureuse. Elle l'est d'autant qu'elle implique (comme dans tous lieux de vie) des affinités et de l'empathie. Comme en témoigne Arthur Frayer :

> [À propos de Sadat – détenu –] C'est la personne avec laquelle je m'entends le mieux. Mieux même qu'avec les autres surveillants. Dès que je peux je vais le trouver dans sa cellule pour discuter livres, école, actualité, à l'abri des oreilles des autres matons[271].

Au contraire, aux yeux du surveillant les tâches intrusives de contrôle et de surveillance sont admissibles sur le plan moral face à un détenu considéré comme dangereux, coupable et différent. Il est nécessaire de tracer une ligne de démarcation entre « eux » et « soi » et ne pas oublier « que le meilleur d'entre eux ne vaut rien ![272] » Cette séparation ontologique est nécessaire pour accomplir *normalement* des tâches de contention et d'exclusion. Cependant, cette

---

269. *Dans la peau d'un maton, op.cit.* p. 249.
270. *Ibid.* p. 24.
271. *Ibid.*
272. *Dans la peau d'un maton,* Arthur Frayer, Fayard, 2011 p. 202.

distance est fragile. Et la statistique joue en sa défaveur. Les heures s'écoulant, l'étroitesse des espaces, le confinement des lieux, l'obligation (même contrainte) d'échanger : tout converge vers une rencontre inévitable entre surveillant et détenu. Alors, ce qui apparaissait convenable sur le plan moral devient critiquable puis insupportable. D'autant plus quand lorsque pour des raisons sociologiques une connivence peut facilement se lire. Âge, milieu social, situation de famille les effets miroirs sont multiples. Les résultats de l'enquête menée par Dominique Lhuilier attestent :

> Le poids de cette culpabilité émerge électivement à propos des situations où l'humanité du détenu ne peut plus (ou plus difficilement) être déniée : face à un corps dénudé au moment des opérations de fouille, face à un homme qui rencontre sa femme, ses enfants au parloir[273].

Ce malaise psychique ainsi que ce trouble éthique, le sentiment de « faire un sale boulot » se fondent sur le sentiment déqualification du travail. Il n'y a pas de « savoir-faire » reconnu par l'institution et derrière lequel pourrait se dissimuler le sentiment âpre d'avoir à accomplir une tâche difficile. Au moins, pourrait-on alors se dire : c'est dur mais c'est à moi (compte tenu de mes qualités, compétences etc.) que cette tâche incombe. Or, il n'en est rien. Surveiller n'est pas un travail qualifié. Alors même que pour bien l'exercer il faut être un équilibriste singulièrement intelligent.

## Un travail non qualifié

Pour comprendre ce que ressent globalement le personnel pénitentiaire il faut revenir sur les transformations qui se sont opérées à partir de la deuxième guerre mondiale et qui expliquent les fondements d'un malaise durable. Sous Vichy la population pénale augmente très fortement et atteint bientôt près de 70 000 détenus (contre 18 000 en 1938) et cela donne lieu à une dramatique pénurie de personnel. Il y est fait face avec des agents recrutés à la hâte, sans formation et sans culture pénitentiaire, sinon même selon un prisme purement répressif, le plus souvent en qualité d'auxiliaires. Le poids de ces recrutements affectera durablement

273. Lhuilier Dominique, *op.cit.*

la conduite de la politique pénitentiaire. Le cours des choses ne sera pas corrigé en profondeur à la Libération et dans les années qui suivent ; le nombre de détenus reste élevé (66 000 en 1946, dont 30 000 poursuivis pour faits de collaboration) ; ce chiffre ne pourra jamais être ramené à celui de 1938 ; le point le plus bas sera de 25 000 dans les années 1952-1955, mais il remontera en flèche avec la guerre d'Algérie. Pour faire face, et malgré l'action de personnalités comme Paul Amor, premier directeur de l'administration pénitentiaire de l'après-guerre, unanimement respecté, le pays n'arrive pas à dégager les moyens nécessaires, ni pour ce qui est des bâtiments ni pour ce qui est des personnels. Cette situation durera d'ailleurs pendant toute la période des Trente Glorieuses, avec un surpeuplement difficilement concevable, 1 500 détenus à Loos-lez-Lille pour 500 places ou 2 000 à Bois d'Arcy pour 700 places. Malgré les préconisations de la commission de réforme installée en décembre 1946, qui, parmi ses quatorze principes de réforme, avait posé un principe n° 13 ainsi conçu : « tout agent du personnel pénitentiaire doit avoir suivi les cours d'une école technique spéciale » aucune formation spécifique à l'adresse des surveillants n'est mise en place. [274]. Un centre d'études pénitentiaires est bien ouvert à Fresnes en 1946, mais il est destiné aux seuls chefs de services et aux surveillants chefs, charge à eux de retransmettre cet enseignement aux agents de base placés sous leur autorité, sous la forme d'un cours hebdomadaire d'une heure. Et le centre est bien transformé en École pénitentiaire en 1950, au bénéfice des surveillants et des éducateurs, mais en 1955 il n'est fréquenté que par 139 surveillants et 13 éducateurs, pour un effectif en fonction de 10 000 agents. Cette situation lamentable explique en partie les tensions, souvent violentes, que vont vivre les prisons pendant toute cette période de l'après-guerre. Pendant un temps, les mouvements pourront être suffisamment encadrés par les organisations syndicales, comme lors des journées de revendication de 1954, puis de 1955 ; les services de sécurité restent assurés (distribution des vivres et du courrier, soins médicaux et mises en liberté). Mais les choses changent radicalement en 1957 ;

---

274. Christian Carlier, *Histoire du personnel des prisons françaises, du XVIII^e^ siècle à nos jours*, Les Éditions de l'Atelier, 1997 p. 13.

le mouvement « flambe dans les jambes des chefs syndicaux », comme le dira le leader CGT, Aimé Pastre ; il va durer onze jours, du 16 au 27 juillet, avec, dès le départ, le mardi 16, une grève totale à la Santé, bientôt suivie par d'autres établissements, qui entraînera une mutinerie de la part des détenus dès neuf heures, faute du maintien des services minimum. Un palier est franchi qui va nécessiter des années de remise en ordre, pour que le climat retrouve davantage de sérénité.

Premier élément incontestablement source de changement, le statut spécial, institué en 1958, est le socle majeur de la reconnaissance des métiers de la pénitentiaire. Comme le souligne Jean-Charles Froment ce statut donne à voir ou « parvient à faire croire » que l'Administration Pénitentiaire « occupe une place à part dans la fonction publique » Ce statut spécial, dérogatoire au statut général de la fonction publique de façon à répondre aux besoins propres de l'administration pénitentiaire, a été en gestation pendant toute la IV$^{e}$ République, dans la foulée du statut spécial de la police mis en place dès 1948 par la loi André Marie du 28 septembre 1948, mais il n'a pu voir le jour alors en raison de l'opposition des syndicats majoritaires de la pénitentiaire, viscéralement hostiles à la suppression du droit de grève et déçus des premières contreparties proposées. C'est une ordonnance du 6 août 1958 qui en quelques articles en pose le principe, l'essentiel du contenu étant défini par décret (aujourd'hui décret du 21 novembre 1966 modifié à de multiples reprises).

Ce statut spécial comporte deux composantes, l'une faite d'obligations spécifiques, l'autre de contreparties destinées à compenser à la fois ces obligations et les sujétions inhérentes au métier pénitentiaire rappelées plus haut.

Les obligations spécifiques résident pour l'essentiel dans l'interdiction faite par l'ordonnance du 6 août 1958 de toute cessation concertée du service et de toute action collective d'indiscipline, en clair l'interdiction de la grève et des blocages extérieurs des établissements pénitentiaires. Ainsi par exemple en novembre 2018, 200 surveillants pénitentiaires sont sanctionnés pour avoir fait grève entre janvier et février 2018 et parce que certains grévistes ont empêché les forces de l'ordre d'entrer en détention. L'ordonnance précise que, en cas de manquement à ces interdictions, les sanctions disciplinaires peuvent être prononcées sans respect des garanties disciplinaires. Toutefois cette interdiction n'est jamais apparue totalement légitime aux yeux des surveillants. C'est pourquoi, l'histoire des relations sociales dans la pénitentiaire est ponctuée de conflits, au cours desquels les personnels n'ont pas hésité, quelquefois sur une grande échelle, à cesser le travail (voir par exemple en septembre 1992, lorsque 137 établissements sur 180 ont été bloqués)

Les contreparties sont substantielles ; leur caractéristique est d'aligner le régime des surveillants de prison sur celui de la police, sur les points suivants :

La sur-indiciation, c'est-à-dire un classement en dehors des catégories habituelles de la fonction publique pour la détermination de l'indice de traitement ; il en résulte que, à niveau de recrutement égal, les fonctionnaires des services pénitentiaires bénéficient d'un traitement indiciaire supérieur à celui des autres fonctionnaires de l'État ; cet avantage a été le grand argument en faveur du statut spécial dès qu'il en a été question, dans l'immédiat après-guerre.

Le droit à une prime de sujétions spéciales d'un niveau très attractif, de 20 à 24 % du traitement selon les corps, dont l'intérêt se trouve démultiplié du fait de son intégration dans le calcul des droits à pension.

La bonification dite du cinquième pour la constitution des droits à pension, soit une année comptabilisée en sus pour cinq années effectives (pour les seuls personnels de surveillance, qui représentent toutefois près de 80 % des effectifs) ;

Un régime de récompense relativement inédit et assez exemplaire, sous forme de progression de carrière plus rapide, lié à des témoignages de satisfaction ou à des actes de courage.

Il résulte de toutes ces mesures, sur le papier du moins, car il ne faut pas oublier les contraintes qu'elles viennent compenser, une situation relative des personnels de l'administration pénitentiaire qui ne manque pas d'attractivité. Un surveillant (catégorie C de la fonction publique) commence sa carrière avec une rémunération nette mensuelle de 1 431 euros, hors primes de nuit ou du dimanche (15 euros par prestation) et heures supplémentaires, équivalente à celle d'un agent d'un niveau bien supérieur de la fonction publique de statut général, et un lieutenant pénitentiaire la commence avec une rémunération bien supérieure à un cadre A de la fonction publique, avec 1 722 euros.

Deuxième levier de changement, l'amélioration de la gestion des ressources humaines. En la matière aussi cette administration a un lourd passif. Elle a été façonnée par une tradition de gestion autocratique et centralisée, avec une chaîne hiérarchique pesante et une coupure rigide entre l'encadrement et les personnels d'exécution. Il serait présomptueux de laisser croire que cette tradition n'existe plus ; loin de là ; la hiérarchie reste prégnante et il continue à y avoir un monde d'incompréhension entre catégories, difficilement soupçonnable de l'extérieur. Il y a même là une des raisons pour lesquelles les syndicats sont arc-boutés contre la déconcentration ; ils n'ont pas suffisamment confiance dans les autorités intermédiaires. Du coup la centralisation reste l'alpha et l'oméga de la gestion et constitue un de ses talons d'Achille ; un directeur d'établissement ne peut ni récompenser les agents ni les sanctionner (même le blâme lui échappe).

L'administration pénitentiaire dispose d'une école nationale qui lui est entièrement dédiée, l'ENAP, établissement administratif implanté à Agen ; cette école a pour mission d'assurer la formation initiale de l'ensemble des personnels pénitentiaires et contribue à leur formation continue. Elle se situe ainsi au cœur de la politique de gestion des ressources humaines dans la pénitentiaire et son rôle se trouve encore accru dans la période actuelle, marquée par une intensification sans précédent des recrutements, dont la qualité devient un enjeu majeur.

Enfin la gestion des ressources humaines est accompagnée de la mise en place d'outils définissant mieux le contenu du métier et les normes à respecter. Les règles pénitentiaires européennes (RPE) constituent de ce point de vue un instrument particulièrement précieux ; elles déclinent en 108 règles distinctes les obligations qui s'imposent à l'administration pénitentiaire dans le traitement quotidien des détenus ; et il est notable que l'administration pénitentiaire ait organisé une labellisation des établissements en fonction du respect de ces règles, certifiée par des organismes indépendants et sous la supervision d'un comité des règles pénitentiaires européennes, à la composition pluraliste.

Troisième facteur d'évolution, une plus grande perméabilité au regard et à l'intervention d'éléments extérieurs. Longtemps la prison a été un monde clos, peu favorable aux influences extérieures. La situation a commencé à changer après la Deuxième Guerre mondiale et la présence dans les établissements pénitentiaires de professionnels venus d'autres administrations, enseignants et personnels sociaux essentiellement. Le phénomène n'a fait que s'accentuer avec le temps. Par ailleurs, l'administration pénitentiaire est de plus en plus amenée à répondre de ses actes devant des autorités extérieures et devant le juge. L'air que l'on respire dans les prisons est un peu plus partagé, pour le bien de tous.

Cependant, la question de l'identité professionnelle continue à se poser en termes de défi. Jean-Charles Froment fait de la recherche d'une identité professionnelle et de la reconnaissance de cette identité la ligne de force de toutes les revendications des surveillants depuis 1945 et Christian Carlier parle de « l'irrésistible besoin de considération des personnels pénitentiaires. Il y a en réalité deux facettes à cette question de l'identité professionnelle, liées, mais distinguables. Une facette relative au contenu et une relative à l'image du métier et à la reconnaissance dont il bénéficie ».

La question du contenu du métier est déterminante. Même si l'on ramène la prison à un simple lieu d'exécution de la peine, sans s'intéresser pour l'instant à son volet réinsertion, force est de reconnaître qu'il n'est pas si simple de déterminer ce que signifie gérer un lieu de détention. Ce sujet est à l'origine de bien des malentendus. Les surveillants ont pu se considérer pendant des décennies comme les responsables ou les maîtres de ces lieux et de l'exécution de la peine. Progressivement cette exécution s'est trouvée régie par des normes plus objectives définies par les pouvoirs publics, ce qui a pu sembler déposséder les surveillants de leur rôle et leur donner au surplus le sentiment d'une instrumentalisation. La mise en place des règles pénitentiaires européennes n'a fait qu'accentuer cette réalité et ce ressenti. Que les surveillants s'interrogent sur le contenu de leur métier va dès lors de soi, sans qu'il soit besoin d'évoquer, comme d'aucuns, une volonté de réappropriation par les surveillants de la loi pénitentiaire, au sens de volonté de faire la loi au sein des détentions et de récupérer un espace qui leur aurait échappé. Là n'est certainement pas la question. Cela montre au surplus les limites, également ressenties, de la recherche par les surveillants de prison d'une parité avec la police. Cette parité a été leur combat pendant des décennies, mais au moment où elle est obtenue, ils doivent bien constater que la seule assimilation ne suffit pas à caractériser leur métier, en raison même de la spécificité des lieux de détention et du rôle de la prison. Il ne s'agit pas seulement d'y faire prévaloir l'ordre, d'éviter les évasions et les révoltes, ou encore, « de conserver le détenu dans le meilleur état possible », ce qui peut être regardé comme le rôle d'une force de sécurité. Il s'agit de quelque chose d'autrement plus complexe et exigeant, surtout si l'on y ajoute l'objectif d'amendement du détenu. Cela va bien au-delà des missions habituelles des forces de sécurité. Et on comprend dès lors les inévitables interrogations sur le métier de surveillant de prison.

Le législateur peut toujours poser les principes relatifs à ce sens de la peine et le gouvernement déterminer les priorités qu'il assigne à l'administration pénitentiaire. Mais, comme le dit Claude d'Harcourt, le directeur de l'administration pénitentiaire (2005-2010), ce sont les personnels pénitentiaires « qui, finalement, transforment la sanction pénale en expérience concrète... Le sens de la loi (et en l'occurrence le sens de la peine) n'ira jamais plus loin (mais ira aussi loin) en humanité, en efficacité et en intelligence que ce que l'administration en aura elle-même compris ». Et c'est bien là l'immense défi final qui pèse sur les personnels de la pénitentiaire, et où les enjeux sont les plus forts. On imagine les efforts que cela implique en termes de formation, de qualité des recrutements, d'encadrement, de suivi, de déontologie. « La déontologie est un absolu[275] » déclare en 2010 Claude d'Harcourt alors qu'il fait retour dans un entretien pour criminocorpus sur la fonction qu'il vient de quitter. Notamment il salue l'ouverture des premiers Établissements Pénitentiaires pour Mineurs en 2007-2008 à Lyon, Marseille, Nantes, Valenciennes, Mantes-la-Jolie et Toulouse à propos desquels il affirme : « le succès de cette politique repose tout entier sur l'implication des personnels et sur leur intelligence ».

En plus des enjeux de sécurité auxquels répond naturellement l'exigence de surveillance, elle rend intelligible l'ensemble de l'organisation carcérale. Notamment elle dit la fonction d'un corps de métier. Par-là elle implique qu'un individu incarcéré est essentiellement contrôlé, jour et nuit, qu'il soit ou pas en cellule. La surveillance est le lot de toute personne mise sous écrou, y compris lorsque la peine s'accomplit hors les murs, comme c'est le cas aujourd'hui pour 10 226 personnes écrouées, non hébergées, parmi lesquelles la population (qui compte 9 929 individus) sous surveillance électronique. Cela signifie que le débat, toujours important, entre la punition et la prévention, qui pose en d'autres termes l'alternative relégation ou réinsertion, achoppe toujours sur la question centrale : quels sont les moyens dont dispose la société pour élaborer ces dispositifs ? Or ces dispositifs sont des dispositifs de contrôle. Toutefois, il s'agit de comprendre que ceux-ci ne forment pas les moyens d'une action, par exemple punir ou réinsérer, mais constituent par eux-mêmes différentes déclinaisons de la surveillance. Surveiller est une fin en soi. L'acte de surveillance est le sens ultime de la mise sous écrou. Cependant, il faut une prise par laquelle on peut évaluer à la fois la conduite objective et l'expression d'un « être » criminel. Celle-ci se dessine dans la définition d'un comportement-type. En détention, surveiller implique de prévoir et de réglementer le comportement du détenu. Ce qui suppose, une fois le criminel séparé du corps social, la mise en place de normes pour redresser le délinquant, le rendre

275. *Entretien avec Claude d'Harcourt,* Directeur de l'Administration Pénitentiaire (2005-2010). Source Collection Philippe Zoummeroff, criminocorpus.org. Collection Philippe Zoummeroff.

droit. Ces mesures ont toujours aussi pour destinataire, imaginaire ou réel, l'honnête citoyen. En effet, une contrainte récurrente, dès lors que l'on aborde la question des conditions de vie en détention, est qu'elles doivent pouvoir être considérées comme moins bonnes que celles des moins bien lotis des citoyens. Robert Badinter parle à ce sujet de « loi d'airain » :

> Il n'est pas possible d'améliorer la condition des prisonniers au-dessus du seuil des plus défavorisés [...] Le public ne le supporte pas.

La question du travail en prison est exemplaire à ce titre. Le travail est un fondement de la discipline et de l'économie pénitentiaire : ainsi les détenus, travaillant au fonctionnement de la prison, au titre du « service général » ou pour la Régie industrielle des établissements pénitentiaires ne doivent pas présenter des charges financières dissuasives pour les entreprises qui perdraient « tout intérêt à contracter avec l'administration pénitentiaire ». En réalité, le travail demeure le moyen d'assurer un ordre intérieur, d'apaiser les tensions en fonction d'une appréciation disciplinaire. En outre, il est relatif à l'ordre pénitentiaire : un détenu peut se voir refuser un emploi parce que le travail est rare et que les emplois sont réservés aux indigents et interdits aux prévenus en attendant les assises. Il n'est donc en rien fonction de sa nature propre.

## Conditions de travail

Nous avons montré que le rapport peut devenir une prise de risque pour le surveillant dans sa relation au détenu et comme enjeu d'évaluation professionnelle ; il l'est aussi pour la hiérarchie du fait de contraintes juridiques de plus en plus fortes et de la nécessité de prise en compte des caractéristiques des acteurs qui ne sont pas nécessairement compatibles entre elles, de sorte qu'elles obligent les professionnels à un délicat travail d'arbitrage. Le recours ou non au rapport contribue à l'équilibre interne de la détention ou à l'économie des relations entre détenus, personnels, hiérarchie et direction. Il ne s'agit pas seulement d'une question strictement locale d'interactions entre des membres engagés dans une situation singulière, elle permet d'examiner comment s'agence plus largement l'ordre négocié.

Le métier de surveillant est par lui-même objet de questionnement, ainsi que le souligne Michel Foucault alors qu'il faisait retour sur les révoltes des prisons en 1970. Il émet l'hypothèse que les tensions subies au sein des établissements ne sont pas du simple fait des détenus. Les déséquilibres sont mutuels et les surveillants aussi bien que les détenus en manifestent les effets. Michel Foucault ose alors la question suivante : « Si les craquements venaient non seulement des « surveillés » mais des « surveillants » : comment surveiller les surveillants ? »[276]. On peut formuler les choses en d'autres termes : comment qualifier le métier de surveillant ? Par quel contenu pouvons-nous en établir les limites et les fins ? Par extension : qu'est-ce qu'un bon surveillant ? Quelles compétences spécifiques sont-elles requises ? En prison, il n'y a d'autre événement possible que l'incident, ce qui perturbe l'ordre interne ou externe. Ce sont les détenus qui créent l'événement, cognent dans les portes, s'auto-mutilent, cassent leur cellule ou y mettent le feu, injurient ou agressent les personnels ou leur codétenu ou refusent d'obtempérer aux ordres donnés. L'analyse du travail des surveillants montre que si discipline il y a, elle a d'abord un objectif de maintien de l'ordre, c'est-à-dire dépourvu de contenu, sans volonté de changement des individus à moyen ou long terme. En somme, tout comme un bon détenu est un détenu transparent, un bon surveillant n'a pas à faire usage de la force, il est celui grâce auquel « rien » n'arrive. Or, cela implique d'abord une auto-discipline rigoureuse grâce à laquelle on parvient à ne pas s'exposer aux troubles qui accompagnent nécessairement la vie en détention.

L'activité des surveillants, à l'inverse de l'activité productive des policiers dont les résultats se mesurent en nombres d'actes (timbres-amendes, flagrants délits, déferrements) est d'abord évaluée à partir d'un état, le calme de la détention, l'absence d'incident. Et, pour l'obtenir, a été soulignée l'importante autonomie opérationnelle des surveillants[277]. Ce qui donne tout son sens à l'inquiétude de M. Foucault : comment surveiller les surveillants,

---

276. « À propos de l'enfermement pénitentiaire » (entretien avec A. Krywin et F. Ringelheim), Pro Justitia. Revue politique de droit, t. I, nos 3-4 : La Prison, octobre 1973, p. 5-14. *Dits et Écrits tome II* texte n° 127.

et ce qui fonde la légitimité d'organisme comme le CGLPL. Plus le surveillant est expérimenté et moins il applique le règlement de manière formelle. Il l'applique en fonction du bon sens et du point de vue non pas de la recherche de la justice mais de celle de l'ordre. Aussi : « si la formation tend à favoriser le juridisme des novices par l'apprentissage de la pratique de la procédure, l'expérience tend à en réduire l'usage[278] ». Elle insiste :

> L'enquête longitudinale sur la socialisation professionnelle des surveillants montre l'effet de l'apprentissage en situation. À la question : « si un surveillant a un accrochage avec un détenu, il vaut mieux plutôt : (1) rédiger un rapport d'incident ou (2) régler le problème en tête à tête », 71 % des stagiaires à l'entrée de l'École nationale d'administration pénitentiaire (ENAP) choisissent de rédiger un rapport (contre 29 % pour la réponse 2) tandis qu'après une année d'ancienneté, le rapport s'est inversé : ils ne sont plus que 38 % à choisir le rapport (contre 62 % pour régler le problème « entre quatre yeux »).

Il faut en déduire que la puissance est d'autant plus grande qu'il n'est pas besoin de l'exercer pour l'accomplir. Aussi un bon surveillant n'a pas à exercer son autorité mais à l'incarner. Il est la branche effective du droit, les yeux et les oreilles des juges, le corps de la Loi. Or, comme tout lieu de vie, la prison fonde son ordre sur son organisation et sur les habitudes qu'elle induit. Aussi le droit ne s'impose pas de manière objective et extérieure ; il passe par les individus et se traduit dans les comportements qu'il mesure et ordonne. Le surveillant est au centre de ce processus. Il en est l'animateur. C'est pourquoi, il doit structurellement susciter la coopération des détenus. Aussi il existe des marges dont la valeur symbolique est très importante. Souvent le surveillant expérimenté en a conscience. Cela apparaît clairement à la confrontation de ces deux témoignages recensés par Corinne Rostaing :

> C'est souvent qu'ils demandent à ne pas baisser le caleçon, c'est humiliant. Moi je comprends. C'est pas par là qu'ils vont faire entrer des armes ! C'est plutôt du cannabis. Et ça, c'est pas mon problème !
> (Samuel, surveillant, 15 ans d'ancienneté, maison d'arrêt)

---

277. Rostaing Corinne. « L'ordre négocié en prison : ouvrir la boîte noire du processus disciplinaire », Droit et société, vol. 87, n° 2, 2014, p. 303-328.
278. *Ibid.*

> La fouille, c'est essentiel pour notre sécurité. Si les gars sont en contact avec leurs proches, ils peuvent recevoir des objets interdits. C'est sérieux. On ne plaisante pas avec cela ! Même si le gars veut m'amadouer : « S'il vous plaît, Surveillant ! » Moi cela me laisse de marbre. « La fouille, c'est la fouille. On baisse son slip. » Le gars qui refuse, c'est rapport. Il connaît le règlement, un point c'est tout.
> (Stanley, surveillant, 8 ans d'ancienneté, maison d'arrêt)

Lorsque les surveillants relèvent ces différentes manières de travailler, distinguant les « sécuritaires » de ceux qui « font du social », ils considèrent souvent qu'il faut ces deux types de comportements pour faire marcher une prison, sinon elles exploseraient, ou bien ils en perdraient le contrôle. « Faire marcher » une prison est donc substituer l'ordre à la discipline, les normes acquises doivent être suffisamment souples pour permettre les adaptations aux circonstances et suffisamment établies pour garantir l'ordre.

Se joue aussi ici la capacité du surveillant à affirmer une certaine autonomie par rapport à la hiérarchie. Cela évite au surveillant d'être contredit par la décision de ses supérieurs ou celle de la commission disciplinaire. Il en va de sa crédibilité et de sa réputation. Un bon surveillant est aux yeux de sa hiérarchie un surveillant dont on n'entend pas parler et qui réussit à maintenir le calme et à abaisser le climat de tension de son étage. L'essentiel de son travail, réel mais informel, consiste à apaiser autant que faire se peut la détention en répondant aux demandes, en tenant ses promesses, en étant juste, en ayant du sang-froid et un comportement constant et en sachant dénouer les situations de crise.

Ainsi de manière générale, le métier de surveillant questionne la condition carcérale et le sens de la peine. Nous sommes ainsi tentés de transformer la question de la signification de la surveillance par celle plus complexe de ce qu'implique d'avoir à maintenir des hommes enfermés. Au fond, le surveillant n'a-t-il pas pour fonction de prendre sur lui la violence de la peine infligée par la société. Et, en un certain sens les réformes humanistes des années soixante-dix et 80, à commencer par l'abolition de la peine capitale, ne mettent-elles pas en question cet effacement du délinquant, maintenu séparé par l'arsenal humain et technique qui accompagne l'incarcération ?

# **Chapitre III :** *Un lieu inhabitable*

> « *Pendant toutes ces années de prison,*
> *j'ai été la mouche sur le mur.*[279] »
> James Gregory (geôlier de Nelson Mandela
> durant 24 ans)

## De la maison d'arrêt à la maison de détention

En effet, l'enfermement carcéral pose un problème philosophique majeur : si l'on admet que la peine de mort doit être abolie puisqu'elle nie le sens même de la peine (et donne au législateur un pouvoir disproportionné) dont la fin est de protéger les citoyens et de leur assurer une coexistence pacifique ; en quoi la privation de liberté est-il plus rationnelle ?

Pour mieux comprendre notre problème reprenons le point de vue de Thomas Hobbes (1588-1679) par lequel il trace les limites du pouvoir du souverain. Il admet que la fondation d'une communauté civile s'impose si les humains veulent prévenir la guerre et la mort qui en résulte. Dans son *Épître dédicatoire au Citoyen*[280], Thomas Hobbes établit un lien étroit entre une juste distribution des biens et la protection de la vie du citoyen contre la menace de la mort. En effet, l'accès à tous les biens disponibles expose les hommes à la dispute et à la violence. L'un doit céder devant la force supérieure ou le prestige de l'autre (la loi du plus fort). Hobbes tente de réconcilier deux facultés de la nature humaine : le désir naturel de jouir de la communauté des biens et la raison naturelle (leur volonté raisonnable) de consentir au droit à la pro-

---

279. *Le Regard de l'antilope. Mandela, mon prisonnier, mon ami*, Robert Laffont, Paris, 1996 p. 56.
280. Thomas Hobbes, *De cive ou les fondements de la politique.* Trad. de Samuel Sorbière, présentation par Raymond Polin.

priété privée afin d'éviter le combat et la mort. Celle-ci est certes le plus grand mal qui peut leur advenir. La vie est donc le plus grand des biens à protéger et la mort le plus grand des maux à conjurer.

> […], lorsque j'eus tourné mes pensées vers la recherche de la justice, qui signifie une volonté constante de rendre à chacun son droit m'a persuadé qu'il fallait tout d'abord se demander d'où venait que quelqu'un disait d'une chose qu'elle était à lui plutôt qu'à autrui. Et lorsqu'il fut acquis que cela ne résulte pas de la nature mais d'un consentement des hommes […], je fus conduit de là à une autre question, à savoir : pour le bien de qui et contraints par quelle nécessité ont-ils voulu que chacun ait plutôt des biens à lui alors que toutes choses étaient à tous ? Or, j'ai perçu que la communauté des biens entraînerait nécessairement la guerre, et à sa suite toutes sortes de calamités, les hommes se battant avec violence au sujet de l'usage de ces biens ; ce que tous fuient par nature. Je suis donc parvenu à deux postulats très certains de la nature humaine : celui du désir naturel, par lequel chacun exige que l'usage des biens communs lui revienne en propre, et celui de la raison naturelle, par laquelle chacun s'efforce d'éviter la mort comme le plus grand mal de la nature. [281]

En décrivant la libre gratuité, associée à l'état de pure nature hors de la société civile, Hobbes insiste de nouveau sur la « cupidité naturelle » des hommes qui porte chacun en même temps à désirer ce qui est bon et à fuir ce qui est mauvais pour lui, en particulier la mort qui est incontestablement la plus grande des calamités. Mais parce qu'ils ne pourront pas tous et chacun en même temps satisfaire leurs désirs, ils seront contraints à céder au plus fort, ce qui ne pourra s'accomplir sans combat ni violence. Par conséquent, ils seront en état de guerre permanente *(homo homini lupus)* et ne pourront pas se protéger ou se préserver mutuellement et durablement, à moins qu'ils s'engagent, par une « instruction de la raison », à signer un pacte de paix.

> […] au milieu de tant de dangers que la cupidité naturelle des hommes fait peser sur chacun d'entre eux, on ne saurait leur reprocher de se préoccuper d'eux-mêmes, puisque nous ne pouvons pas vouloir faire autrement. Chacun est en effet porté à désirer ce qui est bon pour lui et à fuir ce qui est mauvais pour lui – à fuir plus que tout le plus

281. *Ibid.*, p. 98.

grand des maux naturels, la mort – et cela par une nécessité de nature non moindre que celle qui fait qu'une pierre incline à tomber. Il n'est donc ni absurde, ni répréhensible, ni contraire à la droite raison que quelqu'un fasse tous les efforts pour défendre son corps et ses membres contre la mort et les souffrances et pour les préserver. Or tout le monde dit que ce qui n'est pas contraire à la droite raison est fait justement et légitimement [*jure*]. Par ce mot de droit *jus*, en effet, on ne signifie pas autre chose que la liberté* que chacun a d'employer ses facultés naturelles conformément à la droite raison. Ainsi, le premier fondement du droit naturel est que chacun protège sa vie et ses membres autant qu'il le peut. [282]

Le contrat social a donc pour vocation dernière de protéger la vie. Il n'est pas concevable qu'il contienne la possibilité de tuer un des contractants. La loi est au-dessus des hommes parce qu'elle leur assure la paix et oblige l'ensemble des institutions à garantir le droit absolu de chaque individu à « persévérer dans son être ». Persévérer dans son être pour un homme n'est-ce point être libre ? Et, se peut-il qu'en même temps que nous admettons qu'un État éclairé se préserve de la peine de mort nous n'interrogions pas la peine dite de « privation de liberté » ? Peut-on être membre de la société civile par laquelle on renonce aux droits sur toute chose sans être libre ? Une peine qui conclurait à la nécessité de mettre au ban une partie des membres du corps social ne l'imputerait-elle pas gravement ? N'est-ce pas en ce sens qu'il faut penser la pente mortifère à la récidive ? En somme, la punition peut-elle encourir le risque d'un retour à la barbarie, une rupture du contrat social, un basculement vers l'état de nature ?

Cependant, les États démocrates affirment que la peine de prison est la plus rationnelle puisqu'elle tend à effacer la dimension vengeresse du droit. N'abîmant pas le corps et ayant pour vocation de produire l'amendement du condamné elle est – puisqu'il faut punir – un moindre mal, équitable et modéré. Les critiques humanistes de la prison convergent en général sur l'idée que la privation de liberté est suffisante. Elles soulèvent ainsi l'indignité des conditions d'incarcération et les violences consécutives à la vie en détention. Elles invitent notamment à réfléchir au sens

282. *Ibid.*, p. 102.

d'une peine à perpétuité qui renvoie le salut de l'âme à la Saint Glinglin. Elles pointent alors que différentes instances internationales s'accordent avec elles pour dénoncer tortures et humiliation. Ainsi le Comité contre la torture des Nations unies regrette dans son dernier rapport[283] :

> Les conditions matérielles inadéquates de détention qui prévalent dans certains établissements, notamment la vétusté et l'absence d'hygiène et de salubrité.

Fin 2018 ainsi que le rapporte l'OIP :

> Trente-cinq établissements pénitentiaires français avaient été considérés par la justice française comme exposant les personnes détenues à des conditions indignes. La France a par ailleurs été condamnée à 17 reprises par la Cour européenne des droits de l'homme en raison de conditions de détention violant l'article 3 de la Convention européenne des droits de l'homme (CEDH) qui prohibe la torture et les traitements inhumains ou dégradants. 7 établissements font d'ailleurs actuellement l'objet de recours devant la CEDH – 4 maisons d'arrêt et 3 centres pénitentiaires[284].

Cependant la démocratie ne fait-elle pas de la liberté un attribut absolument consubstantiel ? Et la question est même plus radicale : que signifie priver un homme de liberté ? Il apparaît en effet que l'enfermement carcéral est par essence un défi au corps et sinon une torture de l'âme au moins une souffrance mesurable, prévisible et par conséquent d'une manière plus ou moins claire, acceptée et voulue. Les conditions de détention peuvent certes être plus ou moins douces. Il faut cependant admettre que maintenir un homme en cellule (fût-t-il multirécidiviste) c'est s'exposer à pouvoir le détruire. Il importe de répondre de ce pouvoir. La nature de ce phénomène est très bien décrite par Simone Weil en 1938 dans *L'Iliade ou le poème de la force*. Elle rappelle à partir de la lecture de ce poème épique qu'exercer la toute-puissance n'est pas tuer mais maintenir sous son joug. Il faut en effet distinguer « la force qui tue » de celle « qui ne tue pas encore ». Cette force est bien plus « prodigieuse » que la première car elle consiste à « faire une chose d'un homme qui reste vivant ». La

---

283. *La question pénitentiaire dans les outre-mer*, 18 mai 2017.

284. https://oip.org/en-bref/pourquoi-la-france-est-elle-regulierement-condamnee-pour-letat-de-ses-prisons.

force est prodigieuse puisqu'elle dépasse, à l'extrême, les contradictions logiques, jusqu'à rendre possible qu'un « être humain soit une chose [285] ». Aussi on se demande si on peut être ou ne pas être libre, si c'est bien une question.

Être libre est-ce une simple possibilité ? La liberté est-elle un attribut ? Un bien dont on peut se défaire ? Tel homme a de la liberté tel autre n'en est pas pourvu. Serait-elle de manière contingente l'effet de circonstances externes ? S'agit-il au contraire d'une donnée consubstantielle ? Nul ne saurait être à la fois homme et renoncer à la liberté. En ce sens d'ailleurs nul ne saurait être ni digne, ni responsable s'il n'est libre. C'est pourquoi, la privation de liberté est à la fois impossible et nécessairement violente. Comme disait Epictète à Epaphrodite son maître « Tu es maître de ma carcasse : prends-la. Mais contre moi : tu ne peux rien [286] » ! En somme la prison ne saurait priver de liberté puisqu'on ne prive pas un homme de liberté. Cependant, elle peut l'abaisser (et le faire presque disparaître) et manifester ainsi les effets réels de sa puissance. En effet, contrairement à l'expression souvent employé la peine d'emprisonnement ne peut *simplement limiter la circulation d'aller et venir*, elle ne peut seulement contenir en un lieu car on ne peut pas *simplement* enfermer un homme.

La réflexion doit nous permettre de sortir de l'impasse et d'envisager l'absurdité qu'il y a à prétendre *exercer une simple privation de liberté*. Quelle peine suspensive de la liberté d'aller et venir permettrait aux « suspendus » de garder un rapport suffisamment ténu avec l'extérieur pour maintenir une citoyenneté (libre et responsable) ? C'est pourquoi, le problème posé par la détention est celui de savoir s'il est possible *d'habiter en prison ?* Construire des lieux de détentions habitables serait faire de la prison une maison au sens générique du terme. Une maison non pas pour adoucir la privation de la liberté mais pour mettre à l'écart des hommes demeurés libres. La vocation de cette maison est bien de permettre de nouveau l'expression pleine de cette liberté. Il faut donc admettre comme principe fondamental qu'un homme

285. *Écrits historiques et politiques*, volume III, Paris, NRF Gallimard, 1989, p. 228-229.
286. *Manuel*, Garnier Flammarion, Paris, 2015.

ne peut pas perdre sa liberté. Le projet du belge Hans Clauss nommé *De Huizen* repose sur des fondements en lesquels nous retrouvons cette même certitude. Il a pour fin ultime de remplacer les prisons par des « maisons de détentions ».

Le projet se fonde sur trois principes :

– D'abord les maisons de détentions doivent être petites : pas plus de 30 détenus répartis dans 3 unités de 10 personnes. Ce nombre semble suffisant pour pouvoir intégrer tous les détenus.
– De plus, chaque cas doit être différencié. « Si on parle de sécurité par exemple il faut savoir que tous les détenus ne nécessitent pas un même degré de sécurisation [287] ». On pourrait imaginer deux types de maisons : les unes plus ouvertes et d'autres plus fermées en fonction de l'évaluation de la dangerosité des détenus.
– Le troisième principe est de tisser des liens avec « l'environnement direct ». Il s'agit de normaliser la présence de détenus. Notamment on peut partager une cantine, une épicerie.

Hans Claus précise aussi que le travail des surveillants dans ces maisons doit être lui-même repensé. Tant et si bien qu'« il faudra créer de nouveaux métiers. Il reviendra à chaque organisation de recruter son personnel. [288] » Hans Claus définit son projet à partir de la réflexion menée avec d'autres personnes issues du monde pénitentiaire belge, de la recherche en criminologie, du droit et du monde politique. Elle fût nommée : « Exécution différenciée de l'exécution des peines » (dans le giron de la « Liga voor Mensenrechten »), à la recherche d'alternatives à la prison qui soient réalisables. Elle avait notamment vocation à critiquer les projets novateurs de grands centres pénitentiaires jugés plus inhumains les uns que les autres.

En 2012, le film documentaire de Catherine Rechard avait justement pour titre *le déménagement* [289], il suivait les détenus de la

287. « Des maisons pour en finir avec la prison », Entretien avec Hans CLAUS, *Dérivations,* n° 5 décembre 2017 p. 90-95, propos recueillis par Jean-Michel Leclercq,
288. *Ibid.*
289. Candela production, Paris.

maison d'arrêt Jacques Cartier de Rennes vétuste et insalubre à la prison mixte de Vezin totalement neuve. Les détenus et les surveillants témoignent face caméra de leurs espoirs et de leurs appréhensions. Concernant Jacques Cartier on se plaint de la promiscuité, du bruit et de la saleté mais on regretta la vue « un parking, des habitations, des gens qui partent au travail ». À propos de Vezin on apprécie la possibilité d'être seul, la présence de douche en cellule et l'accès à des unités de vie familiale. Cependant des fenêtres on ne voit plus désormais qu'une zone industrielle. « L'isolement est tel que les personnes incarcérées en viennent à regretter des choses aussi absurdes que se regrouper sur les paliers pour se rendre aux douches collectives » dit la réalisatrice. De la même façon les surveillants regrettent leurs conditions de travail passées. Il y a moins de contact direct avec les détenus et les déplacements sont moins fréquents. Il y a donc globalement moins de conflits. Toutefois il demeure des tensions liées justement à cet isolement : d'abord les surveillants connaissent bien moins les détenus et d'autre part ils se trouvent souvent eux-mêmes isolés. Comme le souligne Catherine Rechard les surveillants « se voient moins, parce que la nouvelle architecture est cloisonnée, et qu'ils travaillent dans des bâtiments différents. [290] » Il ne s'agit pas de regretter les anciennes prisons mais de montrer que si les nouvelles prisons sont plus propres et plus sécurisées, elles n'en sont pas nécessairement plus habitables. La prison de Vezin est un grand centre pénitentiaire qui est pour ainsi dire un anti-modèle des « maisons » que nous avons évoquées plus haut et desquelles s'inspirent notamment Hans Claus.

La prison de Mauzac-et-Grand-Castang figure au contraire cette référence aujourd'hui mise à mal bien que beaucoup plus novatrice et complexe que la fabrique contemporaine d'usines à détenus. Delphine Payen-Fourment [291] nous en fait la description : « Prison modèle », le nouveau centre de Mauzac a été conçu entre 1984 et 1986 par les architectes Christian Demonchy et

290. « Le déménagement » la prison filmée par Catherine Rechard, H. Marzolf, Telerama.fr, le 18 janvier 2013.
291. « Mauzac, la prison des champs » Observatoire International des Prisons, oip.org, 24 mars 2016.

Noëlle Janet. Pensé comme un village, il se compose de 21 pavillons comportant chacun 12 cellules individuelles, réparties sur deux étages. S'y ajoute une « unité de vie » regroupant cuisine, douches et salle commune. Les 252 détenus occupant les pavillons ont tous la clé de leur cellule. Les détenus peuvent circuler librement sur le domaine, toute la journée. Il n'y a pas de cour de promenade entourée de hauts murs, « ce dispositif typiquement pénitentiaire qui instaure une ségrégation entre la population pénale et les personnels ». Elle a été remplacée par l'« agora », une place arborée, située au centre de l'espace pavillonnaire et délimitée par des bancs. « Le cahier des charges exprime clairement sa fonction sociale : c'est le lieu privilégié de rencontres, notamment entre détenus et surveillants [292] ».

La fin de ce dispositif est de rappeler de manière concrète les obligations auxquelles s'expose chaque citoyen. Pour les détenus il importe de les rendre plus manifestes. Concrètement, l'organisation de la détention permet d'agir de manière responsable et autonome. L'objectif est de permettre aux détenus de comprendre leur peine en s'inscrivant dans une perspective de réinsertion. Or, cela n'est guère possible lorsque l'incarcération suppose une rupture radicale et presque hermétique avec la société. Cependant, cela implique de changer de regard sur la détention et de parvenir à sortir de la logique aussi inefficace qu'injuste du « débarras ». Ainsi en est-il au Danemark où les prisons « ouvertes » représentent 60 % des places en établissements pour peines. À propos des conditions d'enfermement dans les prisons « ouvertes », le chercheur danois Peter Scharff Smith [293] décrit un régime pénitentiaire fondé sur le principe de « normalisation » auquel nous sommes tentés d'opposer celui de « séparation » ou « d'extraction du corps social ».

Le principe de normalisation suppose de préserver des conditions de détentions qui soient les plus proches possibles de celles du monde extérieur. Les détenus préparent eux-mêmes leurs repas, une supérette à l'intérieur de la prison permet d'acheter les denrées nécessaires. Aucun détenu ne peut passer sa peine de manière oisive dans sa cellule mais il a obligation soit de travailler

---

292. *Ibid.*

293. Danemark : « normaliser » le quotidien des condamnés. O.I.P, 22 septembre 2012,

(la durée du temps de travail est le même qu'à l'extérieur soit 37 heures), soit d'étudier, soit de suivre un programme de prise en charge. Les détenus perçoivent un salaire et une allocation hebdomadaire pour leurs achats alimentaires et de première nécessité. De plus, les conditions de visite familiale ou amicale sont bien meilleures dans les prisons ouvertes. À Jyderup[294], ouverte en 1988, presque tous les espaces extérieurs sont accessibles aux visiteurs, les familles peuvent manger avec les détenus et les enfants ont des espaces pour jouer. Pendant le week-end, les visites peuvent se dérouler de 9h30 à 19h30 ce qui permet aux familles de passer un moment aussi « normal » que possible. De plus, dans certaines prisons ouvertes l'accès à internet est possible quelques heures par semaine et le téléphone portable (bien qu'attaché dans la cellule) demeure utilisable (à la condition raisonnable que les messages comme les appels puissent être contrôlés).

En 2012, le conseil de l'Europe faisait de la normalisation l'un des trois principes fondamentaux qui doivent prévaloir dans l'élaboration d'une politique pénitentiaire juste (avec l'individualisation et celui de responsabilité). En effet, le quotidien pénitentiaire tend habituellement à reproduire une routine qui suscite ennui et passivité. De plus, son caractère immuable semble interdire toute prise de responsabilité, toute initiative même minime sur le déroulement de la journée nuit à la vie en détention.

Au contraire, le Conseil de l'Europe préconise de privilégier au maximum les organisations les plus proches possibles de la vie hors les murs. Il admet notamment qu'il soit possible de donner au détenu la clé de sa cellule et encourage au maximum les activités extérieures. Enfin des moments d'échanges doivent être prévus afin de rendre compte des conditions effectives de détentions. Du point de vue pénal comme philosophique le détenu doit être considéré comme l'acteur de sa peine. Il ne s'agit plus de la subir comme une durée vide de sens. Comme le raconte d'une manière très sensible un des témoins du film de Stéphane Mercurio *Après l'ombre*[295]. Il

294. *Ibid.*

295. Tourné en 2017 et reposant totalement sur les propos mis en scène d'anciens détenus ayant purgés de très longues peines; ainsi que sur celui de l'épouse de l'un d'eux. Éric Jayat est l'un des anciens détenus-protagonistes auquel nous nous référons,

dit que lorsqu'il est sorti de prison à 38 ans c'était comme s'il en avait 18 « avec le corps d'un vieux ». Comme si le temps de sa peine s'était déroulé sans qu'il n'ait aucun sens. Il décrit notamment comment progressivement il a perdu la représentation de lui-même et ajoute que finalement « arrive un moment où on ne sent plus rien ». Dans un entretien accordé à la Revue *Sens-Dessous* (Numéro 24, *Humanités*) Stéphane Mercurio explique comment cette suspension du temps a des conséquences très concrètes, notamment pour les très longues peines. Concernant la vie amoureuse et familiale les anciens détenus en sont souvent restés aux goûts de leur jeunesse, et ne se figurent pas vraiment qu'eux-mêmes n'ont plus vingt ans. Ainsi à 40 ans les détenus ont souvent la maturité affective et sexuelle des jeunes hommes qu'ils étaient avant d'être incarcérés pour de très longues peines. De plus, leur imaginaire est demeuré relatif à leurs désirs de post-adolescents. Or, on s'expose à de grosses déceptions et à certains risques à prétendre « naturellement » draguer des jeunes femmes de 20 ans lorsque l'on en a presque 40. Lorsque le détenu est père de famille il lui est de surcroît extrêmement difficile d'appréhender les effets du temps de la peine sur ses enfants. Il lui est presque impossible de concevoir comment en somme et au sens propre : ils ont grandi sans lui !

La prison suspend la vie et confisque le temps. Le principe de normalisation doit au contraire favoriser une continuité qui puisse permettre à l'ancien détenu de faire de nouveau société comme à la société de s'assurer la pleine compréhension par l'individu des préjudices subis par la collectivité. Le confinement des détenus correspond fantasmatiquement à la « mise à l'abri » de la société. En réalité : celle-ci n'est possible que si d'une manière ou d'une autre, pour reprendre l'expression de Robert Badinter, on se débarrasse des détenus.

Au contraire, le principe de responsabilité des détenus accomplit celui de la normalisation du champ pénal. Le détenu demeure un citoyen et la peine qu'il accomplit ne saurait le priver de ses droits. Et ces derniers ne possèdent de réalité effective que par les obligations qui les limitent. Sans quoi le détenu se trouve privé d'action. Il lui est impossible de sortir d'une condition de minorité faite de réclamation et de passivité devant une institution à laquelle on ne peut que se soumettre. Au contraire, le principe de responsabilité implique dans ce contexte une réhabilitation de l'individu au rang de personne morale, celui étant pleinement l'auteur de ces actes. Cette réhabilitation implique de tenir séparées la chute morale et l'infraction pénale. Celle-ci est en effet la condition première et sine qua non pour rendre effective la réhabilitation du détenu et la réparation par la peine. Il est ainsi préconisé de permettre aux détenus d'exercer leurs responsabilités personnelles dans la vie quotidienne en prison de prendre des décisions et d'en mesurer les conséquences. Le Conseil de l'Europe entend bien s'adresser à des hommes libres dont il suspend la possibilité d'aller et venir mais dont il n'entend pas confisquer la liberté. Ainsi par exemple des systèmes de représentation des intérêts des détenus peuvent être pensés.

À ce titre, « le Conseil de l'Europe juge essentiel que les administrations pénitentiaires créent des situations permettant cet exercice et que le personnel pénitentiaire apporte son soutien aux détenus[296] ». Au Danemark cette préconisation s'inscrit dans la Loi. Il est demandé aux directeurs de prison d'instituer des mécanismes de « co-détermination », une modalité répandue à l'extérieur qui permet aux détenus ou à leurs représentants de participer à la prise de décision, y compris sur des sujets importants [...]. La loi sur l'exécution des peines (*Sentences Enforcement Act)* exige que des porte-parole soient élus dans chaque aile d'une prison, à bulletin secret [...]. L'administration doit elle-même s'engager à consulter ces élus de manière régulière. Aussi il s'agit de considérer que la peine ne suspend pas l'exercice de la citoyenneté et doit même plutôt tâcher de le réparer. Ainsi dans un dossier élaboré en décembre 2017 pour la revue *Dérivations*[297] la sociologue Marie-Noëlle Tenaerts rappelle le paradoxe qui consiste à « penser un projet de réhabilitation alors que tout, en dehors de la reconnaissance de sa responsabilité par le jugement, le déresponsabilise dans la vie quotidienne de l'uni-

296. Danemark : « normaliser » le quotidien des condamnés. O.I.P, 22 septembre 2012.
297. *Spatialités et finalités des prisons*, Marie-Noëlle Tenaerts, p 104-109.

vers carcéral [298] ». Ce faisant, elle pointe les justifications idéologiques sur lesquelles repose l'institution carcérale : notamment comme « réponse politique à la criminalité » dont les effets sont rendus publics et reprend les mots du sociologue Loïc Wacquant [299]. Il décrit comment la fonction sociale de la prison est de purifier la société des rebuts qu'elle ne contient pas. Mais surtout il affirme que cette prétention est une « aberration » :

> Faire disparaître de l'espace public les rebuts de la société de marché-petits délinquants d'occasion, chômeurs et indigents, sans-abri et sans-papiers, toxicomanes, handicapés et malades mentaux laissés pour compte par le relâchement du filet de protection sanitaire et sociale, jeunes d'origine populaire condamnés à une (sur)vie faite de débrouille et de la rapine par la normalisation du salariat précaire-est une aberration au sens propre du terme, c'est-à-dire, selon la définition du Dictionnaire de l'Académie française de 1835, un « écart d'imagination » et « une erreur du jugement » tant politique que pénale.

Il faut donc admettre qu'il ne s'agit pas de faire disparaître ces rebuts « une bonne fois » mais de rendre le plus difficile possible la réhabilitation réelle des individus. Ces difficultés sont manifestes dans les conditions de détentions auxquelles s'accoutume l'opinion d'autant plus que les modes de médiatisation de la criminalité confortent cette tendance. Aussi on ne compte plus les commentaires qui disent ou insinuent que la justice est laxiste, feignant notamment de s'étonner de ce que cet « individu connu des services de police » soit toujours en état de nuire. Le débat récent autour des fichés « s » en France est très manifeste dans ce cadre. La question que pose l'opinion peut se formuler ainsi : à quoi servent ces dispositions puisqu'il est possible de passer à l'acte tout en étant répertorié dans ces fichiers. Voici pour exemple un résumé des propos tenus [300] après l'attentat perpétré à Strasbourg le mardi 11 décembre 2018 :

> À l'Assemblée nationale, Richard Ferrand a invité les députés à observer une minute de silence en hommage aux victimes de la tuerie de Strasbourg (Bas-Rhin) du mardi 11 décembre. Mais malgré ce moment

---

298 *Ibid.*, p. 108.

299. *Le monde diplomatique*, « La prison comme arme absolue », septembre 2004.

300. https://www.francetvinfo.fr/faits-divers/terrorisme/fusillade-a-strasbourg/attaque-a-strasbourg-nouvelle-polemique-sur-les-fiches-s_3097535.html#xtor=AL-67-[video].

d'union nationale, les polémiques sont là. Mardi 11 décembre au soir, Laurent Wauquiez avait lancé le débat qui ressurgit à chaque attentat, en tweetant : "Combien d'attentats commis par des fichés S devons-nous encore subir avant d'adapter notre droit à la lutte contre le terrorisme ?" Internement préventif ou expulsion des fichés S, c'est aussi le discours de Marine Le Pen depuis des années.

Laurent Wauquiez [301] essentialise les fichés « S » qui formeraient une entité homogène une sorte de communauté dont le point commun serait de partager ces mêmes « casiers ». Le propos est d'autant plus absurde qu'un nombre très important de personnes sont ainsi répertoriées sans avoir entre elles la moindre accointance idéologique. Ou alors il faut par exemple mettre ensemble les zadistes, les néonazis et les djihadistes…

## Habiter c'est penser

Habiter un lieu suppose de pouvoir y projeter du sens, se l'approprier c'est-à-dire affirmer sa subjectivité, être actif, penser. Il est impossible d'habiter en prison. Une cellule où on serait enfermé même 30 ans ne saurait être chez soi. La prison est profondément une privation d'être au monde. La privation de liberté s'accomplit dans l'impossibilité d'habiter un lieu. « Identifié par son numéro d'écrou, sans information sur son sort, le captif peut à tout moment être déplacé et transféré [302] ». Quel que soit le niveau d'incertitude, il demeure toujours. Et le fait de purger sa peine ici ou ailleurs ne dépend pas nécessairement des attaches antérieures du détenu. Il n'en va pas toujours de niveau de sécurité : cela peut être une question de logistique ou d'intendance, le nombre de détenus, l'organisation des activités, la distribution des

301. Devenu député en 2004 en remplacement de Jacques Barrot, il est nommé en 2007, secrétaire d'État auprès du Premier ministre et porte-parole du gouvernement, puis en 2008 secrétaire d'État chargé de l'Emploi. En 2010, il devient ministre chargé des Affaires européennes, avant d'être nommé ministre de l'Enseignement supérieur et de la Recherche en 2011. Maire du Puy-en-Velay de 2008 à 2016 et à nouveau député de 2012 à 2017, il devient secrétaire général de l'UMP en 2014 et vice-président des Républicains en 2015. Il est élu président du conseil régional d'Auvergne-Rhône-Alpes en 2016. Lors du congrès des Républicains de 2017, il est élu président du parti au premier tour de scrutin.

302. « La dénaturation carcérale, pour une psychologie et une phénoménologie du corps en prison », Jeanine Chamond, Virginia Moreira, Frédérique Decocq, Brigitte Leroy-Viemon, *L'information psychiatrique*, 2014/8 (Volume 90), p. 673-682.

cellules… les causes de déplacement sont souvent extrinsèques à la nature de la peine. Or, il va sans dire que le lieu – ne serait-ce que du point de vue des proches qui eux habitent telle ou telle région – change la peine. Toutefois, le détenu ne peut agir de manière certaine et durable sur ce lieu où il est contenu sans donc être en mesure de l'habiter. Il devient alors difficile de « garder le fil ». Comme le raconte Éric Jayat pour Stéphane Mercurio, le temps qui s'écoule n'est plus vécu, il s'écoule suivant une logique qui devient extérieure à la conscience, il est presque impossible de demeurer soi-même, de préserver une historicité, une cohérence entre le dedans et le dehors, l'avant et l'aujourd'hui, comme l'implique à l'état « normal » l'exercice de la conscience. L'espace clôt empêche l'expression du moindre élan vital. L'espace contraint ne peut plus être vécu. Aussi la cellule, comme assignation à résider, restriction absolue des allées et venues ne peut être habitée. Non seulement l'espace est contraint mais encore il n'est pas à coup sûr un abri :

> L'habitation du détenu entendu ici comme simplement sa possibilité d'habiter, est précaire, intermittente, atrophiée, exposée au risque d'empiétement et de violation de l'intimité, à la fois par les codétenus et les fouilles des gardiens. [303]

Aussi à défaut de pouvoir composer avec l'espace extérieur, la tendance générale est de chercher à habiter son corps. Le corps devient enjeu de prise : le sport, les mutilations, la « branlette » sont autant de manières d'exister au sens où l'on tente de se tenir hors de soi.

Assigné ainsi à résider en son corps, le détenu fait penser au patient présenté par Merleau-Ponty dans la *Phénoménologie de la perception* [304] : M. *Schn.* Celui-ci est apraxique et se trouve incapable de faire le moindre geste abstrait. Monsieur *Schn.* ne peut se mettre en situation. Le monde au sein duquel il tente de se tenir est sans horizon, il est tenu à des gestes concrets. Il est privé d'intentionnalité. Merleau-Ponty présente le cas de ce malade pour montrer que nous ne sommes jamais tenus dans notre corps dans

---

303. *Ibid.*
304. Garnier Flammarion, 1945.

un état strictement actuel mais que nous en composons le contour virtuel sans avoir à le solliciter dans sa totalité. En effet, le « sujet normal » rapporte Merleau-Ponty « n'est pas seulement mobilisable par les situations réelles qui l'attirent à elles, il peut se détourner du monde, appliquer son activité aux stimuli qui s'inscrivent sur ses surfaces sensorielles, se prêter à des expériences, et plus généralement se situer dans le virtuel ». Or, la prison assigne à l'actuel. Les troubles auxquels porte la détention relèvent de cette circonscription à perte de temps et d'espace : cette répétition morbide du présent. Pour mieux entendre ce dont souffre ce patient Merleau-Ponty explique que pour lui l'espace perçu n'est pas habité. Il n'a pas de signification. Il est dénué d'intention. Il n'est doté d'aucune forme de virtualité potentielle. Le monde de Monsieur *Schn.* est strictement celui qui se présente concrètement ici et maintenant. Aussi par exemple, il se trouve dans l'incapacité d'avoir une relation affective, d'éprouver le moindre désir, de recevoir la moindre caresse, de faire un quelconque baiser.

> Chez le normal, un corps n'est pas seulement perçu comme un objet quelconque, cette perception objective est habitée par une perception plus secrète : le corps visible est sous-tendu par un schéma sexuel, strictement individuel, qui accentue les zones érogènes, dessine une physionomie sexuelle et appelle les gestes du corps masculin lui-même intégré à cette totalité affective. Pour *Schn.*, au contraire, un corps féminin est sans essence particulière : c'est surtout le caractère, dit-il, qui rend une femme attrayante, par le corps elles sont toutes semblables. Le contact corporel étroit ne produit qu'un « sentiment vague », le « savoir d'un quelque chose indéterminé » qui ne suffit jamais à « lancer » la conduite sexuelle et à créer une situation qui appelle un mode défini de résolution. La perception a perdu sa structure érotique, aussi bien selon l'espace que selon le temps. Ce qui a disparu chez le malade c'est le pouvoir de projeter devant lui un monde sexuel, de se mettre en situation érotique, ou, une fois que la situation est ébauchée, de la maintenir ou de lui donner une suite jusqu'à l'assouvissement[305].

Le monde de *Schn.* est fermé : il lui manque l'espace de la signification et du projet. Contrairement au sujet normal, il est incapable de s'affranchir des perceptions présentes et le temps lui apparaît sous la forme de moments juxtaposés. Monsieur *Schn.*

---

305. *Ibid.* p. 201.

fait penser au malheureux personnage de Gombrowicz, nommé Houligan qu'un juge veut à tout prix rétrécir. Cette nouvelle, intitulée *Le rat*, met en scène de manière assez comique la signification de l'oppression, qui n'a pas pour effet de tuer, mais de réduire à l'état de chose. Houligan est « un fier brigand, luron, et bandit dévergondé [306] », il jouit d'une « fière constitution, large et massive, et d'une âme aussi spacieuse ». Le juge Scorrabini lui voue une haine telle qu'il finit par lui tendre un piège et par l'enfermer dans sa cave. Loin de lui alors l'idée de le tuer, il souhaitait (ce qui pour Houligan est le comble de l'horreur) :

> Tout juste rétrécir quelque peu, ratatiner, rabougrir et contracter une victime dont la mort à ses yeux aurait figuré tout juste le contraire d'une aubaine !

La constitution « large et massive » de Houligan le disposait tout au contraire à saisir les possibilités multiples de ce qui se présente à lui. Scorrabini ne veut pas tuer Houligan, il veut rendre impossible l'expression d'une telle nature. Il veut le réduire à l'actuel. Il ne faut plus que Houligan puisse composer avec la réalité. Il doit se trouver en un lieu inhabitable. Un lieu où on ne le tuerait pas mais où le maintiendrait en vie. Cette fiction cruelle de Witold Gombrowicz rappelle en quoi consiste essentiellement la privation de liberté : ne pas être libre, c'est être réduit, rétréci, être tenu dans l'immédiat, comme dans une cave. Houligan est en cellule dans la cave qu'avait imaginée Gombrowicz. Lorsque l'oppression est telle qu'elle contraint un homme à se tenir sous un joug chaque seconde de l'existence, à l'évidence alors il ne s'agit pas de le tuer, mais de nier sa spécificité parmi les autres êtres vivants, qui est de pouvoir projeter par lui-même les significations qui l'orientent. La liberté semble donc résider dans la capacité de projeter des significations, d'ordonner le monde, de « se maintenir dans le temps », d'être, le plus possible et dans le plus grand nombre de circonstances, témoin de son existence. Or, comment cela se peut-il lorsque le temps n'est plus qu'un quantum qui dépend non pas certes de Scorabini mais d'une institution par là toute puissante.

## Ennui

306. Extrait de *Bakakaï*, publié la première fois en 1957.

Farhad Khosrokhavar utilise l'expression de « temps sui generis » pour qualifier le déroulement pur du temps qui à défaut de n'être plus vécu fini par ne plus être non plus mesuré. Il se déroule comme une entité abstraite détaché des réalités auxquelles il est naturellement attaché dans la vie sociale. L'enfermement carcéral brise la trame du temps et il est de plus en plus difficile de l'apprivoiser. L'individu se trouve dans l'incapacité de mettre en intrigue ce qu'il vit. Il est tenu en un lieu et donc privé d'histoire. Le détenu se trouve à éprouver une angoisse existentielle extrêmement profonde car il est face au vide sans le secours d'aucune occupation que nous accordent habituellement nos fonctions sociales.

> L'irréalité du temps diffuse une torpeur anesthésiante, accentuée par les psychotropes et la télévision. Le temps contracté entre quatre murs se spatialise, se fait répétitif, chronométrique : promenade, parloir, repas, heure du courrier, etc., dans une chronologie immuable et une routine de corps sans sujet[307].

Il y a là quelque chose de l'organisation monastique. Et ce n'est pas par hasard si un nombre remarquable de lieux ont été successivement prison et monastère[308]. À ceci près que la prison ne propose que le vide et ne dispose qu'accidentellement à la méditation. Il importe alors de comprendre que les formes de conduites religieuses en détention ne sauraient être simplement émancipatrices.

En effet, l'ennui dont il est question dispose à l'alternative suivante : soit se morfondre et « remplir » ses journées, soit chercher

307. Farhad Khosrokhavar, *op. cit.*, p. 229.
308. Ainsi par exemple : La maison centrale de Fontevraud occupa en effet plus d'un siècle et demi durant le site de l'abbaye fondée en 1101 par Robert d'Arbrissel. L'abbaye eut un destin hors du commun du fait du prestige de ses abbesses, issues de puissants lignages voire de sang royal. Elle fit un temps office de nécropole dynastique des souverains Plantagenêt et l'on y admire encore les gisants d'Henri II, d'Aliénor d'Aquitaine ou de Richard Cœur de Lion.
L'abbaye n'échappa pas au sort des établissements monastiques lors de la Révolution : l'ordre fut dissous, les religieuses et religieux chassés et les bâtiments saisis comme biens nationaux. En attendant de statuer sur son devenir, le site, pillé et fortement dégradé lors des événements révolutionnaires, fut baillé à un salpêtrier qui loin de s'en tenir aux murs qu'on lui désignait jeta à terre nombre de bâtiments de qualité. Le décret napoléonien adopté le 26 vendémiaire an XIII (18 octobre 1804) affecte les locaux de l'ancienne abbaye à un établissement central destiné à accueillir les détenus de plusieurs départements du Val de Loire et de la France de l'ouest.

à éprouver le sens de son existence à travers le militantisme religieux ou politique. En ce sens un des précieux moteurs de la radicalisation en prison est une certaine forme d'ennui, de celui que Simone Weil décrit et qui consiste à ne plus distinguer dans la réalité le moindre fait sur lequel prendre prise. Cette indifférence est paradoxale : puisque tout est indifférent, tout ce à quoi on s'attachait auparavant, tout ce qui donnait du sens aux jours et aux êtres alors on peut donner sa vie à une cause qui la sublimera. L'ennui « gonfle l'âme tout entière avec du fanatisme »[309]. Il conduit à la folie « au sens littéral, médical du mot » puisque cette méthode fondée sur le principe que « tout se vaut », précipite l'homme dans un ennui semblable à celui des malheureux condamnés à la prison cellulaire, et dont la plus grande douleur est de n'avoir rien à faire. L'ennui participe donc des symptômes qui rendent compte du « caractère fictif » de la prison ou sa force déréalisante. La prison n'offre aucune prise réelle au détenu : tout est décidé pour lui ; n'étant plus libre, il ne s'appartient pas. Ainsi les difficultés pour reprendre le fil de son existence traduisent cette situation : comme si être détenu signifiait être *presque mort,* suspendu. Les efforts des associations pour alerter sur les conditions de détention jugées souvent mauvaises renvoient toujours à cette discontinuité entre la prison et la vie. Les ruptures affectives, familiales, professionnelles et/ou éducatives ont pour effet d'entretenir la récidive.

L'ennui naît de l'exclusion de la chance ou du hasard car cela signifie exclure le jeu comme espace de probabilité ou de risque. Cette prise de risque rend possible une adaptation à des circonstances incertaines. L'ennui n'est pas contingent au sens où il serait possible de ne pas ressentir cette forme de vacuité en détention. L'ennui est nécessaire, inévitable consubstantiel à la privation de liberté. En effet, privé de liberté le détenu est privé d'évènement c'est-à-dire d'histoire sur laquelle le sujet est susceptible d'agir. En ce sens, l'ennui conduit à ne plus être en mesure de « mettre en intrigue[310] » le déroulement du temps. Il est privation de récit. Comme en témoignent les anciens détenus après de très longues

309. *L'Enracinement, op. cit.* p. 1143.

peines : le temps est devenu indifférent. Or, par quelle fiction une vie peut-elle se dérouler sans que le temps n'y laisse son empreinte ? Comme le rappelle Simone Weil le risque fait partie des « besoins vitaux de l'âme ».

> Le risque est un besoin essentiel de l'âme. L'absence de risque suscite une espèce d'ennui qui paralyse autrement que la peur, mais presque autant.

## Cohabiter

Le mode de présence des autres détenus rend aussi assez complexe voire impossible la possibilité d'habiter en détention. Le problème tient à l'absence de séparation entre soi et les autres, au sentiment d'appartenir à une agrégation de corps. La promiscuité (au moins en maison d'arrêt), l'exposition à l'intimité de l'autre, l'exhibition de tous contredit la possibilité de se tenir suffisamment séparé pour ne pas se confondre avec les autres. Il n'est pas difficile d'imaginer l'état de panique auquel le « choc carcéral » expose quand on comprend qu'il faut accepter cette surveillance tacite et permanente de chacun sur tous : surveillants, détenus, travailleurs sociaux.

L'enfermement carcéral est la réponse pénale qui scelle le mieux l'acte de séparation comme moyen de réparation. Le délinquant est mis à l'écart, placé à distance de la société. Dans cette perspective, cette séparation est nécessaire non seulement en raison de facteurs sécuritaires jugés évidents mais aussi et plus profondément pour leur permettre aux fauteurs de troubles de prendre conscience de *ce qu'ils ont fait*. La prison doit permettre de distinguer la nature délictuelle des faits soit d'en réaliser la signification par rapport à la société à laquelle leur confusion antérieure les empêchait d'appartenir.

Cependant ce principe de séparation est paradoxalement empêché par l'organisation même de la vie carcérale. La prison ne permet pas de se figurer l'ordre social auquel il faudrait pouvoir appartenir de nouveau. Elle n'est pas séparation au sens où l'en-

---

310. Ricœur, *Temps et Récit,* Éditions du Seuil, Paris, 1983.

tend par exemple Catherine Chabert[311] mais fermeture. Comme le rappelle la psychanalyste la séparation est « un processus de différenciation ». Il permet à la personnalité de s'affirmer progressivement dans sa singularité. Notamment elle insiste sur la contradiction suivante : « sans privation, sans la rupture qui lui est inhérente, il n'y a paradoxalement pas de potentialité de continuité du sentiment d'exister[312] ». Aussi « l'excès de présence de la mère » écrase le désir de l'enfant et empêche l'expression du moindre ego. La séparation est un moment à la fois catastrophique et salvateur constitutif d'un « monde interne » *propre*. Platon l'affirme déjà, le désir est manque et le sujet pour être humain ne saurait être ni parfait ni comblé.

> (Le désir) crie toujours la misère, et il s'en faut qu'il soit tendre et beau comme on le croit généralement : il est dur, desséché, il va nu-pieds et n'a pas de maison… c'est qu'il a la nature de sa mère (Pauvreté, pénia) et que la misère ne le lâche pas[313].

La prison interdit l'expression du moindre manque et le détenu se trouve en présence d'une institution qui répond, propose et comble temps et espace. Le vide de l'enfermement, son absurdité, le fait d'être « seulement » arrêté, contenu, mis à l'arrêt est aussi l'envers d'un plein, d'un remplissage « jusqu'à la folie ». Ce dont atteste le travail des sociologues Jeanine Chamond, Virginia Moreira, Frédérique Decocq, Brigitte Leroy-Viemon dont nous avons cité plus haut le travail. La cellule partagée est notamment un lieu d'une très grande confusion. Hermétiquement fermée elle livre paradoxalement aux regards de chacun et produit une exhibition des corps, chacun se trouve livré sans séparation au corps des autres. Aussi l'espace vital est « empiété » et les détenus doivent opérer de manière à se retrancher dans leur corps.

> Le processus d'incarcération est comme un emboîtement qui prend le corps du détenu dans une succession de murs et l'isole par un dispositif architectural de plus en plus restreint qui bouche l'horizon : en-

311. Chabert Catherine, *Les séparations. Victoires et catastrophes*, ERES, « Le Carnet psy », 2013, 232 pages. ISBN : 9782749238852. DOI : 10.3917/eres. chabe.2013.01. URL : https ://www. cairn. info/les-separations—9782749238852.htm.
312. *Ibid.*
313. *Le Banquet, 98d.*

ceinte, bâtiment, étage, cellule, mitard. Finalement, le corps est son dernier réduit[314].

La prison est presque naturellement un lieu de panique ou à quelques rares exceptions les violences infligées sont (et peut-être ne peuvent être autrement) des flétrissures. Ainsi le délire de l'institution pour laquelle la protection des uns est mise à l'abri des autres se révèle en détention. L'État s'y donne à voir comme s'il était à l'origine des êtres (ainsi retenus), le ventre de leurs mères à tous, comme si on pouvait défaire et mettre ensemble des hommes sans les distinguer, être un lieu où se confondent tous les êtres. L'indistinction à laquelle condamne la confusion carcérale est supplice. L'autre toujours présent est « obscène parce que trop là[315] » il est aussi paradoxalement invisible, agglutiné à soi.

## La privation de la liberté est un stigmate

Si le corps n'est plus directement supplicié, il demeure cependant l'objet réel des contraintes. La punition a désormais pour objet une « réalité impalpable » sur laquelle elle doit agir radicalement : Foucault parlera même de « conversion ». Toutefois c'est le corps qui est « mis à l'arrêt ». Le corps est retenu, incarcéré, et le temps de la peine perpétuellement exposé. Surtout il ne se donne plus à voir autrement que sous la forme du comportement. Le corps n'est plus sexué ou malade, il est plus ou moins facteur de troubles. Ainsi, nulle part, le code de procédure pénale ne mentionne le sexe ou la sexualité durant l'incarcération. Seul un article de loi fait mention de la protection de la pudeur et des dérives de l'obscénité.

Selon le régime pénitentiaire disciplinaire, et d'après le décret n° 2019-98 du 13 février 2019, (qui accroît significativement les prérogatives répressives de l'institution) « constitue une faute du deuxième degré le fait d'imposer à la vue d'autrui des actes obscènes ou susceptibles d'offenser la pudeur ». La gravité des actes

314. « La dénaturation carcérale, pour une psychologie et une phénoménologie du corps en prison », Jeanine Chamond, Virginia Moreira, Frédérique Decocq, Brigitte Leroy-Viemon L'information psychiatrique, 2014/8 (Volume 90), p. 673-682.
315. *Ibid.*

à caractère sexuel est donc considérée équivalente à celle d'insultes, de menaces verbales, de vols, de trafics et de la détention d'objets prohibés : l'auteur encourt lors de son passage au prétoire (le « tribunal » interne à la prison), un placement, jusqu'à 30 jours, au quartier disciplinaire (le « mitard ») et la suppression – si l'acte a été commis au cours d'une visite – de l'accès au parloir sans dispositif de séparation, c'est-à-dire sans hygiaphone, pour une période de quatre mois. La loi donne au surveillant, témoin d'un rapport sexuel entre détenus ou au parloir, la possibilité d'autoriser ou de sanctionner. Elle lui donne un nouveau moyen de contrôle et conforte son emprise disciplinaire. Car en pratique, la question de la sexualité n'est pas ignorée de l'ordre pénitentiaire. Ce qui est nié c'est le corps désirant, celui qui ne sera plus caressé pendant des années et qui perd ainsi au fil du temps toute réalité effective. Le sexe officiel en prison, c'est la pornographie qui est non seulement autorisée mais parfois même organisée, comme c'est le cas dans chaque centre de détention où il existe une chaîne de télévision interne et où il n'y a pas une seule journée sans diffusion d'un film à caractère pornographique. Les troubles sexuels sont très nombreux chez les sortants de prison, ils attestent des difficultés à reprendre corps et notamment à rentrer en relation avec un autre. La violence, à laquelle expose cette diffusion permanente d'images pornographiques, conduit certains détenus à construire des stratégies pour leur résister, jusqu'à parfois renoncer à la télévision, laquelle symbolise dans l'opinion encore mal informée le confort en détention. Là encore, il apparaît clairement que l'emprise sur le corps est pensée, systématisée, nécessaire. La pression exercée est bien davantage physique qu'intellectuelle. Il ne s'agit pas de faire réfléchir et de permettre de s'amender mais il faut apparemment corriger.

Les hommes et femmes détenus sont par ailleurs et, de fait, en rupture avec leur famille. Là aussi l'évidence est brutale mais elle ne conduit pas pour autant à un éclairage de bon droit. Elle révèle la « pénitentiarisation » des familles. La répression de la sexualité en prison, et en particulier au parloir, n'empêche pas la naissance, tous les ans, de ceux qu'on appelle les « bébés parloir ». Leur existence témoigne de la transgression de l'interdiction de la sexualité en détention. Par ailleurs, des enfants naissent en prison. Les détenues enceintes et celles qui élèvent leur enfant en prison jusqu'à l'âge de 18 mois doivent, en principe, bénéficier de conditions de détention appropriées. Lorsqu'il s'agit de prévenues, le magistrat en charge du dossier peut autoriser leur transfert dans un établissement comportant un quartier spécialement aménagé (article D. 401 du Code de procédure pénale). Pour leur accouchement, les détenues sont transférées dans un hôpital public où elles restent en principe trois jours, sauf en cas de complications. Certaines femmes sont menottées et/ou entravées pendant leur transfert à l'hôpital. Certaines accouchent avec une main ou une jambe attachée au lit. L'enfant né avant ou pendant la détention de sa mère peut être laissé à la garde de celle-ci jusqu'à l'âge de 18 mois. La limite d'âge peut être reculée à la demande de la mère et sur décision du directeur régional des services pénitentiaires. Vingt-trois établissements pénitentiaires accueillent environ 60 enfants âgés de moins de 18 mois, chaque année. En principe, les détenues qui élèvent leur enfant en détention doivent être placées dans des locaux spécialement aménagés. Deux maisons d'arrêt disposent d'une "nursery" : Fleury-Mérogis et Montluc. Huit établissements disposent d'une à six cellules aménagées pour les mères et leurs enfants, avec souvent une salle commune appelée "la pouponnière" : Marseille, Loos, Nîmes, Rennes, Nantes, Nice, Dijon et Toulouse. Les autres mères se retrouvent incarcérées dans des locaux non prévus à cet effet et parfois livrées à elles-mêmes dans un quartier isolé d'une petite prison, sans aucune assistance. Dans les établissements spécialisés, les mères et leurs enfants peuvent circuler la journée dans le quartier qui leur est réservé. À Fleury-Mérogis, les cellules sont ouvertes de 8 h 30 à 11 h 30 et de 15 heures à 18 heures ; à Lyon, de 7 heures à 19 heures Après la fermeture des portes, les détenues restent enfermées en cellule avec leur enfant jusqu'au lendemain matin. Dans les autres établissements, les mères peuvent passer jusqu'à 23 heures sur 24 en cellule avec leur enfant. Celui-ci n'a cependant pas le statut de détenu et peut sortir définitivement ou temporairement à la demande de sa mère. Les enfants subissent une fouille complète à chaque entrée et sortie de l'établissement pénitentiaire. La responsabilité de l'administration pénitentiaire à l'égard des enfants dont les parents sont incarcérés a longtemps été absolument étrangère au système pénal.

63 200 mineurs auraient un ascendant incarcéré et 100 000 à 200 000 enfants seraient concernés, chaque année, par l'incarcération d'un parent. On peut donc naître en prison et bien sûr y mourir. Mais la prison demeure un lieu de détention, d'arrêt, et n'est donc pas un lieu de vie. Car c'est sur le corps que la discipline s'exerce et si elle permet à l'individu de s'amender, son objet est d'abord de le contenir. Un corps fou avant même d'être malade, un corps privé d'espace et de temps et qui ne peut en réalité que croupir. Les femmes et les hommes détenus évoquent largement le sentiment d'avoir un corps qui littéralement pourrit. Les maladies ophtalmologiques et dermatologiques révèlent une perte relative (en fonction de la durée de détention notamment) de la proprioception. Le détenu fait figure d'homme réduit, d'apraxique au sens où Merleau-Ponty le présente dans la *Phénoménologie de la perception*. Le simple fait d'être contenu implique une résistance du corps. Le sport est, en ce sens, à la fois un outil pour le détenu qui, par la musculation notamment, « reprend de l'espace[316] » et un moyen, pour l'administration, de l'occuper. Cette logique occupationnelle peut sembler triviale, or elle est en fait le sens ultime des activités proposées en détention. Il s'agit bien sûr de tuer le temps. De nombreuses enquêtes montrent les stigmates de cette logique : les cheveux et les dents tombent, les femmes n'ont plus leurs règles, etc. Les gestes d'automutilations apparaissent souvent aux yeux des professionnels, surveillants et personnels de santé, comme des moyens ultimes et fous de sentir son corps « en réalité ». De reprendre la main pour ainsi dire. Mais, jusqu'à la mort, c'est impossible.

Il existe une mort administrative telle celle que dénonçait Arendt à propos du totalitarisme. On distingue, par des initiales écrites en capitale D.C.D, le vivant du mort. La mort est qualifiée différemment suivant que l'on soit détenu ou prévenu. Si on est détenu, elle est officiellement « cause de libération » mais si l'on

---

316. Laurent Gras, *Le sport en prison*, L'Harmattan, Paris, 2005.

est prévenu, alors elle est le moyen par lequel l'individu « s'est soustrait à la justice[317] ». Ainsi, être incarcéré c'est être pris dans son corps. Et c'est de cette prise que le détenu garde le stigmate. La privation de liberté est une expérience pleine. Elle ne se définit pas simplement par un manque comme elle semble l'indiquer. Elle suppose d'abaisser activement l'individu, de l'humilier. Préserver sa dignité impliquerait de s'élever soi-même, d'atteindre la fameuse ataraxie : « Tu es maître de ma carcasse » disait Epictète à son maître qui le torturait. Mais c'est oublier qu'Epictète n'était pas enfermé et que sa pratique philosophique contenait une large dimension d'exercices physiques. Faisant retour sur l'injonction humaniste suivant laquelle la privation de liberté ne doit pas conduire à des traitements indignes, nous constatons qu'elle ne peut pas ne pas l'être. Penser l'incarcération implique semble-t-il de partir de là.

La privation de liberté est privation de monde, déliaison. Là où la détention pourrait figurer – à la limite – une mise a l'abri provisoire, une séparation plus ou moins longue permettant de sortir de l'état de violence confus qui nous y a mené ; elle est mise au ban. Elle n'est pas un mur par lequel les détenus et les autres pourraient entrer en relation. Comme le figure Simone Weil dans cette réflexion :

> Deux prisonniers, dans des cachots voisins, qui communiquent par des coups frappés contre le mur. Le mur est ce qui les sépare, mais aussi ce qui leur permet de communiquer. Ainsi nous et Dieu. Toute séparation est un lien[318]

Le modèle est bien davantage celui de l'insularité. Suivant la tradition pénale et depuis la peine « in insula » les îles sont les lieux paradisiaques grâce auxquels les sociétés se purgent de leurs indésirables. Ainsi et pour n'en citer que quelques-unes : L'île du Diable, l'île d'If, Belle île, Sainte Marguerite, Alcatraz ou Robben Island, ces lieux à l'héritage funeste ont accueilli des exilés, condamnés, et reclus de la société. Elles servaient à débarrasser

317. *Le corps incarcéré*, Le Monde.fr, par Soren Seelow.
318. *Cahiers 10, K10*, p. 197 dans les *Œuvres complètes*, tome VI, février 1942, *Cahiers*, volumes I-4, Paris, Gallimard, 2002.

la nation de ses indésirables. N'est-ce pas aussi cette tendance que nous trouvons dans la volonté politique de construire de nouvelles prisons dans les abords de ville et autres zones?

Car les nouvelles prisons sont implantées en dehors des villes, dans des champs ou des zones industrielles.

Répondant aux Règles pénitentiaires européennes, ces nouveaux établissements publics ont été construits dans une optique d'amélioration des conditions de travail des personnels, de vie et d'hygiène des personnes incarcérées. La construction de nouveaux établissements pénitentiaires à la périphérie des villes est bien antérieure au programme « 13 200 », la taille des prisons neuves pesant sur la migration. Si nous considérons, tout comme le sociologue Philippe Combessie, que « la volonté de mise à l'écart des prisons, de relégation spatiale suppose un rejet des établissements pénitentiaires[319] », la relégation en grande périphérie représenterait un symbole fort du malaise sociétal entourant la question des lieux d'emprisonnement.

En opérant un transfert centre-ville vers des sites périphériques, la fonction carcérale s'est éloignée des points de convergence multimodaux que représentait le centre-ville (gare SNCF, jonction des lignes de transport en commun). Cette localisation soulève une problématique forte quant à la capacité des familles à user de leur droit de visite et ainsi maintenir le lien social avec les détenus. Plus encore, la difficile accessibilité relative des nouvelles prisons via les transports en commun peut être un frein au régime de semi-liberté dont certains détenus pourraient bénéficier.

Il est délicat pour l'État d'envisager l'implantation d'un nouvel établissement pénitentiaire sur une commune sans l'adhésion de l'équipe municipale, à charge pour elle ensuite de convaincre les habitants du bien-fondé de la démarche. Un élément apparaît fondamental dans cette acceptation politique et sociétale des nouvelles prisons: loin des yeux au quotidien, de par leur enclavement ou leur éloignement, les établissements pénitentiaires de dernière génération ne dérangent au final que quelques

319. *Prisons des villes et des campagnes*: *étude d'écologie sociale,* Paris, Éditions de l'Atelier, 1996.

riverains (nuisances sonores, éclairages trop puissants, dévalorisation immobilière).

Les îles figuraient des non-lieux, des espaces imperceptibles et il ne suffit plus de mettre les détenus à l'abri. Les lieux de détention eux-mêmes doivent être invisibles. La prison symbole de la relégation se tient ainsi en périphérie, en zone péri-urbaine. Elle figure ainsi la manière propre à notre société d'exclure et de valoriser.

# CONCLUSION

Loin de ce que l'on admet communément la prison accomplit une pseudo-rupture épistémologique où la flétrissure tient lieu du supplice. Elle contient les corps et attend que les hommes réforment leurs conduites. La prison serait l'amendement démocratique et républicain par excellence. Nous avons démontré qu'au contraire elle forme un vestige irrationnel de la vengeance dans le droit.

Car nul ou presque ne semble avoir vraiment réformé sa conduite par les effets de l'incarcération. Il se peut que l'on ne récidive pas mais ce n'est pas parce que l'on aurait appris sur soi ou sur l'ordre légal mais bien davantage parce que la prison comme le bourreau d'antan produit l'effroi. On peut donc se demander si à défaut de réformer les individus la prison ne permet pas de maintenir une *zone de délinquance* suffisamment stable pour être maîtrisée ?

Il semble en effet que la prison accomplit un cercle et stigmatise les personnes déjà mises au ban. Elle renforce donc l'idée aussi violente qu'absurde qu'il faut se débarrasser de certains pour établir une République forte.

Il faut lutter contre cette conception qui n'est que l'expression des restes à peine digérés des invectives de la foule qui criait à mort devant l'échafaud. La prison contemporaine est en l'état le spectre de la peine de mort.

En effet, le délinquant demeure un citoyen. Les délits et les crimes sont les symptômes des déviances d'une époque et il serait stupide de les rabattre seulement à des désordres individuels. On ne peut admettre en haussant les épaules qu'évidemment les pauvres vont en prison et feindre de s'étonner des violences sociales que l'enfermement carcéral engendre.

Des prisons efficaces doivent être respectueuses des droits des hommes qu'elles amendent. Ces hommes demeurent des citoyens et à une large majorité jouissent encore de leurs droits civiques. Or c'est la permanence de l'exercice de la citoyenneté qui effectue l'ordre Républicain. Pour rappeler les auteurs de délits à leurs obligations légales la prison doit garantir l'expression de cette constance. Pour être rationnelle, elle ne peut donc pas ne pas être ouverte. Cette ouverture serait en effet le garant de cette rationalité. Elle produirait l'exercice d'un contrôle qui le temps de la peine s'accompagnerait d'une transformation des individus.

Il apparaîtrait alors que très peu d'hommes sont *perdus* dans le crime et que si la délinquance n'est pas le produit d'accidents du destin des individus elle traduit bien un cercle sociologique. Cependant aucun déterminisme ne doit pouvoir mettre à mal une société forte et démocratique sans qu'elle ne s'incline aussitôt devant une nouvelle féodalité.

# TABLE DES MATIERES

## Structures éditoriales du groupe L'Harmattan

**L'Harmattan Italie**
Via degli Artisti, 15
10124 Torino
harmattan.italia@gmail.com

**L'Harmattan Hongrie**
Kossuth l. u. 14-16.
1053 Budapest
harmattan@harmattan.hu

---

**L'Harmattan Sénégal**
10 VDN en face Mermoz
BP 45034 Dakar-Fann
senharmattan@gmail.com

**L'Harmattan Cameroun**
TSINGA/FECAFOOT
BP 11486 Yaoundé
inkoukam@gmail.com

**L'Harmattan Burkina Faso**
Achille Somé – tengnule@hotmail.fr

**L'Harmattan Guinée**
Almamya, rue KA 028 OKB Agency
BP 3470 Conakry
harmattanguinee@yahoo.fr

**L'Harmattan RDC**
185, avenue Nyangwe
Commune de Lingwala – Kinshasa
matangilamusadila@yahoo.fr

**L'Harmattan Congo**
67, boulevard Denis-Sassou-N'Guesso
BP 2874 Brazzaville
harmattan.congo@yahoo.fr

**L'Harmattan Mali**
Sirakoro-Meguetana V31
Bamako
syllaka@yahoo.fr

**L'Harmattan Togo**
Djidjole – Lomé
Maison Amela
face EPP BATOME
ddamela@aol.com

**L'Harmattan Côte d'Ivoire**
Résidence Karl – Cité des Arts
Abidjan-Cocody
03 BP 1588 Abidjan
espace_harmattan.ci@hotmail.fr

**L'Harmattan Algérie**
22, rue Moulay-Mohamed
31000 Oran
info2@harmattan-algerie.com

**L'Harmattan Maroc**
5, rue Ferrane-Kouicha, Talaâ-Elkbira
Chrableyine, Fès-Médine
30000 Fès
harmattan.maroc@gmail.com

---

## Nos librairies en France

**Librairie internationale**
16, rue des Écoles – 75005 Paris
librairie.internationale@harmattan.fr
01 40 46 79 11
www.librairieharmattan.com

**Lib. sciences humaines & histoire**
21, rue des Écoles – 75005 Paris
librairie.sh@harmattan.fr
01 46 34 13 71
www.librairieharmattansh.com

**Librairie l'Espace Harmattan**
21 bis, rue des Écoles – 75005 Paris
librairie.espace@harmattan.fr
01 43 29 49 42

**Lib. Méditerranée & Moyen-Orient**
7, rue des Carmes – 75005 Paris
librairie.mediterranee@harmattan.fr
01 43 29 71 15

**Librairie Le Lucernaire**
53, rue Notre-Dame-des-Champs – 75006 Paris
librairie@lucernaire.fr
01 42 22 67 13

www.ingramcontent.com/pod-product-compliance
Lightning Source LLC
LaVergne TN
LVHW010922051026
849532LV00003B/803